Evangelisches Kirchenrecht

Christian Grethlein

Evangelisches Kirchenrecht

Eine Einführung

EVANGELISCHE VERLAGSANSTALT
Leipzig

Christian Grethlein, Dr. theol., Jahrgang 1954, ist seit 1997 Professor für Praktische Theologie an der Evangelisch-Theologischen Fakultät in Münster. Er wurde 1980 zum evangelisch-lutherischen Pfarrer ordiniert. 1991 begründete er die »Arbeiten zur Praktischen Theologie«; seit 1992 gehört er zum Herausgeberkollegium der Theologischen Literaturzeitung (ThLZ), seit 1997 zu dem der Zeitschrift für Theologie und Kirche (ZThK). Er war von 1999 bis 2007 Fachberater bei der vierten Auflage der RGG; von 2002 bis 2007 Mitherausgeber der Theologischen Realenzyklopädie (TRE).

Von 1999 bis 2004 leitete er die (Lutherische) Liturgische Konferenz, von 2006 bis 2009 den Evangelisch-Theologischen Fakultätentag, von 2010 bis 2012 erhielt er den Opus-magnum-Grant der VolkswagenStiftung.

Bibliographische Information der Deutschen Nationalbibliothek

Die Deutsche Nationalbibliothek verzeichnet diese Publikation in der Deutschen Nationalbibliographie; detaillierte bibliographische Daten sind im Internet über ‹http://dnb.dnb.de› abrufbar.

© 2015 by Evangelische Verlagsanstalt GmbH, Leipzig
Printed in Germany · H 7854

Satz: Evangelische Verlagsanstalt GmbH
Druck und Binden: CPI books GmbH, Leck

ISBN 978-3-374-04067-4
www.eva-leipzig.de

Vorwort

Unübersehbar wandelt sich die Stellung der Kirche in der deutschen Gesellschaft. Die über Jahrhunderte obrigkeitlich erzwungene Selbstverständlichkeit der Kirchenmitgliedschaft wird – rechtlich seit der Bismarckschen Personenstandsgesetzgebung, de facto seit den 60er Jahren des letzten Jahrhunderts – zu einer Option. Kirchenleitungen und Theologen reagieren darauf mit vielfältigen Vorschlägen zur Kirchenreform. Dabei greifen sie auf betriebswirtschaftliche Modelle zurück und/oder auf ekklesiologische Argumentationen. Jeweils merkwürdig unberührt bleibt die rechtliche Konstitution evangelischer Kirche(n). Das Evangelische Kirchenrecht[1] scheint – wenn überhaupt – nur von Juristen betrieben zu werden. Lediglich einzelne Vertreter der Systematischen Theologie interessierten sich in den letzten Jahrzehnten für diese Thematik.

Als (Praktischer) Theologe bemühe ich mich darum, die Kommunikation des Evangeliums zu fördern. Dabei stoße ich immer wieder auf kirchenrechtliche Vorschriften und Bestimmungen, die hier hinderlich wirken. Zweifellos ist die staatsanaloge Konstitution der deutschen Landeskirchen eine verlässliche Organisationsform. Mit der Umstellung der Kirchenmitgliedschaft von Selbstverständlichkeit auf Optiona-

---

1 Hinzuweisen ist darauf, dass in diesem Buch die Fachbegriffe „Evangelisches Kirchenrecht" und „Kanonisches Recht" durchgehend großgeschrieben werden.

lität verliert sie aber empirisch an Plausibilität. Theologisch steht sie in Spannung zu dynamischen Impulsen, die vom Wirken und Geschick des Wanderpredigers Jesus von Nazareth ausgehen und Kirche begründen. Pathetisch resümierte 2007 der damalige EKD-Ratsvorsitzende Wolfgang Huber am Ende des Zukunftskongresses der EKD: „Wir sind aufgebrochen. Wir sind unterwegs. Wir bewähren uns als wanderndes Gottesvolk." Michael Klessmann nennt dies zu Recht „leicht bizarr"[2]. Die gegenwärtige bürokratische Organisationsstruktur der Kirche ist für diesen Praktischen Theologen „ein rechtlicher Rahmen [...], der trotz innerer Erosionsprozesse erstaunliche äußere Stabilität für die Institution Kirche gewährleistet"[3]. Doch dies wird nicht auf Dauer zu stellen sein – und damit gewinnt das Thema Kirchenrecht praktisch-theologische Bedeutung. Die Frage nach einer Organisations- und Rechtsgestalt evangelischer Kirche, die unter veränderten lebensweltlichen, gesellschaftlichen und kulturellen Bedingungen die Kommunikation des Evangeliums fördert, stellt sich unabweisbar.

Einen praktischen Impuls für meine Beschäftigung mit dem Kirchenrecht verdanke ich der Katholisch-Theologischen Fakultät in Münster. Diese unterhält am Institut für Kanonisches Recht einen eigenen kanonistischen Studiengang, dessen Curriculum eine Vorlesung „Evangelisches Kirchenrecht" vorsieht. Seit fast zehn Jahren halte ich auf Bitte meines katholischen kirchenrechtlichen Kollegen, zuerst Prof. Dr. Klaus Lüdicke, jetzt Prof. Dr. Thomas Schüller, dieses

---

2   Klessmann, Michael, Aufbrechen oder Bewahren? Praktisch-theologische Anmerkungen zum gegenwärtigen Stand der Volkskirche, in: PTh 98 (2009), 2–29, 2.

3   Ebd.

Kolleg. Dessen Skript bildet den Grundstock für dieses Buch. Danken möchte ich meinen Münsteraner Mitarbeitern und Mitarbeiterinnen Dr. Erhard Holze, Christine Jürgens, Dr. Sebastian Kuhlmann und Claudia Rüdiger, M. A., die das Manuskript lasen und mir wertvolle Hinweise zur Verbesserung gaben; dazu den katholischen und evangelischen Hörern und Hörerinnen meiner Kirchenrechts-Vorlesung, die meine Arbeit durch kritische Nachfragen förderten.

Formal folge ich bei Abkürzungen den Richtlinien der RGG[4]. Zitate aus offiziellen Rechtstexten füge ich in der Regel in Petit-Druck ohne Anführungszeichen ein. Sie sind über die entsprechenden im Internet abrufbaren Rechtssammlungen zugänglich (www.kirchenrecht-ekd.de usw.). Bei Zitaten lasse ich grundsätzlich Kursivsetzungen weg, da sie offenkundig recht unterschiedlich erfolgen. Alle Kursivsetzungen stammen von mir und sollen den Lesern eine schnelle Orientierung erleichtern.

Vierzehn durch Kästen graphisch hervorgehobene Grundsätze, Einsichten bzw. Strukturen sollen einen schnellen Überblick über zentrale Inhalte vermitteln und bei etwaigen Prüfungsvorbereitungen helfen. Die Hörer meiner Vorlesung haben mich darin bestärkt.

Zugeeignet seien die Überlegungen meinem verehrten Vater, Dr. jur. utr. Gerhard Ludwig Grethlein, zur Vollendung seines 90. Lebensjahrs. Er widmete als Oberkirchenrat in der Evangelisch-Lutherischen Kirche in Bayern fast zwei Jahrzehnte seines Lebens dem Evangelischen Kirchenrecht und diente damit vorbildlich der evangelischen Kirche.

Münster, im August 2014   Christian Grethlein

Inhalt

Einführung 11

I. Reformatorische Grundlagen 17
1. Luthers Kampf gegen das Kanonische Recht 17
2. Exkurs: Luther und der neue Codex Iuris Canonici ... 20
3. Die Bestimmungen von CA XXVIII 23
4. Reformierte Akzente 30
5. Wirkungsgeschichte bis zum Ende
   des 19. Jahrhunderts 32

II. Konzeptionelle Bestimmungen
des Evangelischen Kirchenrechts 37
1. Grundsatzkritik (Rudolph Sohm) 39
2. Eigenständigkeit des Kirchenrechts (Barmen III) 43
3. „Lex charitatis" (Johannes Heckel) 47
4. „Recht des Nächsten" (Erik Wolf) 52
5. Ethischer Zugang (Hans-Richard Reuter) 56
6. Zusammenfassung und Ausblick 62

III. Organisation evangelischer Kirchen und
Kirchenordnung bzw. Kirchenverfassung 67
1. Grundlagen 68
2. Aufbau von Kirchenordnung/-verfassung 75
3. Lutherisch: Evangelisch-Lutherische Kirche in Bayern 79
4. Uniert: Evangelische Kirche von Westfalen 87
5. Reformiert: Evangelisch-reformierte Kirche 93
6. EKD 98
7. Sonstige Zusammenschlüsse 107
8. Zusammenfassung und Ausblick 114

IV. Kirchengemeinde und Lebensordnung 119
  1. Grundlagen 120
  2. Kirchengemeinde 122
  3. Lebensordnung 126
  4. Regelungen zur Taufe 131
  5. Regelungen zum Abendmahl 136
  6. Regelungen zu „Ehe, Familie, Partnerschaft" 140
  7. Zusammenfassung und Ausblick 148

V. Dienst- und Arbeitsrecht 151
  1. Grundlagen 151
  2. Pfarrdienstrecht 153
  3. Diakon/Diakonin 169
  4. Privatrechtliche Beschäftigungen 176
  5. Zusammenfassung und Ausblick 182

VI. Kirchliche Gerichtsbarkeit und Lehrverfahren 187
  1. Grundsätzliches 187
  2. Inhaltliche Bestimmtheit von
     kirchlicher Gerichtsbarkeit 189
  3. Gerichtszweige 192
  4. Lehrverfahren 196
  5. Zusammenfassung und Ausblick 207

VII. Evangelisches Kirchenrecht – ein Ausblick ... 209
  1. Probleme in der Gegenwart 211
  2. Relevanz als Zentralbegriff kirchlicher Arbeit 217
  3. Konsequenzen für das Evangelische Kirchenrecht .. 219

Anhang 223
  Personenregister 223
  Sachregister 226

Einführung

Gegenstand dieses Buches ist das „Evangelische Kirchenrecht". Thema sind also nur die Rechtsbestimmungen innerhalb der evangelischen Kirche bzw. genauer: innerhalb der deutschen evangelischen Landeskirchen. Damit ist der Bereich des sog. Staatskirchenrechts bzw. - wie es neuerdings heißt - „Religionsverfassungsrechts" bzw. „Religionsrechts" ausgeschlossen.

Inhaltlich gehe ich folgendermaßen vor: Nach einer Klärung des grundlegenden reformatorischen Impulses (→ Kap. I) sowie der Darstellung einiger wichtiger systematischer Positionen (→ Kap. II) behandele ich die Fragen der kirchlichen Organisation und Kirchenordnung bzw. -verfassung (→ Kap. III), der Kirchengemeinde und der Lebensordnung (→ Kap. IV), des Dienst- und Arbeitsrechts (→ Kap. V) sowie der kirchlichen Gerichtsbarkeit (→ Kap. VI). Den Abschluss bilden grundsätzliche Überlegungen zur Weiterentwicklung des Evangelischen Kirchenrechts, die - nach den materialen Ausführungen in den Kapiteln III bis VI - noch einmal das im II. Kapitel Dargestellte aufnehmen und weiterführen.

Es bleiben also für die Kommunikation des Evangeliums wichtige Bereiche ausgeklammert, die das Themengebiet des Staatskirchenrechts bzw. Religionsverfassungsrechts betreffen: die rechtlichen Fragen des schulischen Religionsunterrichts oder kirchlicher Schulen, der Militär- oder Gefängnisseelsorge, der kirchlichen Mitwirkung in Rundfunkräten o. ä.; ebenso die vielfältigen rechtlichen Herausforderungen, mit denen sich gegenwärtig diakonische Einrichtungen konfrontiert sehen. Allerdings kann der Bezug auf den Staat auch im Evangelischen Kirchenrecht nicht vollkommen ausgeblendet werden. Denn das staatliche Recht gibt den Rahmen für das Kirchenrecht vor. In Deutschland ist dieser weit gespannt. Nach Art. 137 Abs. 3 Weimarer Reichsverfassung (WRV) i.V. mit Art. 140 Grundgesetz (GG) haben die Religionsgemeinschaften das Recht, ihre Angelegenheiten in den Schranken des für alle geltenden Gesetzes selbstständig zu ordnen und zu verwalten (sog. Selbstbestimmungsrecht).[4] Dabei wird bei „ihren Angelegenheiten" das jeweilige Selbstverständnis der Religionsgemeinschaften zugrunde gelegt. Allerdings besteht die Einschränkung „im Rahmen des für alle geltenden Gesetzes". Hierzu gehört z. B. das Gewaltmonopol des Staates. Das Kirchenrecht ist also von vornherein nicht in der Weise strafbewehrt wie das staatliche Recht. Dazu verlieren de facto auch die verbliebenen Sanktionen gegenüber Kirchenmitgliedern an Bedeutung, wie der Wegfall der „Kirchenzucht" zeigt. Es bleiben lediglich Maßnahmen gegen kirchliche Mitarbeiter. Diese Entwicklung ist ebenfalls in der römisch-katholischen Kirche zu beobachten. So resümiert der katholische Theologe und Kanonist Urs Brosi:

> Das kanonische Recht ist mangels Durchsetzbarkeit dabei, die soziale Wirksamkeit und damit seine Berechtigung zu verlieren, Recht genannt zu werden. Man wird irgendwann besser von einer Kirchenordnung sprechen, so wie dies bei den evangelischen Kirchen bereits der Fall ist.[5]

---

4   S. zum Einzelnen Traulsen, Christian, Rechtsstaatlichkeit und Kirchenordnung. Überlegungen zur Rechtsstaatsbindung von Religionsgemeinschaften unter besonderer Berücksichtigung der evangelischen Landeskirchen (JusEcc 103), Tübingen 2013, 25–51.

5   Brosi, Urs, Recht, Strukturen, Freiräume. Kirchenrecht (Studiengang Theologie IX), Zürich 2013, 19.

Trotz der Abgrenzung zwischen staatlichem und kirchlichem Recht gab und gibt es immer wieder Konflikte zwischen Kirche und Staat. Waren bzw. sind es im Bereich der römisch-katholischen Kirche Fragen der Zivilehe oder der staatlichen Schule, so begegnen heute auf evangelischer Seite Problemfelder im Bereich des Arbeitsrechts oder Asylrechts. Die vielleicht engste und sachlich gewichtige Verbindung zwischen Kirchenrecht und staatlichem Recht besteht beim Kirchenmitgliedschaftsrecht (→ Kap. IV.2.; Kap. VII.1.). Neuerdings wächst im Zuge des Europäisierungsprozesses in Deutschland die Bedeutung des EU-Rechts.[6] Dies betrifft aber gegenwärtig (noch?) vor allem den diakonischen bzw. karitativen Bereich und bleibt deshalb ebenfalls ausgeblendet.

Evangelisches Kirchenrecht steht in mehrfacher Hinsicht im Schatten des römisch-katholischen Kanonischen Rechts.[7] Es ist national begrenzt, kaum in (evangelisch-)theologischen Fakultäten verankert[8] und wird akademisch meist, wenn überhaupt, nebenher von Juristen mit dem Schwerpunkt „Öffentliches Recht" betrieben. Praktisch sind die Ju-

---

6   S. hierzu aus juristischer Perspektive Bloss, Lasia, Cuius religio – EU ius regio? Komparative Betrachtung europäischer staatkirchenrechtlicher Systeme, status quo und Perspektiven eines europäischen Religionsverfassungsrechts (JusEcc 87), Tübingen 2008; aus praktisch-theologischer Perspektive Grethlein, Christian, Kommunikation des Evangeliums in „Europa". Eine praktisch-theologische Bestimmung, in: ZThK 110 (2013), 234–262.

7   Eine knappe, aber instruktive Grundinformation zum Kanonischen Recht gibt Stefan Muckel, in: de Wall, Heinrich/Muckel, Stefan, Kirchenrecht, München 2014[4], 97–109.

8   S. zur heutigen Situation und deren geschichtlichem Hintergrund Christoph, Joachim, Wozu evangelisches Kirchenrecht? Zur Lage dieser theologischen Disziplin in den Ev.-theol. Fakultäten der Bundesrepublik Deutschland, in: ZevKR 51 (2006), 556–588.

risten aus den Kirchenverwaltungen mit seiner Auslegung und Anwendung beschäftigt.

Dabei kommt dem Evangelischen Kirchenrecht aus theologischer Perspektive durchaus Bedeutung zu. Dies zeigt sich in der pastoralen Praxis bei den täglichen Fragen der Ordnung in Gottesdienst und Verwaltung sowie z. B. beim Umgang mit aus der Kirche Ausgetretenen. Allerdings gilt hier als grundsätzliches Vorzeichen: „Eine Kodifizierung des ev. KR nach Art der CIC (sc. Codex Iuris Canonici, C.G.) existiert nicht. *Das ev. KR ist partikulares Recht.*"[9] Es gibt also nicht das eine Evangelische Kirchenrecht, sondern in den Landeskirchen je eine eigene Gestalt hiervon, die sich nicht selten erheblich von der anderer Landeskirchen unterscheidet. Daran ändern die Bemühungen der letzten Jahre um Vereinheitlichung auf EKD-Ebene nichts Grundsätzliches. Die Folge davon ist für eine Darstellung des Evangelischen Kirchenrechts weitreichend: Sie kann nur exemplarisch erfolgen. Jede Landeskirche hat – potenziell – ihre eigenen Rechtsetzungen, auch innerhalb der großen Kirchenbünde.

Weiter kennt das Evangelische Kirchenrecht – bis auf wenige Ausnahmen bei einzelnen Theoretikern – kein „ius divinum"[10]. Die Konsequenz daraus ist, dass grundsätzlich (fast) alles im Evangelischen Kirchenrecht zur Disposition steht. Zum einen findet dies de facto in der Regionalisierung des Kirchenrechts seinen Niederschlag; zum anderen ermöglicht

---

9 De Wall, Heinrich, Art. Kirchenrecht I. Ev., in: LKStKR Bd. 2 (2002), 501–503, 502.

10 Die Schreibweisen dieses Begriffs (und ähnlicher) oszillieren zwischen „jus" und „ius" sowie Groß- und Kleinschreibung. Im Weiteren nehme ich jeweils die Schreibweise in der Literatur auf, auf die sich die jeweiligen Ausführungen beziehen.

es weitgehende Änderungen. Dazu kommt, dass ein eigenständiges Evangelisches Kirchenrecht noch recht jung ist, also in geringerem Maß Prägungen vorliegen. Aus beiden Gründen ist Evangelisches Kirchenrecht auf theologische Reflexion angewiesen, die die Spannung zwischen verlässlichen Regelungen und der evangelischen Freiheit der Einzelnen bearbeitet.

Schließlich ist Evangelisches Kirchenrecht nicht nur grundsätzlich, sondern auch thematisch begrenzt. So fehlen in ihm bestimmte, für das Katholische Kirchenrecht wichtige Gegenstandsbereiche: vor allem ein eigenes kirchliches Eherecht. Dies ist Folge der (evangelisch-)theologischen Einsicht in den grundsätzlich weltlichen Charakter der Ehe. So konstatierte Martin Luther in der Einleitung zu dem als Anhang dem Kleinen Katechismus beigegebenen und damit als evangelisch-lutherische Bekenntnisschrift firmierenden „Traubüchlein":

> Demnach, weil die Hochzeit und Ehestand ein weltlich Geschäft ist, gebührt uns Geistlichen oder Kirchendiener nichts, darin zu ordenen oder regieren, sondern lassen einer iglichen Stadt und Land hierin ihren Brauch und Gewohnheit, wie sie gehen. (BSLK 528).

Deshalb genügt es, wenn die Ehe, obwohl ein „göttlicher Stand" (BSLK 529), im staatlichen Recht behandelt wird. Kirchenrechtlich kommt lediglich die Trauung, also die auf die Eheschließung bezogene benediktionelle Handlung in den Blick.

Pointiert legt ein Blick auf die Bedeutung des Rechts für die beiden großen christlichen Kirchen in Deutschland die folgende, zugegebenermaßen zugespitzt formulierte These nahe: *Die römisch-katholische Kirche organisiert christliche Religion im Leitmedium Recht.* Der damit gegebene Vorteil ist eine große Beständigkeit und damit Verhaltenssicherheit.

Theologisch stellt sich jedoch – aus evangelischer Sicht – die Frage, ob dabei menschliches und göttliches Handeln hinreichend unterschieden werden. In historischer Perspektive verdanken sich jedenfalls scheinbar unabänderliche „Normen" menschlichen Entscheidungen, nicht selten gewaltförmig durchgesetzt. Empirisch ist unübersehbar, dass zunehmend kanonistische Regelungen nicht nur in Spannung zur gegenwärtigen Lebenswelt und ihren Herausforderungen stehen, sondern auch bei den meisten Katholiken schlicht keine Beachtung finden.[11]

Die evangelischen Kirchen organisieren dagegen christliche Religion im Leitmedium (wissenschaftlicher) Theologie. Das Recht ist hier funktional bestimmt, eben zur Förderung der Kommunikation des Evangeliums. Der Vorteil dabei ist der Anschluss an das kulturelle Leitmedium Wissenschaft. Theologisch bleiben – jedenfalls grundsätzlich – menschliches und göttliches Handeln unterschieden. Praktisch bereitet aber die mit dem heutigen Wissenschaftsverständnis gegebene Dynamik und damit die Unbeständigkeit (evangelisch-)kirchlichen Handelns Probleme – nicht selten als Anpassung an den sog. Zeitgeist gescholten. Dazu erfordert die aus solch einem Rechtsverständnis resultierende Organisation von Kirche eine hohe beständige Reflexion.[12]

---

11 Zu den daraus erwachsenden Problemen für die pastorale Praxis s. am Beispiel liturgischer Normen Böntert, Stefan, Normativität und Freiheit im Gottesdienst. Versuch einer Verhältnisbestimmung im Kontext der Gegenwart, in: Knapp, Markus/Söding, Thomas (Hg.), Glaube in Gemeinschaft. Autorität und Rezeption in der Kirche, Freiburg 2014, 150–162.

12 Ein Beispiel für die damit gegebene Komplexität der Argumentation gibt die vorzügliche kirchentheoretische Studie: Hermelink, Jan, Kirchliche Organisation und das Jenseits des Glaubens. Eine praktisch-theologische Theorie der evangelischen Kirche, Gütersloh 2011.

I. Reformatorische Grundlagen

Zwar bildete sich erst spät ein eigenständiges Evangelisches Kirchenrecht heraus. Doch ist Luthers theologischer Aufbruch von Anfang an durch eine schroffe Auseinandersetzung mit dem Kanonischen Recht der römischen Papstkirche geprägt. Dies hat bis heute Konsequenzen für die auf seine Lehre sich beziehenden Kirchen. In ihnen hat die Glaubenserkenntnis des Einzelnen Vorrang vor rechtlichen Regelungen, deren menschliche Prägung sich schon aus dem Bezug auf den jeweiligen Kontext ergibt.

1. Luthers Kampf gegen das Kanonische Recht

Der 10. Dezember 1520 markierte nicht nur mit der damals vollzogenen Verbrennung der Bannandrohungsbulle die endgültige Trennung Luthers von der Papstkirche.

In Luthers „Wunderjahr"[13] (1520) waren bereits entscheidende Schriften des Reformators erschienen:

LITERATUR: Brecht, Martin, Martin Luther Bd. 1. Sein Weg zur Reformation 1483-1521, Stuttgart 1994 (1981), 371-412; Honecker, Martin, Kirchenrecht II. Evangelische Kirchen, in: TRE 18 (1989), 724-749; Schlaich, Klaus, Martin Luther und das Recht, in: Ders.: Gesammelte Aufsätze. Kirche und Staat von der Reformation bis zum Grundgesetz (IusEcc 57), Tübingen 1997, 3-23; de Wall, Heinrich, Das weltliche Regiment und das moderne Recht, in: Hauschildt, Friedrich/Hahn, Udo (Hg.), Kirche und Recht - theologische und juristische Annäherungen, Hannover 2008, 25-46.

13 Kaufmann, Thomas, Martin Luther, München 2006, 52.

- „De captivitate Babylonica" (WA 6,497–573) destruierte die
  römische Sakramentslehre,
- „Von dem Papsttum zu Rom" (WA 6,285–324) und „An den christlichen Adel" (WA 6,404–469) legten ein weitreichendes Programm
  zur Kirchenreform vor,
- „Von den guten Werken" (WA 6,202–276) skizzierte eine in der
  Rechtfertigungslehre gegründete Ethik.

Den entscheidenden kirchlichen Bruch markierte das *Ver-
brennen des Kanonischen Rechts* vor dem Elstentor von Wit-
tenberg bei der Heiligkreuzkapelle.[14] Neben mehreren Aus-
gaben der Bannandrohungsbulle „Exsurge domine" wurden
die „Summa angelica" des Angelus de Clavasio, ein Beicht-
handbuch sowie kleinere Schriften der Luther-Kontrahenten
Eck und Emser den Flammen übergeben.[15] Ein Aushang an
der Stadtkirche lud die Angehörigen der Universität ein.
Damit war ein endgültiger Schlussstrich sowohl in theologischer als auch in rechtlich-organisatorischer Hinsicht gegenüber der Papstkirche gezogen. Luther brachte so nachdrücklich seine Fundamentaldifferenz zum Kirchen- und
Rechtsverständnis des Kanonischen Rechts zum Ausdruck.
Und das Kanonische Recht war damals „nicht nur Kirchen-
recht, sondern zugleich der wichtigste Teil der gesamten
Rechts- und Gesellschaftsordnung"[16]. Vor allem bestritt der
Reformator grundsätzlich die päpstlichen Ansprüche.

---

14 Eine recht ausführliche, im Folgenden aufgenommene Schilderung der
    Vorgänge, findet sich bei Brecht, Martin, Martin Luther Bd. 1. Sein Weg
    zur Reformation 1483–1521, Stuttgart 1994 (1981), 403–406.

15 Die ebenfalls beabsichtigte Verbrennung der „Summa Theologica" des
    Thomas von Aquin sowie des Sentenzenkommentars des Duns Scotus
    unterblieben nur, weil niemand bereit war, seine Exemplare zur Verfü-
    gung zu stellen.

16 V. Loewenich, Walther, Martin Luther. Der Mann und das Werk, Mün-
    chen 1983², 178.

Dies geht deutlich aus seiner bereits Ende Dezember 1520 gedruckten Schrift „Warum des Papsts und seiner Jünger Bücher verbrannt sind" hervor. Die dort aufgeführten dreißig Artikel zu Irrtümern des Papstes fasst Luther kühn zusammen:

> Es ist summa summarū. Der Bapst ist eyn gott auff erdenn ubir alle hymlische / erdisch / geystlich unnd weltlich und ist alles seynn eygenn / dem niemandt darff sagenn / Was thustu? (WA 7,177)

In historischer Perspektive muss man konstatieren, dass Luthers Kenntnisse des Kanonischen Rechts „vergleichsweise schmal und zumeist durch den spätmittelalterlichen Konziliarismus vermittelt"[17] waren. Doch traf er sachlich mit seinem *Angriff auf die im Papstamt kulminierende hierarchische Struktur* dessen Zentrum.

Die Reaktionen auf die Wittenberger Aktion waren gespalten. Es wird berichtet, dass die Professoren der Wittenberger Juristischen Fakultät von diesem Vorgang befremdet waren.[18] So fragte standesbewusst der einflussreiche Jurist Henning Goede: „Was beginnt dieser räudige Mönch?"[19] Auf jeden Fall war mit der – universitären – Aktion eine Fundamentalkritik an einer Verrechtlichung von Kirche eröffnet, die die evangelischen Kirchen zukünftig begleitete. Dass Luther ein durchaus grundsätzliches Misstrauen gegen die – freilich damals überwiegend im Kanonischen Recht ausgebildeten[20] – Juristen in der Kirche hatte, zeigt folgender Ausspruch in einer späteren Tischrede:

---

17 Brecht, Martin, Martin Luther Bd. 1. Sein Weg zur Reformation 1483–1521, Stuttgart 1994 (1981), 406.

18 Schilling, Heinz, Martin Luther. Rebell in einer Zeit des Umbruchs. Eine Biographie, München 2012, 201.

19 Zitiert nach Brecht, Martin, Martin Luther Bd. 1. Sein Weg zur Reformation 1483–1521, Stuttgart 1994 (1981), 404.

20 1511 bestanden z.B. an der Juristischen Fakultät der Universität Witten-

Wir müssen das Consistorium zerreißen, denn wir wollen kurzum
den Papst und die Juristen nicht darinnen haben. Die Juristen gehören nicht in Ecclesiam mit ihren Processen, sonst bringen sie uns den
Papst wieder herein. (WA.TR 6 Nr. 7029,344,36–39)

Praktisch benötigt(e) aber eine Organisation wie Kirche rechtliche Bestimmungen. Tatsächlich wirkte in einzelnen Fragen
das Kanonische Recht in reformatorischen Kirchen weiter.
Vor allem aber zog im Kontext des landesherrlichen Kirchenregiments obrigkeitliches und später staatliches Recht in die
Kirchen ein.[21]

2. EXKURS: LUTHER UND
   DER NEUE CODEX IURIS CANONICI

Ist historisch die Frontstellung Luthers klar, so stellt sich
systematisch die Frage, ob diese Kritik am Kanonischen Recht
auch heute noch aktuell ist.[22] Inzwischen wurde dieses weiterentwickelt, wobei seine Kodifizierung von 1917 (Codex
Iuris Canonici), also die Zusammenfassung der Normen in einem Buch, eine wichtige Etappe darstellt. Heute ist die im

---

berg je vier Ordinariate für das Kanonische Recht und für das (Römische)
Zivilrecht (Christoph, Joachim, Wozu evangelisches Kirchenrecht? Zur
Lage dieser theologischen Disziplin in den Ev.-theol. Fakultäten der Bun-
desrepublik Deutschland, in: ZevKR51 [2006], 556–588, 561).

21 Zur großen Bedeutung des Protestantismus für die Entwicklung der
Jurisprudenz im Allgemeinen siehe knapp Strohm, Christoph, Der Ein-
fluss des Protestantismus auf die Entwicklung der Rechtswissenschaft, in:
Campi, Emilio/Opitz, Peter/Schmid, Konrad (Hg.), Johannes Calvin und
die kulturelle Prägekraft des Protestantismus, Zürich 2012, 75–88.

22 S. zur folgenden Argumentation Schlaich, Klaus, Martin Luther und das
Recht, in: Ders., Gesammelte Aufsätze. Kirche und Staat von der Reformation bis zum Grundgesetz (JusEcc 57), Tübingen 1997, 3–23, 6–11.

Pontifikat Papst Johannes Pauls II. 1983 erarbeitete Fassung maßgeblich. Welche Auffassung von Kirche wird darin vertreten? Zum einen ist – aus reformatorischer Sicht – ein bedeutender Fortschritt zu verzeichnen. Der Codex von 1983 versteht Kirche nicht mehr – wie noch 1917 – als eine „societas perfecta", was eine in Kleriker und Laien gegliederte Trägerin von Hoheitsgewalt bezeichnete. Vielmehr bestimmt jetzt c. 204 § 1 Kirche – im Anschluss an das II. Vaticanum[23] – als „Volk Gottes":

> Gläubige sind jene, die durch die Taufe Christus eingegliedert, zum Volke Gottes gemacht und dadurch auf ihre Weise des priesterlichen, prophetischen und königlichen Amtes Christi teilhaft geworden sind, sie sind gemäß ihrer je eigenen Stellung zur Ausübung der Sendung berufen, die Gott der Kirche zur Erfüllung in der Welt anvertraut hat.

Dazu tritt aber sogleich § 2:

> Diese Kirche, in dieser Welt als Gesellschaft verfaßt und geordnet, ist in der katholischen Kirche verwirklicht, die von dem Nachfolger Petri und den Bischöfen in Gemeinschaft mit ihm geleitet wird.

Demnach hat jeder Getaufte am priesterlichen, prophetischen und königlichen Amt Christi Anteil und ist berufen, an der Sendung der Kirche mitzuwirken – allerdings „jeder auf seine Weise und nach seiner Stellung". So enthält der neue Codex nach c. 204 eine Zusammenstellung der Pflichten und Rechte aller Gläubigen, noch vor einer Differenzierung zwischen Klerus und Laien. Auch wird in cc. 844 und 1124 von „ecclesia" gesprochen, wenn nicht von der römischen Kirche die Rede ist. Die Basis dafür ist die – seither viel interpretierte – Wendung, das Volk Gottes, also die Kirche, „substitit in Eccle-

---

23 S. z. B. das mit „Das Volk Gottes" überschriebene zweite Kapitel von „Lumen gentium".

sia catholica" (LG 8). Mit solchen Öffnungen ist aber noch nicht der entscheidende Kritikpunkt Luthers erreicht. So stellt der (katholische) Jurist Werner Böckenförde fest:

> Die zum Teil bedeutsamen Änderungen oder Neuerungen gegenüber dem früheren Codex berühren nicht das rechtlich Entscheidende, nämlich die hierarchische Leitungsstruktur mit der absoluten Dominanz des Papstamtes und der Souveränität seines Inhabers. Von daher ist der Geist des Codex von 1983 auch der Geist des Codex von 1917; seine nach katholischer Glaubenslehre göttlich-rechtliche und daher unwandelbare Grundlage ist das Primatsdogma von 1870.[24]

Und tatsächlich wies im Jahr 2000 die Erklärung der Kongregation für Glaubenslehren „Dominus Iesus" eine auch die reformatorischen Kirchen umfassende Deutung zurück. Sie gelten demnach nicht als „Kirchen im eigentlichen Sinn" (Nr. 2), sondern als „kirchliche Gemeinschaften". Dazu macht der evangelische Staats- und Kirchenrechtler Klaus Schlaich darauf aufmerksam:

> Erstmals im kanonischen Recht wird der Papst als Vicarius Christi bezeichnet. Zwar ist generell nicht mehr von potestas iurisdictionis, sondern schöner von ‚potestas regiminis' die Rede (c. 129), diese potestas wird dann aber nach wie vor – recht unberührt vom geistlichen Wesen der Kirche – als legislativa, exsecutiva und iudicialis gekennzeichnet (c.135). [...] sie gilt auch nach wie vor als divina institutio (c. 129) und ruht unverändert auf der göttlich-rechtlichen Unterscheidung von Klerus und Laien (c. 207 mit c. 129 § 2).[25]

So bleibt *das Kanonische Recht der entscheidende Dissens-Punkt zwischen der römisch-katholischen Kirche und den evangelischen Kirchen:*

---

24 Böckenförde, Werner, Der neue Codex Juris Canonici, in: NJW 1983, 2539.

25 Schlaich, Klaus, Martin Luther und das Recht, in: Ders., Gesammelte Aufsätze. Kirche und Staat von der Reformation bis zum Grundgesetz (JusEcc 57), Tübingen 1997, 3–23, 10.

Nicht dem Bemühen der Codex-Reform, aber deren rechtlichem Ergebnis wäre also der Protest Luthers sicher. Das ist bemerkenswert: Es ist in der Tat gerade das Kirchenrecht, das weiteren Konvergenzerklärungen zwischen den beiden Kirchen, wie wir sie gegenwärtig fast atemberaubend für die Sakramentenlehre, aber auch für die Rechtfertigungslehre erleben, Hindernisse in den Weg legt. Das hat seinen Grund darin, daß die Kirchenrechte beider Konfessionen ihre Prägung vom Amtsverständnis haben oder jedenfalls hatten.[26]

Nach wie vor stehen sich also die römisch-katholische Kirche und die evangelischen Kirchen beim Kirchenrecht unversöhnlich gegenüber.

3. Die Bestimmungen von CA XXVIII

Die Confessio Augustana (CA) ist nicht nur ein reichsrechtliches Dokument und damit historisch bedeutungsvoll, sondern sie gilt in vielen evangelischen Kirchen als grundlegende Bekenntnisschrift. Auch für die Bestimmung des Evangelischen Kirchenrechts finden sich wichtige Einsichten. Bevor dies näher entfaltet wird, sei kurz an den historischen Entstehungsprozess dieses Bekenntnisses erinnert.

Anfang 1530 bot sich eine günstige Situation für die Beilegung der durch Luther ausgelösten Auseinandersetzungen. Nach Friedensschlüssen mit Papst Clemens VII. und dem französischen König Franz I. konnte sich Kaiser Karl V. (1519–1556) erstmals seit dem Wormser Reichstag (1521) wieder den Religionsstreitigkeiten zuwenden. Luther musste bekanntlich als Geächteter dem Reichstag fernbleiben (und beobachtete das Geschehen von der Veste Coburg aus). Als die kurfürstliche Delegation am 2. Mai 1530 in Augsburg eintraf,

---

26 Ebd.

erkannte Philipp Melanchthon rasch die Notwendigkeit, die vorbereitete „Apologie" noch zu ergänzen. Das Ziel war es, zu einer Kompromisslösung zu kommen. Erst das schroffe Auftreten Karls V. führte zur Konfrontation. Die Confessio Augustana wurde trotz kaiserlicher Ablehnung von verschiedenen Fürsten unterzeichnet. Es unterschrieben: Kurfürst Johann von Sachsen und sein Sohn Herzog Johann Friedrich, Markgraf Georg von Brandenburg-Ansbach, die Herzöge Ernst und Franz von Lüneburg, Landgraf Philipp von Hessen, Fürst Wolfgang von Anhalt und die Reichsstädte Nürnberg und Reutlingen.

Das Bekenntnis selbst ist zweigeteilt. Die ersten 21 Artikel enthalten die „Hauptartikel des Glaubens" (CA I–XXI), es folgen sieben „Artikel, in denen die geänderten Missbräuche aufgezählt werden" (CA XXII–XXVIII). Entsprechend der Grundintention des Dokuments, einen Konsens zu erzielen, fehlen – im Gegensatz zu Luthers Äußerungen – papstkritische Passagen.

Besondere Beachtung hinsichtlich des Kirchenrechts in praktischer Hinsicht verdient der letzte Artikel der CA „XXVIII. De potestate ecclesiastica". Die deutsche Übersetzung „Von der Bischofen Gewalt" zeigt, dass diese Frage anhand des (damaligen) Bischofsamts reflektiert wird.

Darumb soll man die zwei Regiment, das geistlich und weltlich, nicht in einander mengen und werfen. Dann der geistlich Gewalt hat seinen Befehl, das Evangelium zu predigen und die Sakrament zu reichen; soll auch nicht in ein frembd Amt fallen; soll nicht Konige setzen und entsetzen, soll weltlich Gesetz

Non igitur commiscendae sunt potestates ecclesiastica et civilis. Ecclesiastica suum mandatum habet evangelii docendi et sacramenta administrandi. Non irrumpat in alienum officium, non transferat regna mundi, non abroget leges magistratuum, non tollat legitimam oboedientiam, non impediat iudicia

und Gehorsam der Oberkeit nicht aufheben oder zurrutten, soll weltlicher Gewalt nicht Gesetze machen und stellen von weltlichen Händeln, wie dann auch Christus selbs gesagt hat: „Mein Reich ist nicht von dieser Welt"; item: „Wer hat mich zu einem Richter zwischen euch gesetzt?". Und Sankt Paul zun Philipp. am 3.: „Unser Burgerschaft ist im Himmel"; und in der andern zun Korinth. am 10.: „Die Waffen unserer Ritterschaft sind nicht fleischlich, sondern mächtig fur Gott, zu verstören die Anschläge und alle Hohe, die sich erhebt wider die Erkanntnus Gottes."

de ullis civilibus ordinationibus aut contractibus, non praescribat leges magistratibus de forma reipublicae constituenda; sicut dicit Christus: Regnum meum non est de hoc mundo. Item: Quis constituit me iudicem aut divisorem supra vos? Et Paulus ait Philip. 3: Nostra politia in coelis est. 2. Cor. 10: Arma militiae nostrae non sunt carnalia, sed potentia Deo ad destruendas cogitationes etc.

Diesergestalt unterscheiden die Unsern beider Regiment und Gewalt Ambte und heißen sie beide als die hochsten Gaben Gottes auf Erden in Ehren halten.

Ad hunc modum discernunt nostri utriusque potestatis officia, et iubent utramque honore afficere et agnoscere, utramque Dei donum et beneficium esse.

Wo aber die Bischofen weltlich Regiment und Schwert haben, so haben sie dieselben nicht als Bischofe aus gottlichen Rechten, sonder aus menschlichen, kaiserlichen Rechten, geschenkt von romischen Kaisern und Konigen, zu weltlicher Verwaltung ihrer Guter, und gehet das Ambt des Evangeliums gar nichts an.

Si quam habent episcopi potestatem gladii, hanc non habent ut episcopi mandato evangelii, sed iure humano, donatam a regibus et imperatoribus ad administrationem civilem suorum bonorum. Haec interim alia functio est quam ministerium evangelii.

Derhalben ist das bischoflich Ambt nach gottlichen Rechten das Evangelium predigen, Sunde vergeben, Lehr urteilen und die Lehre, so dem Evangelio entgegen, verwerfen und

Cum igitur de iurisdictione episcoporum quaeritur, discerni debet imperium ab ecclesiastica iurisdictione. Proinde secundum evangelium seu, ut loquuntur, de iure divino

die Gottlosen, dero gottlos Wesen offenbar ist, aus christlicher Gemein ausschließen, ohn menschlichen Gewalt, sonder allein durch Gottes Wort. Und desfalls seind die Pfarrleut und Kirchen schuldig, den Bischofen gehorsam zu sein, lauts dieses Spruchs Christi Lucä am 10: „Wer euch höret, der höret mich."

haec iurisdictio competit episcopis ut episcopis, hoc est his, quibus est commissum ministerium verbi et sacramentorum, remittere peccata, reiicere doctrinam ab evangelio dissentientem et impios, quorum nota est impietas, excludere a communione ecclesiae, sine vi humana, sed verbo. Hic necessario et de iure divino debent eis ecclesiae praestare oboedientiam, iuxta illud: Qui vos audit, me audit.

[...]

[...]

Daß aber die Bischofe sonst Gewalt und Gerichtszwäng haben in etlichen Sachen, als nämlich Ehesachen oder Zehenten, dieselben haben sie aus Kraft menschlicher Recht. Wo aber die Ordinarien nachlässig in solchem Ampt seind, so seind die Fursten schuldig, sie tun's auch gleich gern oder ungern, hierin ihren Untertanen, um Friedes willen, Recht zu sprechen, zu Verhutung Unfrieden und großer Unruhe in Ländern.

Si quam habent aliam vel potestatem vel iurisdictionem in cognoscendis certis causis, videlicet matrimonii aut decimarum etc., hanc habent humano iure, ubi, cessantibus ordinariis, coguntur principes vel inviti retinendae publicae pacis causa subditis ius dicere.

Weiter disputiert man auch, ob Bischofe Macht haben, Ceremonien in der Kirchen aufzurichten, desgleichen Satzungen von Speis, Feiertagen, von unterschiedlichen Orden der Kirchendiener. Dann die den Bischofen diesen Gewalt geben, ziehen diesen Spruch Christi an, Johannis am 16.: „Ich habe euch noch viel zu sagen, ihr aber konnt es itzt nicht tragen; wenn aber der Geist

Praeter haec disputatur, utrum episcopi seu pastores habeant ius instituendi caerimonias in ecclesia et leges de cibis, feriis, gradibus ministrorum seu ordinibus etc. condendi. Hoc ius qui tribuunt episcopis, allegant testimonium: Adhuc multa habeo vobis dicere, sed non potestis portare modo. Cum autem venerit spiritus ille veritatis, docebit vos omnem veritatem. Allegant

der Wahrheit kummen wird, der wird euch in alle Wahrheit fuhren." Darzu fuhren sie auch das Exempel Actuum am 15., da sie Blut und Ersticktes verboten haben. So zeucht man auch das an, daß der Sabbat in Sonntag verwandelt ist worden wider die zehen Gebot, darfur sie es achten, und wird kein Exempel so hoch getrieben und angezogen als die Verwandlung des Sabbats, und wellen damit erhalten, daß die Gewalt der Kirchen groß sei, dieweil sie mit den zehen Geboten dispensiert und etwas daran verändert hat.

Aber die Unsern lehren in dieser Frag also, daß die Bischofe nicht Macht haben, etwas wider das Evangelium zu setzen und aufzurichten, wie dann obangezeigt ist und die geistlichen Rechte durch die ganze neunte Distinktion lehren. Nun ist dieses offentlich wider Gottes Befehl und Wort, der Meinung Gesetze zu machen oder zu gebieten, daß man dardurch fur die Sunde gnugtue und Gnad erlange. Dann es wird die Ehre des Verdiensts Christi verlästert, wenn wir uns mit solchen Satzungen unterwinden, Gnad zu verdienen. Es ist auch am Tag, daß umb dieser Meinung willen in der Christenheit menschliche Aufsatzung unzählig uberhand genummen haben und indes die Lehre vom Glauben und die Gerechtigkeit des Glaubens gar

et exemplu, apostolorum, qui prohibuerunt abstinere a sanguine et suffocato. Allegatur sabbatum, mutatum in diem dominicum contra Decalogum, ut videtur. Nec ullum exemplum magis iactatur quam mutatio sabbati. Magnam contendunt ecclesiae potestatem esse, quod dispensaverit de praecepto Decalogi.

Sed de hac quaestione nostri sic docent, quod episcopi non habeant potestatem constituendi aliquid contra evangelium, ut supra ostensum est. Et fatentur id canones Distinct. 9. per totum. Porro contra scripturam est traditiones condere, ut per earum observationem satisfaciamus pro peccatis aut mereamur iustificari. Laeditur enim gloria meriti Christi, cum talibus observationibus iustificari nos sentimus. Constat autem, propter hanc persuasionem in ecclesia traditiones paene in infinitum crevisse, oppressa interim doctrina de fide et iustitia fidei, quia subinde plures feriae factae sunt, ieiunia indicta, caerimoniae novae, ordines novi instituti, quia arbitrabantur se auctores talium rerum his operibus mereri gratiam. Sic olim creverunt

unterdruckt ist gewesen. Man hat täglich neue Feiertag, neue Fasten geboten, neue Ceremonien und neue Ehrerbietung der Heiligen eingesatzt, mit solchen Werken Gnad und alles Guts bei Gott zu verdienen.

canones poenitentiales, quorum adhuc in satisfactionibus vestigia quaedam videmus. (BSLK 122–126)

Verschiedene Argumentationsschritte können rekonstruiert werden: *Grundlegend wird unterschieden zwischen der „potestas ecclesiastica" und der „potestas gladii".* Systematisch bedeutungsvoll ist, dass beide „potestates" als „summa Dei beneficia in terris" (BSLK 121) charakterisiert werden. Sie sind also gleichgeordnet und werden auf Gott zurückgeführt. Beide unterscheiden sich sowohl hinsichtlich ihrer Ziele als auch ihrer Mittel. Zielt die Schwertgewalt auf den Schutz der Körper vor Ungerechtigkeit, so die kirchliche „potestas" auf „res aeternae" (BSLK 121f.) wie ewige Gerechtigkeit und ewiges Leben. Für die Kirche gilt:

Grundsatz für kirchliches Handeln (nach CA)

„sine vi humana, sed verbo" – „ohn menschlichen Gewalt, sonder allein durch Gottes Wort" (CA XXVIII; BSLK 124)

Ein sich über Gewaltmaßnahmen definierender Rechtsbegriff wird also für die Kirche strikt abgelehnt. Konkret bemüht sich Melanchthon aber darum, den damaligen Verhältnissen Rechnung zu tragen. So räumt er angesichts der tatsächlichen Befugnisse der Bischöfe sogar ein, dass diese beibehalten werden können, wenn klar ist, dass sie „humano iure" gelten (BSLK 125). Doch ist zu beachten, dass sich das dabei vorausgesetzte, im Begriff „potestas gladii" manifeste

Rechtsverständnis in mehrfacher Weise von der heutigen Rechtsauffassung unterscheidet. Soziologisch kam es durch den modernen Staat, juristisch durch die Fundierung des Rechts in den Grundrechten zu tiefgreifenden Veränderungen. Sie stehen einer direkten Übertragung der CA-Aussagen in die Gegenwart entgegen.[27]

In einem weiteren Schritt kommen von daher die *kirchlichen „traditiones"* (BSLK 126ff.) kritisch in den Blick. Theologisch scharf werden sie als menschliche Satzungen entlarvt, die die Gewissen der Menschen beschweren und so die Rechtfertigungsbotschaft verdecken.[28] Dem steht aber die Schrift entgegen. Dies wird systematisch mit Bezug auf die Lehre von der „libertas christiana" (BSLK 128) ausgeführt. In deren Interesse muss scharf zwischen dem Evangelium und menschlichen kultischen Bestimmungen unterschieden werden. Allerdings ist dies nicht mit einer Ablehnung von Ordnung gleichzusetzen. Am Beispiel des Sonntags weist der Bekenntnistext auf dessen Bedeutung in der Kirche (BSLK 129) hin, betont jedoch zugleich die Differenz zum jüdischen Sabbat. Es geht beim Sonntag – wie auch bei anderen kirchlichen Feiertagen – nicht um das Heil. Klaus Schlaich resümiert:

> Die Bischöfe oder Pfarrer mögen Ordnungen machen, damit es ordentlich in der Kirche zugehe, nicht aber um damit Gottes Gnade zu erlangen; die kirchliche Ordnung darf die Gewissheit nicht so beschweren, daß man das geistliche Recht für etwas halte, das Not sein solle zur Seligkeit, und es dafür achten, daß man Sünde täte, wenn man es bricht. Die Kritik am kanonischen Recht trifft sich so

---

27 S. hierzu, vor allem zum Verhältnis von modernem Recht und Zwang de Wall, Heinrich, Das weltliche Regiment und das moderne Recht, in: Hauschildt, Friedrich/Hahn, Udo (Hg.), Kirche und Recht – theologische und juristische Annäherungen, Hannover 2008, 25–46.

28 Darauf hebt auch deutlich die Apologie der Konfession ab (BSLK 398).

mit der Kritik am Kirchenverständnis: Hier wie dort ist es der Vor-
wurf, daß ‚menschliche Bedingungen vor die von Gott gewährte Freiheit gesetzt werden'.[29]

Das spätere Resultat solcher Überlegungen sind Kirchenordnungen, die in der Spannung zwischen dem Wunsch nach
verlässlicher Ordnung und der Sorge um evangelische Freiheit stehen.

4. Reformierte Akzente

Bisher war der Blick auf Luthers reformatorischen Impuls
und dessen Ausarbeitung in der Confessio Augustana gerich-
tet. Hinsichtlich des kirchlichen Rechts sind bei Zwingli und
Calvin zumindest andere Akzente zu beobachten. Die von
den Schweizer Reformatoren ausgehenden Impulse haben
eine Besonderheit, die in deren Wirkungsorten begründet ist.
Beide Reformatoren bezogen sich auf ein städtisches Gemeinwesen: Genf bzw. Zürich – während Luther mit dem Kurfürs-
tentum Sachsen in einem Territorium des Heiligen Römischen Reichs lebte. Von daher sind bei den beiden Schweizern
politische Überlegungen und konkrete Ordnungen stärker
als bei Luther im Blick. Bei ihnen stellte sich nachdrücklicher
die Aufgabe, ein überschaubares Gemeinwesen zu ordnen.

Johannes Calvin setzte sich in seiner „Institutio Chris-
tianae Religionis" ausführlich mit der Frage des kirchlichen
Rechts auseinander.[30] Auch bei ihm findet sich die grundsätzliche Unterscheidung zwischen der Rechtsetzung des

---

29 Schlaich, Klaus, Martin Luther und das Recht, in: Ders., Gesammelte Auf-
    sätze. Kirche und Staat von der Reformation bis zum Grundgesetz (JusEcc
    57), Tübingen 1997, 3–23, 7.

weltlichen Rates und dem kirchlichen Handeln (Inst. IV,11,1). Zugleich betonte er aber die Notwendigkeit einer kirchlichen Rechtsprechung wegen der notwendigen „Sittenzucht". So kam es bei ihm im Bereich der Kirchenzucht de facto zu einer Überschneidung, insofern die weltliche Obrigkeit für deren Durchsetzung herangezogen wurde:

> denn eine Obrigkeit wird sich, wenn sie fromm ist, nicht etwa dem gemeinsamen Gehorsam der Kinder Gottes entziehen wollen, dessen nicht unwichtigstes Stück es ist, sich der Kirche, wenn sie nach Gottes Wort urteilt, zu unterwerfen – geschweige denn, daß sie etwa solches Urteil abschaffen müßte! (Inst. IV,11,4)

Eine weitere Besonderheit ist, dass Calvin – analog zum Rat der Stadt, aber auch zum jüdischen Synedrium – die kirchliche Rechtsprechung an die Sozialform des Presbyteriums band (Inst. IV,11,6). Mt 18,17 f. diente ihm dazu als biblischer Beleg (Inst. IV,11,2). Auch sonst begegnen in Calvins Ausführungen zur Rechtsthematik direkte Ableitungen aus biblischen Texten, die der stärker systematisch von der Unterscheidung der beiden Regimenter Gottes her argumentierende Luther so nicht kannte. Tatsächlich wurde entsprechende Kirchenzucht eifrig in Genf praktiziert und führte bei deren Missachtung zum einjährigen Verweis aus der Stadt.[31] Dabei wurde die obrigkeitliche Gewalt in Anspruch genommen, insofern deren Inhaber als „praecipua membra Ecclesiae" galten. Auf jeden Fall setzte dieses Modell einen über-

---

30 Im Folgenden verwende ich die dritte Auflage dieser Dogmatik, und zwar in der Übersetzung von Otto Weber (Neukirchen-Vluyn 1963[2]).

31 S. Selderhuis, Herman Johan, Johannes Calvin. Mensch zwischen Zuversicht und Zweifel. Eine Biografie, Gütersloh 2009, 258 f.; eine demokratietheoretische Interpretation hiervon legt vor Huizing, Klaas, Calvin ... und was vom Reformator übrig bleibt, Frankfurt 2008, 117 f.

schaubaren Raum voraus – Genf zählte damals etwa 20.000 Einwohner – und einen „christlichen" Rat.

Noch stärker verschwamm die Unterscheidung von Stadt und Kirche bei Huldrych Zwingli. Bei ihm war die Neuordnung der Kirche von vornherein eng mit der weltlichen Gewalt verbunden:

> Der christliche Magistrat hat dafür Sorge zu tragen, daß das Leben nach der ‚Schnur Christi', dem Gesetz Christi, verläuft. Vom Ansatz her ist bei Zwingli nicht zwischen spezifisch kirchlichem und weltlichem Recht zu unterscheiden. Vielmehr gilt das einheitliche Recht der christlichen Gemeinde oder Stadt, eine Konzeption, die man ‚theokratisch' nennen kann [...][32]

Das Kirchenrecht wird dabei gleichsam zu einem „Staatskirchenrecht", was später im sog. Erastianismus[33] konzeptionell ausgearbeitet wurde. Die Kirche wird hier dem staatlichen Recht unterworfen. Positiv gesehen ging es Zwingli – wie in liturgicis – darum, den Zusammenhang zwischen kirchlicher und alltäglicher Praxis zu wahren.[34]

5. Wirkungsgeschichte bis zum Ende des 19. Jahrhunderts

Die Reformation im Heiligen Römischen Reich Deutscher Nation hatte ein grundlegendes *Organisationsproblem.* Zwar

---

32 Honecker, Martin, Kirchenrecht II. Evangelische Kirchen, in: TRE 18 (1989), 724–749, 727.

33 S. zu dessen Begründer Wesel-Roth, Ruth, Thomas Erastus. Ein Beitrag zur Geschichte der reformierten Kirche und zur Lehre von der Staatssouveränität (VVKGB 15), Karlsruhe 1954.

34 S. für Zwinglis Gottesdienstverständnis Kunz, Ralph, Gottesdienst evangelisch reformiert. Liturgik und Liturgie in der Kirche Zwinglis (THEOPHIL 10), Zürich 2001, 107–115.

war man sich in der Ablehnung der alten hierarchischen Kirchenstrukturen einig. Da sich letztlich jedoch kein Bischof der neuen Lehre zuwandte, galt es neue Organisationsstrukturen zu schaffen – eine Herausforderung nicht zuletzt in rechtlicher Hinsicht.

> Die Frage nach der Kompetenz der Rechtssetzung hat Luther offen gelassen. Grundsätzlich ist nach ihm die Neuordnung Sache der Kirche selbst. Üblicherweise handelt die Kirche durch die Bischöfe. Da die Bischöfe sich aber einer Reform des Kirchenrechts versagten, treten hilfsweise an ihre Stelle die Träger weltlicher Gewalten, die Fürsten und Magistrate; denn auch diese sind ‚Christen'. Hier wird dann das Priestertum aller Gläubigen [...] als Grundlegung evangelischen Kirchenrechts wirksam. Die ‚Christenheit' insgesamt ist Subjekt des Kirchenrechts. Kirchenrechtlich kann sich diese Anschauung berufen auf die Stellung der Fürsten im Corpus Christianum, die advocatia ecclesiae [...], sowie auf die Einheit von Kirchengemeinde und weltlicher Gemeinde.[35]

Im Augsburger Religionsfrieden von 1555,[36] der grundsätzlich die Rechtsfigur bis 1918 bildete, wurden in Artikel 20 die sich zur Augsburger Konfession Bekennenden von der bis dahin formal bestehenden episkopalen Jurisdiktion ausgenommen. Damit wurde eine zweite „Religion" im Reich anerkannt – die Reformierten folgten spätestens im Westfälischen Frieden als dritte. Auf jeden Fall hatte jetzt der jeweilige Landesherr über die Konfession der in seinem Gebiet Wohnenden zu entscheiden – in der späteren Formel: „cuius regio, eius religio".

---

35   Honecker, Martin, Kirchenrecht II. Evangelische Kirchen, in: TRE 18 (1989), 724–749, 726.

36   S. Heckel, Martin, Der Augsburger Religionsfriede. Sein Sinnwandel vom provisorischen Notstands-Instrument zum sakrosankten Reichsfundamentalgesetz religiöser Freiheit und Gleichheit (2005), in: Ders., Gesammelte Schriften, Bd. 6 (JusEcc 100), Tübingen 2013, 174–198.

Die juristische Formel cuius regio, eius religio überträgt das Religionsrecht auf die Territorialgewalt. Die cura religionis wird säkularisiert und neutralisiert und unkonfessionell-politisch als Teil der absolutistischen Herrschaftsbefugnisse verstanden. Die melanchthonischen Formeln (cura religionis / custodia utriusque tabulae / praecipuum membrum ecclesiae ...) verwandeln sich in ein weltliches Hoheitsrecht nach Art fürstlicher Regalien.[37]

Damit war grundsätzlich ein – gegenüber dem Kanonischen Recht – zweites Kirchenrecht anerkannt, ohne dass ein solches bereits existierte. Zum Teil behalf man sich in den neuen Kirchentümern durch Übernahmen aus dem Kanonischen Recht. Organisatorisch prägend wurde das *Modell des sog. landesherrlichen Kirchenregiments.* Demzufolge richteten die Landesherren eigene Konsistorien ein. Diese hatten zuerst vor allem gerichtliche Aufgaben – etwa bei Eheauseinandersetzungen –, wurden aber zunehmend mit der kirchlichen Verwaltung betraut. Dementsprechend kam es zu vielfältigen Kirchenordnungen und Rechtsetzungen, die sich bis heute erhalten haben und die allgemeine Aussagen zum Evangelischen Kirchenrecht in Deutschland fast unmöglich machen. Diesen landesherrlichen Institutionen, in denen Juristen den Ton angaben, traten Superintendenten zur Seite, die als Theologen herkömmliche episkopale Aufgaben wie Visitationen oder Ordinationen vornahmen. Sie unterstützten auf der religionspraktischen Ebene der Kirchenleitung die Landesherren, die jeweils als summus episcopus ihrer Landeskirche auftraten. Es wurde versucht, diese landesherrliche Konstruktion in unterschiedlicher Weise rechtlich zu fundieren, ohne dass es jedoch zu einer überzeugenden theologischen Begründung gekommen wäre:

---

37 Honecker, Martin, Kirchenrecht II. Evangelische Kirchen, in: TRE 18 (1989), 724–749, 728.

Staatskirchenrechtlich werden als Rechtstitel für das Landesherrliche Kirchenregiment drei Systeme herangezogen, die jedoch juristische Theorien sind und keine theologischen Grundlegungen des Kirchenrechts: Episkopalsystem, Territorialsystem und Kollegialsystem.[38]

So vollzog sich, verstärkt durch aufklärerische Tendenzen im 17. und 18. Jahrhundert, eine ‚Verstaatlichung‘ der evangelischen Kirchen"[39]. Deutlich trat diese Entwicklung z. B. im Preußischen Allgemeinen Landrecht (1794)[40] zu Tage, wonach „Sämtliche Konsistoria der Protestanten [...] unter der Oberdirektion des dazu verordneten Departments des Staatsministerii"[41] standen.

Allerdings ergaben sich im Zuge der territorialen Veränderungen am Beginn des 19. Jahrhunderts neue Herausforderungen. In Folge des Reichsdeputationshauptschlusses (1803) entstanden erheblich größere Territorien, in denen die Bevölkerung unterschiedlichen Konfessionen zugehörte. Dies und andere Entwicklungen wie die Einführung von Parlamenten führten zu Veränderungen in den evangelischen Kirchen. In ihnen wurde nicht zuletzt durch konkrete Konflikte zwischen Landesherren und Landeskirchen – am spektakulärsten die Streitigkeiten um Union und Liturgie in Preußen[42] – der

---

38   A. a. O., 729.

39   De Wall, Heinrich in: Ders./Muckel, Stefan, Kirchenrecht, München 2014[4], 35.

40   S. Landau, Peter, Das Kirchenrecht des Allgemeinen Landrechts für die Preußischen Staaten im 19. Jahrhundert (1995), in: Ders., Grundlagen und Geschichte des evangelischen Kirchenrechts und Staatskirchenrechts (JusEcc 92), Tübingen 2010, 175–210.

41   Zitiert bei de Wall, Heinrich in: Ders./Muckel, Stefan, Kirchenrecht, München 2014[4], 37.

42   S. Meyer-Blanck, Michael, Freiheit der Mitteilung und Darstellung. Das Verhältnis von liturgischer und kirchlicher Ordnung anhand der Entste-

Drang nach Unabhängigkeit von den jeweiligen Landesherren stärker. Die Einrichtung von Synoden – im Gegenüber zu den landesherrlichen Konsistorien – verstärkte diese Entwicklung organisatorisch. Erst dadurch traten die lange vergessenen Fragen nach einem Kirchenrecht für die evangelischen Kirchen wieder ins Bewusstsein. Dass es dabei zuerst einmal zu ganz grundsätzlichen Problemanzeigen kam, konkret zur Bestreitung der Möglichkeit eines Evangelischen Kirchenrechts, markiert den Ausgangspunkt für die konzeptionellen Bestimmungen. In der Praxis bestand das Bündnis von Thron und Altar bis 1918 weiter.

hung der preußischen Agenden von 1822 und 1895, in: Ders., Agenda (PThGG 13), Tübingen 2013, 15–54.

II. Konzeptionelle Bestimmungen des Evangelischen Kirchenrechts

Die Aufgabe, Evangelisches Kirchenrecht konzeptionell zu bestimmen, ergab sich erst im Laufe des 19. Jahrhunderts durch das Zurücktreten des Staates aus der Leitung und Rechtsetzung der Landeskirchen. Bis dahin erfüllten die obrigkeitlich besetzten Konsistorien die praktischen Aufgaben im Zuge der allgemeinen landesherrlichen Verwaltung. Rudolph Sohm kommt das Verdienst zu, radikal und wirkmächtig die grundsätzliche Frage nach einem Evangelischen Kirchenrecht gestellt zu haben. Eine neue Qualität erreichte die Herausforderung mit der *förmlichen Abschaffung der Staatskirche in der Weimarer Reichsverfassung* (Art. 137).

LITERATUR: Germann, Michael, Der Status der Grundlagendiskussion in der evangelischen Kirchenrechtswissenschaft, in: ZevKR 53 (2008), 375–407; Heckel, Johannes, Lex charitatis. Eine juristische Untersuchung über das Recht in der Theologie Martin Luthers (Abhandlungen der Bayerischen Akademie der Wissenschaften. Philosophisch-historische Klasse. Neue Folge H. 36), München 1953 (Köln 1973²); Honecker, Martin, Evangelisches Kirchenrecht. Eine Einführung in die theologischen Grundlagen, Göttingen 2009, 15–43; Konrad, Dietmar, Der Rang und die grundlegende Bedeutung des Kirchenrechts im Verständnis der evangelischen und katholischen Kirche (JusEcc 93), Tübingen 2010, 175–277; Moxter, Michael, Die Kirche und ihr Recht. Perspektiven einer theologischen Annäherung an den Rechtspositivismus, in: ZevKR 56 (2011), 113–139; Reuter, Hans-Richard, Der Rechtsbegriff des Kirchenrechts in systematisch-theologischer Sicht, in: Rau, Gerhard/Reuter, Hans-Richard/Schlaich, Klaus (Hg.), Das Recht der Kirche, Bd. 1. Zur Theorie des Kirchenrechts, Gütersloh 1997, 236–286; Schlaich, Klaus, Die Grundlagendiskussion zum evangelischen Kirchenrecht (1983), in: Ders., Gesammelte Aufsätze. Kirche und Staat von

Ab jetzt waren die Landeskirchen organisatorisch selbstständig. Die neuen, ab 1920 entstandenen Kirchenordnungen schrieben aber das Bestehende weitgehend fort, gerade das System der Landeskirchen erschien unantastbar.[43] Erst mit den durch Nationalsozialismus und Führerprinzip inspirierten Überformungsversuchen im Dritten Reich wurde die Aufgabe eigener Rechtsetzung unaufschiebbar. Vor allem die dritte These der Barmer Theologischen Erklärung (→ Kap. II.2.) formulierte hierzu grundsätzliche Einsichten, die bis heute die Diskussion bestimmen bzw. wenigstens begleiten. Nach dem Zusammenbruch des Dritten Reichs kam es in den sechziger und siebziger Jahren des 20. Jahrhunderts zu Entwürfen einer „Rechtstheologie", in denen Juristen sich darum bemühten, Grundlagen für ein tragfähiges Evangelisches Kirchenrecht zu erarbeiten.[44] Seit einiger Zeit begegnen erste Versuche von Systematischen Theologen, im Spannungsfeld von Ethik und Recht zu einem theologisch befriedigenden Verständnis von (Evangelischem) Kirchenrecht vorzustoßen.

Nicht nur die Unterschiedlichkeit der verschiedenen rechtstheologischen Entwürfe, sondern auch die seit Länge-

---

der Reformation bis zum Grundgesetz (JusEcc 57), Tübingen 1997, 269–287; Wolf, Erik, Kirchenrecht I B Ev. Kirche, in: RGG³ Bd. 3 (1959), 1506–1510; Ziekow, Arne, Rechtstheologie – Eine Annäherung, in: ZevKR 51 (2006), 309–326.

43 S. hierzu aus kirchenhistorischer (und lutherischer) Perspektive Wendebourg, Dorothea, Der lange Schatten des Landesherrlichen Kirchenregiments. Aporien der kirchlichen Neuordnung im deutschen Protestantismus seit 1945, in: ZThK 100 (2003), 420–465.

44 Eine ausführliche Besprechung der auch im Folgenden kurz vorgestellten Entwürfe von Johannes Heckel und Erik Wolf sowie von Hans Dombois gibt Steinmüller, Wilhelm, Evangelische Rechtstheologie. Zweireichelehre. Christokratie. Gnadenrecht (Forschungen zur kirchlichen Rechtsgeschichte und zum Kirchenrecht 8), Köln 1968.

rem unübersehbare „Grundlagenmüdigkeit"[45] warnen da-
vor, allzu schnell einen neuen und damit zusätzlichen Entwurf zu kreieren. Vielmehr dürfte es weiterführen, die von
den jeweiligen Vorschlägen bearbeiteten Probleme herauszuarbeiten. Denn das ermöglicht einen Zugang in der Multi-
perspektivität, die bei der Arbeit an (evangelischen) kirchenrechtlichen Problemen zu beachten ist. Es geht im Folgenden
also nicht um die möglichst genaue Darstellung einzelner
Ansätze, die letztlich monographisches Format erforderte.
Vielmehr sollen die grundlegenden Probleme und Fragen
bestimmt werden, denen sich Evangelisches Kirchenrecht
in Theorie und Praxis zu stellen hat.[46] Dabei stellt sich die
Klärung des Rechts- und Kirchenverständnisses als Schlüssel-
problem heraus. Fundamental hierfür ist die reformatorische Grundsatzkritik an einem Kirchenrecht, das menschliche Setzungen als „ius divinum" ausgibt.

1. GRUNDSATZKRITIK (RUDOLPH SOHM)

Die Initialzündung für die Diskussion um die Grundlagen
Evangelischen Kirchenrechts gab der damals in Leipzig Kirchenrecht und Deutsches Recht lehrende Rudolph Sohm

---

45 So – viel zitiert – v. Campenhausen, Axel Frhr., Literaturbericht zum Kir-
    chenrecht (Erster Teil), in: ThR 38 (1973), 119–162, 120.

46 Deshalb fehlt in meiner Darstellung der Ansatz von Hans Dombois, der
    üblicherweise bei den rechtstheologischen Positionen referiert wird. Mit
    seiner Sakralisierung des Kirchenrechts hat er jedoch weder eine Bedeu-
    tung für die Arbeit an Kirchenordnungen noch die konkrete Rechtset-
    zung erlangt. S. zu seinem Werk Landau, Peter, Nachruf auf Hans Dom-
    bois † (1997), in: Ders., Grundlagen und Geschichte des evangelischen
    Kirchenrechts und Staatskirchenrechts (JusEcc 92), Tübingen 2010, 300– 308.

(1841–1917), der sich persönlich dem Luthertum verpflichtet wusste.[47] Er beschloss den ersten Band seines Lehrbuchs zum Kirchenrecht mit den im folgenden Kasten hervorgehobenen Sätzen:

Grundsätzliche Kritik des Kirchenrechts
(bei Rudolph Sohm)

„Das Wesen der Kirche ist geistlich. Das Wesen des Rechtes ist weltlich. Das Kirchenrecht steht mit dem Wesen der Kirche im Widerspruch."[48]

Demnach galt:

Das geistliche Wesen der Kirche schließt jede kirchliche Rechtsordnung aus. Im Widerspruch mit dem Wesen der Kirche ist es zur Ausbildung von Kirchenrecht gekommen. Diese Tatsache beherrscht die Geschichte des Kirchenrechts von der ersten Zeit bis heute.[49]

Historisch verwies der ebenfalls kirchenhistorisch ausgewiesene Gelehrte[50] darauf, dass erst im frühchristlichen Ersten Clemensbrief[51] die Verrechtlichung der ursprünglich charis-

---

47 Zur Person Sohms und seiner positionellen Veränderung nach dem 1882 erschienenen ersten Band von „Kirchenrecht", die ich im Folgenden nicht berücksichtige, s. Landau, Peter, Rudolph Sohm (2001), in: Ders., Grundlagen und Geschichte des evangelischen Kirchenrechts und Staatskirchenrechts (JusEcc 92), Tübingen 2010, 297–299.

48 Sohm, Rudolph, Kirchenrecht, Bd. 1. Die geschichtlichen Grundlagen, Leipzig 1892, 700.

49 A. a. O., X.

50 Seine 1887 erstmals erschienene „Kirchengeschichte im Grundriss" hatte bis 1917 19 (!) Auflagen.

51 Zu dessen heutigem Verständnis s. Lindemann, Andreas, Der Erste Clemensbrief, in: Pratscher, Wilhelm (Hg.), Die Apostolischen Väter. Eine Einleitung, Göttingen 2009, 59–82

matischen Kirche beginnt. Dabei war dem Juristen klar, dass eine Gemeinschaft, und damit eine Kirche, die Bestand haben will, eine gewisse rechtliche Ordnung benötigt. Doch darin bestand für ihn „das tragische Paradox des Kirchenrechts".[52] Den zeitgeschichtlichen Kontext dieser These Sohms stellte der gerade zu Ende gegangene Kulturkampf dar, in dem die römisch-katholische Kirche ihre Eigenständigkeit gegenüber dem Staat verteidigte. Der Rechtsgelehrte hatte in dieser Auseinandersetzung die staatliche Position unterstützt und dabei die Zuständigkeit des Staates für kirchliche Rechtsfragen vertreten.[53] Sein Konzept[54] basierte auf folgender Rechtsauffassung:

> Recht ist die selbstherrliche Ordnung einer sittlich notwendigen, überindividuellen äußeren Gemeinschaft. Recht ist die sittlich notwendige Gemeinschaftsordnung.[55]

Genauer begründet Sohm „Recht" mit der Souveränität des Volkes. Zum Recht gehören sein „innerer Geltungszwang", der der zwangsweisen äußeren Durchsetzung vorausgeht, sowie seine Formalität und Dauer.[56] Es ist klar, dass ein solches Recht einen Fremdkörper in der Kirche darstellt. Dabei

---

52 So Honecker, Martin, Die Grundfrage: Gibt es ein „evangelisches" Kirchenrecht? (2005), in: Ders., Recht in der Kirche des Evangeliums (JusEcc 85), Tübingen 2008, 15–35, 18.

53 S. Honecker, Martin, Evangelisches Kirchenrecht. Eine Einführung in die theologischen Grundlagen, Göttingen 2009, 28.

54 Zur Entwicklung des Denkens Sohms s. a .a. O., 32–34.

55 Sohm, Rudolph, Kirchenrecht, Bd. 2. Katholisches Kirchenrecht, München 1923, 55.

56 Reuter, Hans-Richard: Der Rechtsbegriff des Kirchenrechts in systematisch-theologischer Sicht, in: Rau, Gerhard/Reuter, Hans-Richard/Schlaich, Klaus (Hg.): Das Recht der Kirche, Bd. 1. Zur Theorie des Kirchenrechts, Gütersloh 1997, 236–286, 237 f.

ist zu bedenken, dass Sohm staatskirchliche Verhältnisse vor
Augen hatte, also eine landesherrlich verwaltete Kirche, die
durchaus in zivile Lebensverhältnisse eingriff. Dazu trat ekklesiologisch bei Sohm die schroffe Trennung zwischen unsichtbarer und sichtbarer Kirche.

Gewiss war das skizzierte Rechtsverständnis Sohms bereits damals problematisch und ist nicht auf die heutige Zeit
übertragbar, in der ein exklusiv volksbezogenes und strafbe-
wehrtes Rechtsverständnis nur einen Teil von Recht erfasst.
Und auch das Kirchenverständnis verfehlt die den Reformatoren wichtige Bindung an konkrete Vollzüge wie die Lehre
des Evangeliums und die Feier der Sakramente (s. CA VII),
die einer „civitas Platonica" (ApolCA VII, BSLK 238,21 f.) ent-
gegenstehen. Doch enthält Sohms Vorstoß wichtige Impulse
(→ Kap. VII.3.), die keineswegs bereits erledigt sind. Er stellte
nachdrücklich die *Frage nach einem evangelischer Kirche angemessenen Rechtsverständnis*. Dabei wies er auf die Besonderheit von Kirche hin, die nach ihrem Selbstverständnis
nicht im Beobachtbaren aufgeht, und fragte von daher jedes
positive Evangelische Kirchenrecht kritisch an.[57]

Konnte man sich bis 1918 noch dadurch behelfen, dass gemäß dem landesherrlichen Summepiskopat die entsprechenden staatlichen Rechtsregelungen direkt auf den Raum der
Kirche übertragen wurden, beendete die Weimarer Reichsverfassung dies endgültig: „Es besteht keine Staatskirche." (WRV
Art. 137,1) Erstmalig bestand jetzt die Notwendigkeit, ein
eigenständiges Evangelisches Kirchenrecht zu entwickeln,
beginnend bei Kirchenverfassungen bzw. -ordnungen.

---

57 S. Honecker, Martin, Evangelisches Kirchenrecht. Eine Einführung in die
    theologischen Grundlagen, Göttingen 2009, 37.

2. Eigenständigkeit des Kirchenrechts (Barmen III)

Spätestens mit der nationalsozialistischen Machtergreifung und den Bestrebungen um Gleichschaltung der Kirchen stellte sich die Frage nach einem eigenständigen Kirchenrecht mit unabweisbarer Dringlichkeit. Denn jetzt galt es, sich von der am Führerprinzip und am Nationalsozialismus ausgerichteten staatlichen Rechtsetzung sowie von dem vielerorts administrativ durchgreifenden deutschchristlichen Kirchenregiment zu distanzieren. So heißt es in der „Erklärung zur Rechtslage der Bekenntnissynode der Deutschen Evangelischen Kirche" von Barmen (1934):[58]

> Die unantastbare Grundlage der Deutschen Evangelischen Kirche ist das Evangelium von Jesus Christus, wie es in der Heiligen Schrift bezeugt und in den Bekenntnissen der Reformation neu ans Licht getreten ist. Das derzeitige Reichskirchenregiment hat diese unantastbare Grundlage verlassen und sich zahlreicher Rechts- und Verfassungsbrüche schuldig gemacht. [...] Die Bekenntnissynode hat in der gegenwärtigen kirchlichen Notlage die Aufgabe, in der Deutschen Evangelischen Kirche die Bekennende Gemeinde zu sammeln und zu vertreten, ihre Gemeinschaft zu pflegen und dahin zu wirken, daß die evangelische Kirche dem Evangelium und Bekenntnis gemäß geführt und Verfassung und Recht dabei gewahrt werden.[59]

Diese Herausforderung wurde in der dritten These der am 31. Mai 1934 einstimmig von derselben Synode[60] verabschiedeten

---

58 S. umfassend aus kirchenrechtlicher Perspektive Winter, Jörg, Die Barmer Theologische Erklärung, Heidelberg 1986.

59 Zitiert nach: Die Barmer Theologische Erklärung. Einführung und Dokumentation, hg. v. Burgsmüller, Alfred/Weth, Rudolf, Neukirchen-Vluyn 1983, 64.

60 Der lutherische Erlanger Theologieprofessor Hermann Sasse, der nicht zustimmen konnte, war vorzeitig abgereist.

„Theologischen Erklärung zur gegenwärtigen Lage der Deutschen Evangelischen Kirche", kurz: Barmer Theologischen Erklärung, aufgenommen. Sie steht in direktem Gegensatz zu Sohms Auffassung. Zugleich bildet sie eine wichtige Grundlage für die moderne Diskussion um die Grundlegung des Evangelischen Kirchenrechts.

Dritte These der Barmer Theologischen Erklärung

„‚Lasset uns aber rechtschaffen sein in der Liebe und wachsen in allen Stücken an dem, der das Haupt ist, Christus, von welchem aus der ganze Leib zusammengefügt ist.' (Eph 4,15.16). Die christliche Kirche ist die Gemeinde von Brüdern, in der Jesus Christus in Wort und Sakrament durch den Heiligen Geist als der Herr gegenwärtig handelt. Sie hat mit ihrem Glauben wie mit ihrem Gehorsam, mit ihrer Botschaft wie mit ihrer Ordnung mitten in der Welt der Sünde als die Kirche der begnadeten Sünder zu bezeugen, daß sie allein sein Eigentum ist, allein von seinem Trost und von seiner Weisung in Erwartung seiner Erscheinung lebt und leben möchte.

Wir verwerfen die falsche Lehre, als dürfe die Kirche die Gestalt ihrer Botschaft und ihrer Ordnung ihrem Belieben oder dem Wechsel der jeweils herrschenden weltanschaulichen und politischen Überzeugungen überlassen."[61]

Der von Angehörigen der verschiedenen evangelischen Bekenntnisse[62] verabschiedete Text geht von einem ganzheitli-

---

61 Zitiert nach: Die Barmer Theologische Erklärung. Einführung und Dokumentation, hg. v. Burgsmüller, Alfred/Weth, Rudolf, Neukirchen-Vluyn 1983, 36.

chen Begriff der Kirche aus, der inhaltlich christologisch bestimmt ist. Das Kirchenverständnis von CA VII wird erstmalig in der Geschichte des Protestantismus direkt mit der Ordnung von Kirche verbunden: „Wesenskirche und Rechtskirche gehören in unaufgebbarer Einheit zusammen und haben ihren Herren zu bezeugen."[63] Dazu treten in der folgenden These IV eine explizite Absage an das Führerprinzip und positiv die Charakteristik der verschiedenen Ämter als „die Ausübung des der ganzen Gemeinde anvertrauten und befohlenen Dienstes":

> ‚Ihr wisset, daß die weltlichen Fürsten herrschen, und die Oberherren haben Gewalt. So soll es nicht sein unter euch; sondern so jemand will unter euch gewaltig sein, der sei euer Diener.' (Mt 20,25.26)
> Die verschiedenen Ämter in der Kirche begründen keine Herrschaft der einen über die anderen, sondern die Ausübung des der ganzen Gemeinde anvertrauten und befohlenen Dienstes.
> Wir verwerfen die falsche Lehre, als könne und dürfe sich die Kirche abseits von diesem Dienst besondere, mit Herrschaftsbefugnissen ausgestattete Führer geben oder geben lassen.[64]

Allerdings sprach die Barmer Theologische Erklärung nicht von „Recht", sondern von „Ordnung". Deshalb kann aus diesem, in manchen evangelischen Kirchen als Bekenntnisschrift firmierenden Dokument nicht direkt ein Verständnis

---

62 Zu den damit gegebenen Problemen s. Nicolaisen, Carsten, Zur Entstehungsgeschichte der Barmer Theologischen Erklärung, in: Die Barmer Theologische Erklärung. Einführung und Dokumentation, hg. v. Burgsmüller, Alfred/Weth, Rudolf, Neukirchen-Vluyn 1983, 20–26.

63 Konrad, Dietmar, Der Rang und die grundlegende Bedeutung des Kirchenrechts im Verständnis der evangelischen und der katholischen Kirche (JusEcc 93), Tübingen 2010, 236.

64 Zitiert nach: Die Barmer Theologische Erklärung. Einführung und Dokumentation, hg. v. Burgsmüller, Alfred/Weth, Rudolf, Neukirchen-Vluyn 1983, 37.

des Kirchenrechts abgeleitet werden. Doch trat der Hinweis auf den *Zusammenhang von verkündigter Botschaft und kirchlicher Rechtsgestalt* deutlich hervor. Er orientierte die nach dem Zusammenbruch 1945 folgenden Begründungsversuche des Evangelischen Kirchenrechts. Demnach kann Evangelisches Kirchenrecht weder einem bloßen Rechtspositivismus noch einem Naturrecht folgen. Es wurde eine eigenständige Rechtsform statuiert. Eine dramatische Zuspitzung erhielt die weitere Diskussion durch die doppelte Bedrohung der evangelischen Kirchen, nämlich durch die Position der Deutschen Christen und die Versuche der nationalsozialistischen Einflussnahme. Von hier aus proklamierte die Dahlemer Bekenntnissynode (19./20.10.1934) ein an Schrift und Bekenntnis gebundenes „kirchliches Notrecht".[65]

Vor diesem Hintergrund wurden nach dem Zweiten Weltkrieg unterschiedliche Begründungsmuster eines Evangelischen Kirchenrechts erarbeitet. Gemeinsam ist ihnen das Bemühen um eine rechtstheologische Begründung. Während es in Barmen gelungen war, die innerprotestantischen Konfessionsdifferenzen zu überbrücken, brachen diese in der sog. „Gründerzeit"[66] des Evangelischen Kirchenrechts wieder auf. Auch in der kirchenrechtlichen Praxis veränderte die Barmer Theologische Erklärung nur wenig. Das „bekennende Kirchenrecht" blieb eine Forderung. Offenkundig war der Übergang von den allgemeinen Überlegungen bezüglich der „Ordnung" zur konkreten Rechtsetzung doch zu weit. Der

---

65 Nowak, Kurt, Geschichte des Christentums und Deutschland. Religion, Politik und Gesellschaft vom Ende der Aufklärung bis zur Mitte des 20. Jahrhunderts, München 1995, 258.

66 Robbers, Gerhard, Grundsatzfragen der heutigen Rechtstheologie. Ein Bericht, in: ZevKR 37 (1992), 230–240, 240

völlige Verzicht auf den Bezug zur staatlichen Rechtsordnung war zwar 1934 verständlich und theologisch geboten, überspielte aber unter den anderen, rechtsstaatlichen Voraussetzungen der Bundesrepublik die möglichen Entsprechungen zum staatlichen Recht.[67] Die im Hintergrund der Barmer Theologischen Erklärung stehende Dogmatik Karl Barths mit ihrer Entgegensetzung von Kirche und „Welt" erwies sich unter den neuen demokratischen Verhältnissen als wenig hilfreich.

3. „LEX CHARITATIS" (JOHANNES HECKEL)

Nach den Erfahrungen im Kampf mit den Nationalsozialisten und den Deutschen Christen lag es nahe, eine theologische Begründung des Evangelischen Kirchenrechts zu erarbeiten. Denn nur so schien dessen Überformung durch nichtchristliche Ideologien ausgeschlossen. Mit dieser Intention verfasste 1953 der (seit 1940) in München auf dem Lehrstuhl für Öffentliches Recht und Kirchenrecht lehrende (Pfarrerssohn) Johannes Heckel (1889–1963)[68] sein grundlegendes rechtshistorisches Werk „Lex charitatis".[69]

---

67 S. Konrad, Dietmar, Der Rang und die grundlegende Bedeutung des Kirchenrechts im Verständnis der evangelischen und der katholischen Kirche (JusEcc 93), Tübingen 2010, 239 f.

68 Zur Person, mit einem gewissen Schwergewicht auf seiner problematischen Tätigkeit im Dritten Reich, s. Emling, Gisela, Johannes Heckel. Leben und Wirken (1889–1963) (Rechtshistorische Reihe 418), Frankfurt 2011.

69 Heckel, Johannes, Lex charitatis. Eine juristische Untersuchung über das Recht in der Theologie Martin Luthers (Abhandlungen der Bayerischen Akademie der Wissenschaften. Philosophisch-historische Klasse. Neue Folge H. 36), München 1953. Die zweite, von seinem Sohn Martin 1973 her-

Der Titel dieses Buchs bezieht sich direkt auf eine Wendung aus Luthers Galater-Kommentar (1519), in dem die Kirche („Respublica ecclesiastica") als „unica lege charitatis instituta" (WA 2,617) bezeichnet wird. Dies galt Heckel als „Kernsatz aller irdischer Kirchenverfassung".[70] Von daher versuchte er unter direktem Rückgriff auf Luthers Schriften eine Grundlegung des Evangelischen Kirchenrechts. Dabei setzte er mit einer *personalen Interpretation der sog. Zwei-Reiche-Lehre* ein.[71]

Traditionsgeschichtlich nahm Luther zwar Augustins Lehre der beiden Reiche – *civitas Dei* und *civitas terrena* bzw. *diaboli* – auf, doch modifizierte er sie zur hermeneutischen Unterscheidung zwischen geistlichem und weltlichem Regiment. Dadurch konnte Luther Gottes Handeln hinsichtlich der Erhaltung der Welt und des Heils differenzieren. Neuprotestantische Theologen rezipierten im 19. Jahrhundert diese Unterscheidung und begründeten damit eine Eigengesetzlichkeit im Bereich des Politischen. Dies allerdings erwies sich spätestens im Dritten Reich als gefährlicher Irrweg. Im Übrigen führte erst Hermann Diem den Begriff Zwei-Reiche-Lehre 1938 in die theologische Diskussion ein, nachdem Karl Barth bereits 1922 von der „Lehre von den 2 Reichen" gesprochen hatte.

Nach Heckels Auffassung ist jeder Mensch entweder als Sünder Bürger im Reich der Welt,[72] also des Teufels,[73] oder als

---

ausgegebene Auflage ist im Textbestand unverändert, aber im Quellenapparat nach Aufzeichnungen des Autors ergänzt. Dazu sind der zweiten Auflage als Anhang weitere Publikationen Heckels zur Thematik beigegeben. Im Folgenden verwende ich die zweite Auflage.

70 A. a. O., 213 f.

71 S. auch Heckel, Johannes, Im Irrgarten der Zwei-Reiche-Lehre. Zwei Abhandlungen zum Reichs- und Kirchenbegriff Martin Luthers (TEH NF 55), München 1957.

72 S. Heckel, Johannes, Lex charitatis. Eine juristische Untersuchung über das Recht in der Theologie Martin Luthers (Abhandlungen der Bayerischen Akademie der Wissenschaften. Philosophisch-historische Klasse. Neue Folge H. 36), München 1973², 35–42.

Christusgläubiger Bürger im Reich Christi,[74] wobei er jeweils von der anderen Seite umworben wird. Diesem personalen Dualismus entspricht, dass es zwei verschiedene Formen von Recht gibt: das göttliche Recht im Reich Christi und das weltliche Recht im Reich der Welt.

Genauer unterschied Heckel dann noch verschiedene Ebenen im Kirchenrecht: Grundlegend ist hier die „lex Christi".[75] Sie ist rein geistlicher Art und richtet sich direkt an den einzelnen Christen.

Da sie den Christen ins Herz geschrieben ist, benötigt sie keine besondere Form. Als lex spiritualis verlangt sie vom Menschen nicht nur äußerliche Befolgung, sondern die Gleichförmigkeit des menschlichen Willens mit dem Willen Gottes, konkret die von Gott geschenkte Liebe zum Schöpfer.[76] Damit hat sie eine vertikale („charitas erga deum") und eine horizontale Ebene („charitas erga proximum").[77] Weiterhin kennt Heckel ein „ius divinum positivum", in dem sich Gottes Regiment in der Kirche äußert. Es umfasst Predigtamt, Schlüsselgewalt, Taufe und Abendmahl.[78] Hierauf bezieht sich das *ius humanum ecclesiasticum*, das menschliche Kirchenrecht,[79] das dem Vollzug dieses *ius divinum positivum* dient. Doch darf auch dieses nicht mit dem weltlichen Gesetz verwechselt werden: „An die Stelle des Gehorsams gegen den

---

73 S. a .a. O., 40 (besonders Anm. 195).

74 S. a. a. O., 43–50.

75 S. a. a. O., 175–206.

76 S. a. a. O., 86 ff.

77 S. a. a. O., 190–198.

78 S. a. a. O., 177–182.

79 S. a. a. O., 214–216.

obrigkeitlichen Befehl tritt die brüderliche Liebe der Christen untereinander."[80]

Lex charitatis (bei Johannes Heckel)

Reich Christi – göttliches Recht	Reich der Welt – weltliches Recht
→ charitas erga deum Lex Christi → charitas erga proximum (*ins Herz geschrieben*) ius divinum positivum (*Gottes Regiment in der Kirche:* *durch Predigtamt, Schlüsselgewalt,* *Taufe, Abendmahl*) ↓ durch Vollzug ius humanum ecclesiasticum (*menschliches Kirchenrecht*)	

Heckels Entwurf wirkte stärker in grundsätzlicher Hinsicht als im Bereich der kirchenrechtlichen Praxis. Schon 1931 hatte er wichtige Vorarbeiten zum Preußischen Staatskirchenvertrag geleistet. Seine strikte Unterscheidung der beiden Reiche fand staatskirchenrechtlich in der Figur des Staatskirchenvertrags ihren Niederschlag, insofern das Vertragskirchenrecht von der Unabhängigkeit und Gleichrangigkeit beider Vertragspartner ausgeht. Dazu war er ab 1951 Präsident des

---

80 Zitiert bei Grundmann, Siegfried, Kirchenrecht, in: EStL² (1975²), 1206–1224, 1218.

Verfassungs- und Verwaltungsgerichts der Vereinigten Evangelisch-Lutherischen Kirche in Deutschland. Allerdings zeigt Heckels Entwurf im Einzelnen *Schwächen*:

Historisch ist der unmittelbare Rückgriff auf Luthers Schriften, ohne deren Kontext zu beachten, problematisch. Heckel behandelte diese als rechtsdogmatische Texte, ohne ihren jeweiligen Situationsbezug und auch die entsprechenden Veränderungen in Luthers Theologie zu berücksichtigen.

Martin Honecker macht z. B. darauf aufmerksam, dass sich sogar das Konzept der „lex charitatis", auf dem Heckels Entwurf gründet, bei Luther veränderte. So distanzierte sich der Reformator 1539 in seiner 2. Galatervorlesung deutlich von der für Heckel grundlegenden Gleichsetzung von „lex" und „evangelium", indem er den sog. Schwärmern und Altgläubigen vorhält: „Faciunt ex evangelio legem charitatis". (WA 40I,141).[81]

Systematisch ließ Heckels Entwurf keinen Raum für die Einsicht des „simul iustus et peccator", die Luther aus seinem Studium der paulinischen Rechtfertigungsbotschaft gewann und die für reformatorische Anthropologie grundlegend ist. Vielmehr wandelte der Jurist Heckel Luthers funktionale Unterscheidungen in personale Entgegensetzungen um. Dazu setzte er die Rede von den beiden Reichen selbstverständlich mit der Unterscheidung der beiden Regimenter Gottes gleich.

Trotz dieser Probleme stellt Heckels Entwurf insofern einen wichtigen Schritt auf dem Weg zu einer Grundlegung des Evangelischen Kirchenrechts dar, als er die Autonomie des Kirchenrechts begründete. Dies war vor allem – wie schon

---

81 Honecker, Martin, Die Grundfrage: Gibt es ein „evangelisches" Kirchenrecht? (2005), in: Ders., Recht in der Kirche des Evangeliums (JusEcc 85), Tübingen 2008, 15–35, 29.

erwähnt – für die staatskirchenrechtlichen Vertragswerke eine wichtige Grundlage.

4. „RECHT DES NÄCHSTEN" (ERIK WOLF)

Die Begründung und Ausarbeitung des Kirchenrechts[82] durch den Juristen Erik Wolf (1902–1977),[83] langjähriger Lehrstuhlinhaber für Rechtsphilosophie und Kirchenrecht an der Universität Freiburg, sind konfessionell komplementär zu dem eben skizzierten Ansatz von Johannes Heckel. Diesmal bestimmte – entsprechend der familiären Herkunft des Rechtsgelehrten – die reformierte Tradition das Denken. Nicht von ungefähr widmete Wolf eines seiner Bücher, das „Recht des Nächsten", Karl Barth. Folgende Frage leitete sein Bemühen:

> Gibt es eine Beziehung zwischen der Wirklichkeit der von Gott in Jesus Christus ein für allemal vollzogenen Rechtfertigung des Sünders allein durch den Glauben und dem Problem des menschlichen Rechtes: eine innere, eine notwendige, eine solche Beziehung, durch die mit der göttlichen Rechtfertigung auch das menschliche Recht in irgendeinem Sinn zum Gegenstand des christlichen Glaubens und des christlichen Bekenntnisses wird?[84]

---

82 Monographisch ausgearbeitet in: Wolf, Erik, Recht des Nächsten. Ein rechtstheologischer Entwurf, Frankfurt 1958 (1966²). Im Folgenden beziehe ich mich vor allem auf den einschlägigen RGG-Artikel Wolfs, der in lexikalischer Verdichtung präzise seinen Ansatz präsentiert.

83 Zum Wirken Wolfs s. Hollerbach, Alexander, Erik Wolfs Wirken für Kirche und Recht, in: Jahrbuch für badische Kirchen- und Religionsgeschichte 2 (2008), 47–67.

84 Nach Hollerbach, Alexander, In memoriam Erik Wolf, in: Zeitschrift der Savigny-Stiftung für Rechtsgeschichte: Kanonistische Abteilung 65 o 96 o 109 (1979), 455–461, 459.

Dabei ist – gegenüber Heckel – beachtenswert, dass Wolf nicht nur eine Begründung des Kirchenrechts, sondern des Rechts im Allgemeinen anstrebte. Denn er ging – wie Barth[85] – davon aus, dass jedes Recht letztlich einer theologischen Begründung und Rechtfertigung bedarf. So dient Kirchenrecht auch als „Beispielsordnung"[86]. Während Heckel sich in die Schriften Luthers vertiefte, orientiert sich die Rechtstheorie Wolfs an der „biblischen Weisung".

> Göttliches Recht (Ius divinum) kennt das evangelische Kirchenrecht zwar nicht im Sinn einer lehramtlich verwalteten kirchlichen traditio divina – es gibt keinen sog. ‚gesetzlichen Schriftgebrauch', und die Bekenntnisdokumente sind nicht unabänderlich –, wohl aber als biblische Weisung. [...] Neutestamentliche Weisung für evangelisches Kirchenrecht geben Christi Gebote für Gottesdienst und Gemeindezucht, ferner die apostolischen Regeln für die Ämter (Dienste) in der Gemeinde. Alttestamentliche Weisung für evangelisches Kirchenrecht geben das ‚Gesetz' (besonders der Dekalog), ferner die prophetischen Vorschriften für das Volk Gottes.[87]

Diese biblische Weisung erfüllt die Funktion des „Ius divinum".[88] Dazu tritt als menschliches Recht ein „Ius ecclesiasticum". Es basiert in Form der Bekenntnisschriften auf theologischen und in Form der EKD-Grundordnung auf juristischen Rechtsquellen. Dementsprechend ist Evangelisches Kirchenrecht „paradox":

> es ist ans Bekenntnis gebunden, aber auch Ergebnis von Kompromissen zwischen Kirche und ‚Welt'; gottesrechtlich gestiftet, doch als ius humanum gestaltet; geistliche Lebensordnung und historisch ver-

---

85 S. KD IV,2 (1955), 765–824 (§ 67.4).

86 Wolf, Erik, Kirchenrecht I B Ev. Kirche, in: RGG³ Bd. 3 (1959), 1506–1510, 1509.

87 A. a. O., 1509 (die lexikonüblichen Abkürzungen sind aufgelöst).

88 S. hierzu auch Wolf, Erik, Ius divinum, in: EStL (1966), 831–835.

pflichtende Tradition; kirchlichen Zielen dienend, jedoch staatlicher Gewalt angepaßt; Ausdruck einer mit andern unvergleichbaren Gemeinschaftsordnung, trotzdem verflochten mit öffentlichem oder privatem Korporationsrecht.[89]

Paradoxie des Kirchenrechts (bei Erik Wolf)

an das Bekenntnis gebunden	Kompromiss zw. Kirche und Welt
gottesrechtlich gestiftet	ius humanum
geistliche Lebensordnung	Tradition
der Kirche dienend	staatlicher Gewalt angepasst
unvergleichliche Gemeinschaftsordnung	verflochten mit weltlichem Recht

Der Grund für diese Paradoxien liegt im besonderen Charakter der Kirche: Sie „ist in der Welt, aber nicht von der Welt"[90]. Daraus folgt eine methodische Vielfalt im Kirchenrecht (rechtsdogmatisch, rechtshistorisch, rechtssoziologisch und rechtstheologisch). Inhaltlich ist die *Zentrierung auf Christus* entscheidend. Von daher ist Kirchenrecht eine „Ordnung der Christokratie", die eine „diakonische Ordnung" fordert.[91]

---

89 Wolf, Erik, Kirchenrecht I B Ev. Kirche, in: RGG³ Bd. 3 (1959), 1506–1510, 1506 (die lexikonüblichen Abkürzungen sind aufgelöst).

90 Honecker, Martin, Kirchenrecht II. Evangelische Kirchen, in: TRE 18 (1989), 724–749, 732.

91 Wolf, Erik, Kirchenrecht I B Ev. Kirche, in: RGG³ Bd. 3 (1959), 1506–1510, 1508.

Daraus resultiert die Lehre vom „Recht des Nächsten" (Mt 22, 37–40): „Gott ist die Liebe. Diese Liebe wirkt, was Nächstenliebe eigentlich heißt: Liebe zum Mitmenschen aus der Liebe Gottes und in ihr."[92]

Ähnlich wie bei Heckel liegt in Wolfs Werk ein umfassender Entwurf des Evangelischen Kirchenrechts vor. Mit der Figur des Paradoxes versuchte er, Einseitigkeiten zu entgehen, aber zugleich die christozentrische Ausrichtung beizubehalten.

Dieser rechtstheologische Ansatz entfaltete – etwa durch die Mitarbeit Wolfs an der Grundordnung der Evangelischen Kirche in Deutschland[93] – vor allem in grundsätzlicher Hinsicht Wirkung. Mit seinem „Recht des Nächsten" widersprach Wolf dem verengten Rechtsverständnis Sohms entschieden. Dazu gelang es ihm durch den Rückgriff auf die „biblischen Weisungen", einen einheitlichen Rechtsbegriff zu entwickeln. Dabei nahm er die Einsichten von Barmen III (→ Kap. II.2.) auf, wonach Botschaft und Ordnung miteinander zusammenhängen. Zudem eröffneten sich hierdurch neue Möglichkeiten für einen ökumenischen Dialog.[94] Doch auch hier bleiben grundsätzliche *Anfragen*:

Theologisch ist der direkte, weder exegetisch noch hermeneutisch vermittelte Zugriff auf biblische Texte problematisch. Dazu tritt: Reduziert dieses rechtstheologische Konzept nicht die Bibel auf die Paränese? In juristischer Perspektive ist

---

92 Grundmann, Siegfried, Kirchenrecht, in: EStL² (1975), 1206–1224, 1214.

93 S. Wolf, Erik, Das Problem und die Leitgedanken für eine Grundordnung der Evangelischen Kirche in Deutschland (1948), in: Ders., Rechtstheologische Studien, Frankfurt 1972, 293–311.

94 Konrad, Dietmar, Der Rang und die grundlegende Bedeutung des Kirchenrechts im Verständnis der evangelischen und der katholischen Kirche (JusEcc 93), Tübingen 2010, 253.

der imposante Ausgriff auf das Recht im Allgemeinen schwierig. Was ist mit Menschen, die nicht an Christus glauben? Weiter erweist sich die Konzeption des „Rechts des Nächsten" als eine Ausweitung des Rechtsverständnisses, die etwa traditionelle Distinktionen zwischen Recht und Ethik unterläuft.

Schließlich bestehen bei diesem Entwurf offenkundige Mängel hinsichtlich der Praktikabilität. Wo bleiben in dieser Liebesordnung Sanktionen und Strafen?

5. Ethischer Zugang (Hans-Richard Reuter)

Der in Münster lehrende Sozialethiker und Schüler von Wolfgang Huber Hans-Richard Reuter (geb. 1947) setzt bei seinen Überlegungen zur Grundlegung des Evangelischen Kirchenrechts kritisch bei drei Alternativen an, die in der traditionellen kirchenrechtlichen Diskussion eine wichtige Rolle spielten:

- Göttliches oder menschliches Recht?[95]
- Geistliches oder weltliches Recht?[96]
- Eigengeartetes und/oder eigenständiges Recht?[97]

Grundlegend ist bei ihm ein entschiedenes Plädoyer gegen die Rede vom „ius divinum", weil durch sie etwas der Veränderung Entnommenes markiert wird. In verschiedenen Ansätzen der evangelischen kirchenrechtlichen Theoriebil-

---

95 Reuter, Hans-Richard, Rechtsbegriff – systematisch-theologisch, in: Rau, Gerhard/Reuter, Hans-Richard/Schlaich, Klaus (Hg.), Das Recht der Kirche, Bd. 1. Zur Theorie des Kirchenrechts (FBESG 49), Gütersloh 1997, 236–286, 268.
96 A. a. O., 273.
97 A. a. O., 280.

dung – z. B. bei Karl Barth – wird dieser Begriff aus der paulinischen Rede von der göttlichen Gerechtigkeit abgeleitet, die ihren lehrmäßigen Niederschlag in der Rechtfertigungslehre fand. Demgegenüber betont Reuter, dass Paulus nicht von Gottes „Recht", sondern von dessen fremder Gerechtigkeit schreibt. *Die im Glauben eröffnete Freiheit und Würde jedes Einzelnen* gilt Reuter *als „vorrechtliches Faktum"*, dessen Beachtung die allererste Aufgabe des Rechts ist:

> Gerade das positive Recht einer verfassten Kirche darf niemals einen auf Glauben und Gewissen gerichteten äußeren oder inneren Zwang ausüben; gerade evangelisches Kirchenrecht muß für die Respektierung der Gewissensüberzeugung einstehen [...][98]

Die Pointe des Rechtfertigungsverständnisses bei Paulus liegt für Reuter in der Begründung der menschlichen Freiheit, also der besonderen *Würde des Menschen*, die unveräußerlich ist. Diese ist zweifellos von jeder Rechtsordnung zu achten, liegt ihr aber zugleich voraus. Reuter wehrt sich hier gegen die bei den Rechtstheologen nach dem Zweiten Weltkrieg vollzogene – von der Situation der Bekennenden Kirche her verständliche – theologische Aufladung des Kirchenrechts. Damit führt er wieder zum reformatorischen Grundimpuls zurück, dessen fundamentale Kritik am Kanonischen Recht eine antimeritorische und damit – positiv gewendet – soteriologische Spitze hatte.

Weiterhin wendet sich Reuter gegen die Kategorie des „geistlichen Rechts". Er geht hier ebenfalls von seiner Ablehnung der Rede vom „ius divinum" aus. Erst die Zurückweisung auch des Begriffs „geistliches Recht" scheint ihm ausreichend, um „Begriff und Vorstellung eines ius divinum

---

98   A. a. O., 273.
99   A. a. O., 274.

wirklich mit Stumpf und Stiel" auszumerzen.[99] Dazu weist er darauf hin, dass die Betonung der Freiheit nicht zu einer inhaltlichen Entleerung führen muss. Vielmehr sieht er die Freiheit dadurch gekennzeichnet, dass sie die Freiheit des Glaubens ist, die sich im Dank äußert. Diesen Dank sieht er wesentlich im „außeralltäglichen Geschehen des Gottesdienstes" zur Darstellung kommen. Von daher gilt ihm der Gottesdienst „als Ort der Rechtserkenntnis, als Quelle der Rechtsfindung und Gegenstand der Rechtsanwendung in der Kirche und für die Kirche"[100]. Allerdings ist auch hier – parallel zur Argumentation gegen das ius divinum – darauf zu achten, dass die gottesdienstlichen Gemeinschaftshandlungen als solche keine Rechtshandlungen sind. Der sonst übliche Begriff eines „liturgischen Rechts" erscheint also zumindest missverständlich. Als weiteres Argument gegen die Unterscheidung „geistliches" – „weltliches" Recht führt Reuter an, dass dabei oft eine unsachgemäße Gleichsetzung von institutionellem Kirchenwesen und Gottes geistlichem Regiment bzw. von politischem Gemeinwesen mit Gottes Handeln im weltlichen Regiment vollzogen wird. Dagegen betont er, dass „alle weltlichen Handlungen [...] geistlich werden (können), wenn sich durch sie einem Menschen die Wahrheit des Evangeliums erschließt, oder wenn sie aus der im Geist erschlossenen Wahrheit hervorgehen"[101]. Dies gilt sogar für „Wortverkündigung" und „Darbietung der Sakramente", die nur dann als „geistliche" Vollzüge gelten können, wenn der Heilige Geist durch sie Glauben stiftet bzw. fördert. Kirchentheoretischer Hintergrund ist dabei das Konzept von Kirche als einer „Interpretationsgemeinschaft".[102]

---

100 A. a. O., 275.
101 A. a. O., 277 f.

Nur indem die evangelische „Christenheit" „Interpretations-, Verständigungsgemeinschaft" ist, kann sie zur Rechtsgemeinschaft werden. „Sie muss Verständigungsgemeinschaft sein, und zwar im gemeinsamen Bemühen um das Verstehen des befreienden Wortes der Schrift ebenso wie um das Erkennen der Zeichen der Zeit."[103]

Von daher gewinnen die Kommunikations- und Partizipationsrechte der Einzelnen an Kirche grundlegende Bedeutung. Schließlich stellt Reuter die Alternative eigengeartetes – eigenständiges Recht in Frage. Grundlegend für Reuters Überlegungen zu dieser Alternative ist:

> Auch das positivierte Kirchenrecht ist mit all seinen Regelungsbereichen vom Gottesdienstrecht bis zum Arbeitsrecht ganz und gar ius humanum. Spätestens das Faktum des Rechts in der Kirche belegt, daß die Kirche weltlich existiert und in ihrer empirischen Gestalt als gesellschaftlicher Großverband gar nicht anders kann, als sich eines höchst weltlichen Mittels zu bedienen, um sinnvolle gegenseitige Verhaltenserwartungen für alle Verbandsmitglieder sozial zu verallgemeinern und zeitlich zu stabilisieren; auch Macht zu verteilen und zu kontrollieren.[104]

Reuter kann zeigen, dass die Rede von der Eigenständigkeit des Kirchenrechts wesentlich ein kirchenpolitisches Postulat ist, um staatliche Übergriffe abzuwehren:

> Die Formel vom eigengearteten und eigenständigen Kirchenrecht verarbeitet die staatskirchenrechtliche Lage nach dem Ende des landesherrlichen Kirchenregiments.[105]

---

102 Ausgeführt findet sich dieses Theologieverständnis bei Dalferth, Ingolf, Evangelische Theologie als Interpretationspraxis. Eine systematische Orientierung (ThLZ.F 11/12), Leipzig 2004.

103 Reuter, Hans-Richard, Rechtsbegriff – systematisch-theologisch, in: Rau, Gerhard/Reuter, Hans-Richard/Schlaich, Klaus (Hg.), Das Recht der Kirche, Bd. 1. Zur Theorie des Kirchenrechts (FBESG 49), Gütersloh 1997, 236–286, 278.

104 A. a. O., 280.

105 A. a. O., 281.

Demgegenüber hat die Formel von der „Eigenart des Kirchenrechts" die Konnotation des Beschwichtigens und Disziplinierens. Hierdurch sollen bestimmte kirchenrechtliche Verfahrensweisen legitimiert und andere allgemein gesellschaftliche Umgangsformen diskreditiert werden. Ein Beispiel dafür ist das zunehmend in Kritik geratene arbeitsrechtliche Modell des sog. Dritten Wegs (→ Kap. V.4.). Für Evangelisches Kirchenrecht besteht hinsichtlich beider Begriffe eine doppelte Aufgabe:

> Es „muß sich vor dem Mißbrauch beider Begriffe hüten; es darf sich weder die Eigenständigkeitsforderung im starken, naturrechtlichen Sinn, noch das Postulat der Eigengeartetheit im disziplinierenden, exklusiven Sinn zu eigen machen".[106]

Die evangelischen Kirchen könnten sich nur dann einem eigengearteten Normenbereich im Kirchenrecht beugen, wenn sie ihren Grundcharakter als Verständigungsgemeinschaft preisgäben. Dieser liegt jedoch dem Kirchenrecht voraus.

Kirchenrecht (bei Hans-Richard Reuter)

Voraussetzung: Freiheitsrechte des Einzelnen
Grundlage: Kirche als Verständigungsgemeinschaft, konziliare Gemeinschaft, Bekenntnisgemeinschaft
Konsequenz: Kirchenrecht als menschliches, weltliches und nicht eigengeartetes oder eigenständiges Recht

---

106 A. a. O., 283.

Insgesamt entwirft Reuter durch die entschiedene Dekonstruktion der bisher die rechtstheologische Grundlagendiskussion im Evangelischen Kirchenrecht prägenden Begriffe ein an neuere theologische und rechtstheoretische
Einsichten anschlussfähiges Konzept. Damit wird das Bemühen um ein offenkundig nicht erreichbares Sonderrecht verabschiedet. Die sowohl rechtfertigungstheologische als auch
menschenrechtlich begründete Fundierung in den jedem
Recht vorausliegenden Freiheitsrechten gibt eine tragfähige
und im gesellschaftlichen Diskurs kommunizierbare Grundlage für seine Überlegungen zum Kirchenrecht. Dazu kann
Reuter so den reformatorischen Grundimpetus des Protests
gegen das Kanonische Recht jetzt auch innerevangelisch zur
Sprache bringen, nämlich der Verwechslung von ius divinum
und ius humanum zu wehren. Doch auch hier besteht Anlass
zu kritischen *Rückfragen*:

Kirchentheoretisch stellt sich die Frage, ob die anthropo-
logische Zuspitzung auf die Freiheit des Einzelnen den Sozi-
alcharakter der Kirche hinreichend im Blick hat.

Dogmatisch ist zu diskutieren, ob in Reuters Ansatz der
wirkungsgeschichtlich belegbaren besonderen Bedeutung
von einzelnen Kommunikationshandlungen wie Taufe und
Abendmahl hinreichend Rechnung getragen wird. Wenn ihr
Grundcharakter als Christus-Mimesis beachtet wird, erscheint es notwendig, unter Berücksichtigung der rezepti-
onsästhetischen Dimension deren besondere Bedeutung für
Kirche herauszuarbeiten.

Soziologisch ist zu klären, ob bei diesem anspruchsvollen,
rezeptionsästhetisch geschulten Rechtsverständnis nicht nur
bestimmte Milieus im Blick sind.

6. Zusammenfassung und Ausblick

Die Bemühungen um eine Grundlegung Evangelischen Kirchenrechts resultieren aus dem Auseinandertreten von Staat und (evangelischer) Kirche. Nicht von ungefähr stand am Anfang der entsprechenden Arbeit eine grundsätzliche Infragestellung der Möglichkeit von Evangelischem Kirchenrecht durch Rudolph Sohm. Spätestens die Bedrohung der Kirche durch deutsch-christliche Verfälschungen und den Zugriff des nationalsozialistischen Staats zeigte, dass die lange Zeit übliche Anlehnung der Kirche an den Staat und seine Rechtsordnung und -setzung Gefahren birgt. Die dritte Barmer These entnahm programmatisch die Frage der „Ordnung" von Kirche dem Bereich des Beliebigen und formulierte sie in ihrer theologischen Bedeutung.

In der DDR erwies sich in anderer Weise die traditionelle Anlehnung der Rechtsgestalt evangelischer Kirchen an den Staat als unmöglich. In verschiedenen Anläufen versuchten Juristen unterschiedlicher konfessioneller Herkunft wie Johannes Heckel und Erik Wolf daraus rechtstheologische Konsequenzen zu ziehen. Ihre Entwürfe markieren – im Nachhinein gesehen – eher Problembeschreibungen als Lösungen. So führten eine personal eng geführte Zwei-Reiche-Lehre und damit zusammenhängend ein spiritualisierendes Kirchenverständnis bei Heckel zu einem dualistischen Rechtsbegriff. Umgekehrt überdehnte Erik Wolf seinen Rechtsbegriff, bei dem das Kirchenrecht mit der Orientierung an den biblischen Weisungen u. a. als Vorbild für das Recht im Allgemeinen auftrat. Beide Entwürfe hatten praktische Konsequenzen vor allem auf der allgemeinen Ebene – bei staatskirchenrechtlichen Vertragsformen und Grundordnungen, weniger für die praktische rechtliche Tätigkeit.

Gemeinsam war ihnen das Bemühen, Konsequenzen aus dem Kirchenkampf zu ziehen. Doch wurde die veränderte Rechtssituation in der Bundesrepublik nicht beachtet. Einen neuen Einsatz stellt der exemplarisch anhand der Überlegungen des Theologen Hans-Richard Reuter vorgestellte rechtsethische Zugang dar. Seine Dekonstruktion traditioneller, aus früheren Kontexten direkt in die Gegenwart übertragener Begriffe knüpft an die reformatorische Grundsatzkritik der theologischen Überhöhung des Kirchenrechts an und macht den Blick frei für neue Begründungszusammenhänge.

Insgesamt ergeben sich aus der skizzierten Diskussionslage drei Grundsätze, die bei der kirchenrechtlichen Arbeit auf den unterschiedlichen Ebenen zu beachten sind:

– *Grundlegend gilt: Evangelisches Kirchenrecht beruht systematisch auf der Unterscheidung zwischen dem Handeln Gottes und dem Handeln des Menschen.* Die Aufladung und Feststellung menschlicher Rechtsetzung durch den Begriff „ius divinum" widerspricht der reformatorischen Grundeinsicht in den Unterschied von göttlichem und menschlichem Handeln.

– *Evangelisches Kirchenrecht ist nur aus seiner historischen Entstehungssituation heraus verständlich.* Es ist also kontextuell zu entwickeln.

– *Evangelisches Kirchenrecht ist in seiner biblischen Orientierung auf evangelische Kirche als eine Interpretationsgemeinschaft bezogen.* Es muss gleichermaßen in Kontakt zu theologischen und empirischen Bestimmungen von Kirche entwickelt werden.

Dabei hat Evangelisches Kirchenrecht auch den allgemeinen Rechtsbegriff zu berücksichtigen, dessen Merkmale „autoritative Gesetztheit, soziale Wirksamkeit und materiale

Richtigkeit"[107] sind – allerdings mit einigen besonderen Akzentuierungen. Eine Gemeinsamkeit mit staatlichem Recht hat Evangelisches Kirchenrecht darin, dass es von dazu befugten Organen, also legitimierten Instanzen, gesetzt wird. Eine gewisse Differenz besteht hinsichtlich der Durchsetzung, insofern die Kirche eine Überzeugungsgemeinschaft ist. Sanktionsmöglichkeiten und deren Ausübung sind deshalb stark reduziert. Schließlich ist eine unaufgebbare Besonderheit Evangelischen Kirchenrechts, dass es an Schrift und Bekenntnis gebunden ist, die beide der Rechtsetzung enthoben sind, ihr vielmehr vorausliegen. Deshalb handelt es sich beim Evangelischen Kirchenrecht nicht um eine statische Reproduktion von Vorgegebenem, sondern um einen grundsätzlich unabschließbaren Interpretationsprozess. Dabei kommt der evangelischen Theologie eine besondere Bedeutung für das Evangelische Kirchenrecht zu (→ Kap. VI.4.), insofern sie die Wissenschaft ist, die sich um die Förderung der Kommunikation des Evangeliums bemüht.

Evangelisches Kirchenrecht ist somit eine theologische Theorie von Kommunikationsregeln für die Kirche. Es hat der Kommunikation des Evangeliums durch die Kirche zu dienen. Damit ist das Kirchenrecht zum einen auf Kirche bezogen, die allerdings nach evangelischem Verständnis nicht nur in der konkreten Organisationsgestalt aufgeht. Von daher erklärt sich die in → Kap. IV.3. dargestellte besondere Rechtsform der „Lebensordnung" bzw. „Leitlinien", die in den ethischen, also das persönliche Verhalten der Christen betreffenden Bereich ausgreift. Zum anderen hat das Evan-

---

107 Kraus, Dieter, Einführung, in: Ders. (Hg.), Evangelische Kirchenverfassungen in Deutschland. Textsammlung mit einer Einführung, Berlin 2001, 13–19, 14.

gelische Kirchenrecht mit dem „Evangelium" einen festen Bezugspunkt, der sich aber jeweils nur in konkreten Kommunikationen und damit in einem bestimmten Kontext erschließt. Dieser Bezugspunkt ist das Kriterium zur Beurteilung der Angemessenheit – und gegebenenfalls Veränderungsnotwendigkeit – kirchenrechtlicher Bestimmungen. Demnach eignet dem Evangelischen Kirchenrecht eine *zirkuläre Struktur*. Es hat die Aufgabe, die Kommunikation des Evangeliums in der Kirche zu fördern, und hat in eben dieser Kommunikation sein Kriterium und sein Veränderungspotenzial. Insofern die Praktische Theologie die Theorie der Kommunikation des Evangeliums in der Gegenwart ist,[108] ist das Evangelische Kirchenrecht eine praktisch-theologische Disziplin. So wie in anderen praktisch-theologischen Disziplinen direkte Bezugswissenschaften bestehen – etwa die Psychologie in der Seelsorge (Poimenik) oder die Pädagogik in der Religionspädagogik (Katechetik) –, hat das Kirchenrecht seine zentrale Bezugswissenschaft in der Rechtswissenschaft.

Grundstruktur Evangelischen Kirchenrechts

Evangelisches Kirchenrecht

Aufgabe der Förderung ↓

↑ *Kriterium der Beurteilung*

Kommunikation des Evangeliums

---

108 Theoretisch begründet und materialiter ausgeführt findet sich dieses Verständnis von Praktischer Theologie in: Grethlein, Christian, Praktische Theologie, Berlin 2012.

III. Organisation evangelischer Kirchen und Kirchenordnung bzw. Kirchenverfassung

Wie im → I. Kap. kurz ausgeführt, gibt es Evangelisches Kirchenrecht – und evangelische Kirche(n) – nur partikular-territorial. Von daher ist es nicht möglich, einen vollständigen Überblick über die gegenwärtigen Kirchenordnungen bzw. -verfassungen und die darin gegebene Verwaltungs- und Organisationsstruktur evangelischer Kirchen in Deutschland zu geben. Um einen orientierenden Einblick in deren Grundlagen zu geben, skizziere ich zuerst gewisse Gemeinsamkeiten und weise auf die sowohl organisatorische als auch bekenntnismäßige Pluriformität der einzelnen Landeskirchen hin. Sie geht vielfach auf die Staatsgrenzen des 19. Jahrhunderts zurück und tradiert territorialgeschichtliche Entwicklungen der Vergangenheit in die Gegenwart. Dann verdeutliche ich exemplarisch anhand der Kirchenordnung bzw.

LITERATUR: Barth, Thomas, Elemente und Typen landeskirchlicher Leitung (JusEcc 53), Tübingen 1995; Heckel, Martin, Kirchenreformfragen im Verfassungssystem. Zur Befristung von Leitungsämtern in einer lutherischen Landeskirche, in: Ders., Gesammelte Schriften. Staat Kirche Recht Geschichte, Bd. 3 (JusEcc 58), hg. v. Klaus Schlaich, Tübingen 1997, 553–594; Kirchenordnung der Evangelischen Kirche von Westfalen in der Fassung der Bekanntmachung vom 14. Januar 1999 (mit Änderungen einschl. 2012); Verfassung der Evangelisch-reformierten Kirche vom 9. Juni 1988 in der Fassung vom 29. September 2012; Verfassung der Evangelisch-Lutherischen Kirche in Bayern in der Neufassung vom 6.12.1999 (mit Änderungen einschl. 2013); de Wall, Heinrich/Muckel, Stefan, Kirchenrecht, München 2014, 333–358.

-verfassung[109] dreier unterschiedlich geprägter Landeskirchen
die Spannweite bei der rechtlichen Organisation der Kirchenleitung. Leitendes geistliches Amt, Synode, Kirchenleitungs-
gremien und Kirchenamt werden dabei jeweils in Beziehung
gesetzt.[110] Mit der Evangelisch-Lutherischen Kirche in Bayern
kommt der episkopal-konsistorial geprägte, mit der unierten
Evangelischen Kirche von Westfalen sowie der Evangelisch-reformierten Kirche (Synode evangelisch-reformierter Kirchen in
Bayern und Nordwestdeutschland) der (presbyterial-)syno-
dale Organisationstyp zur Darstellung. Abschließend präsen-
tiere ich knapp die Grundordnung und Organisation der Evangelischen Kirche in Deutschland (EKD) und gebe einen kurzen
Ausblick auf weitere kirchliche Zusammenschlüsse.

1. Grundlagen

Die Organisations- und Leitungsstruktur der evangelischen
Landeskirchen in Deutschland unterscheidet sich grundsätzlich und grundlegend von der der römisch-katholischen Kirche, aber auch von der des demokratischen Staates: *Es ist ein
Spezifikum evangelischer Kirchen* – und steht in direktem Gegensatz zum hierarchischen Aufbau der römisch-katholischen Kirche –, *dass sie von mehreren Verfassungsorganen ge-*

---

109 Mit dem Begriff Kirchenordnung bezeichnen nach dem Zweiten Welt-
    krieg einige Kirchen ihre Verfassungen, um den besonderen Charakter
    des Kirchenrechts herauszustellen, wobei auch an die entsprechende For-
    mulierung altkirchlicher und reformatorischer Ordnungen angeknüpft
    wird (s. Honecker, Martin, Kirchliche Lebensordnung zwischen Recht
    und Pastoralethik, in: ZevKR 57 [2012], 146–167, 148).
110 S. zur historischen Genese der verschiedenen Organe und ihrer Verhält-
    nisbestimmung Barth, Thomas, Elemente und Typen landeskirchlicher
    Leitung (JusEcc 53), Tübingen 1995.

leitet werden. Dabei ist keine einzelne Person – wie etwa der römisch-katholische Bischof oder gar der Papst – eindeutig vorgeordnet. Es gibt also nicht einen Amtsträger, der exklusiv die oberste Entscheidungsbefugnis hat. Vielmehr müssen sich mehrere Personen im konkreten Fall miteinander verständigen. Dieses Grundprinzip setzen die einzelnen Ordnungen/Verfassungen unterschiedlich um. Auf der einen Seite stehen in der lutherischen Tradition mehrere Leitungsorgane eigenen Rechts einander gegenüber, auf der anderen Seite werden diese nach dem Einheitsprinzip in den unierten (und reformierten) Kirchen aus der Synode abgeleitet.

In theologischer Perspektive steht dahinter die Auffassung, dass die für Kirchenleitung entscheidende Aufgabe der Schriftauslegung gemeinsam zu vollziehen ist. Damit spiegelt sich in der Organisationsstruktur die – z. B. von Hans-Richard Reuter (→ Kap. II.5.) formulierte – Einsicht wider, dass evangelische Kirche wesentlich eine Interpretations- und Verständigungsgemeinschaft ist. Diese im Einzelnen unterschiedlich ausgeformte Grundstruktur hat zur Folge, dass die Entscheidungsprozesse oft langwierig und die Ergebnisse für Außenstehende – nicht zuletzt die Medien – nur schwer nachzuvollziehen sind. Historisch steht im Hintergrund der für evangelische Kirchen grundlegende reformatorische Protest gegen eine hierarchisch strukturierte Organisationsform des Christentums. Ebenso ist ein, wenngleich nicht so augenfälliger Unterschied zum staatlichen Bereich zu konstatieren. Während sich im demokratischen Staat die Kompetenz der Parlamente auf die Volkssouveränität gründet, geht in den Kirchen die „Gewalt" nicht vom Kirchenvolk aus. Entscheidend ist hier allein Gottes Wille. Die Kirchen haben deshalb nur die Funktion, die Kommunikation des Evangeliums zu fördern und so Menschen in der Nachfolge Jesu zu unterstützen.

Die in diesem Zusammenhang in kirchlichen Dokumenten bis heute übliche Redeweise von „Auftrag der Kirche" und „Verkündigung" ist problematisch: Der Begriff „Auftrag der Kirche" suggeriert nämlich etwas der menschlichen Bestimmung Entnommenes, also ein Äquivalent zum *ius divinum*. Er verdankt sich aber tatsächlich kirchlicher und damit menschlicher Reflexion. Dies zeigt ein kurzer Blick in die Christentumsgeschichte mit ihren unterschiedlichen „Aufträgen" von Kirche. „Verkündigung" impliziert ein erfahrungswissenschaftlich unterbestimmtes Verständnis der entsprechenden Kommunikationen und somit eine Statik des Kommunizierten. Sie setzt ein Wissen des Glaubens voraus, das jenseits konkreter Kommunikationen festzustehen scheint. Beide Male wird die Bedeutung des Kontextes und der konkreten Kommunikationen für die inhaltliche Bestimmung der Aufgaben von Kirche ausgeblendet.

Nicht nur ein Blick auf die gegenwärtige Situation der evangelischen Kirchen in Deutschland, sondern auch in deren Geschichte zeigt, dass die konkrete Formulierung dessen, was Gottes Wille ist, zu *Konflikten* führt. Diese sind im Vertrauen darauf auszutragen, dass sich in der Kirche die Wahrheit durchsetzen wird, weil der Heilige Geist seine Kirche „in alle Wahrheit leitet" (Joh. 16,13a). Es gibt aus evangelischer Sicht keine Instanz, also kein Lehramt, das von vorneherein das letzte Wort behält. Seit dem Zweiten Weltkrieg erschütterten besonders zwei Auseinandersetzungen die evangelischen Kirchen in Deutschland: die durch die Theologie Rudolf Bultmanns angestoßene sog. Entmythologisierungsdebatte[111] und die Diskussion um die Frage der Frauenor-

---

111 S. Hammann, Konrad, Rudolf Bultmann. Eine Biographie, Tübingen 2009, 421–432.

dination.[112] Beide Diskussionen stellten einzelne Landeskirchen vor Zerreißproben. Doch wurden sie – mündlich und schriftlich – so geführt, dass es zu keinen Spaltungen bzw. Abtrennungen kam. Dabei zeigte sich, dass es beim Schriftbezug heute eher um *Fragen der Schrifthermeneutik* als um direkte Aufnahme einzelner Textstellen geht.

Ist das Schriftprinzip – die Bibel als „norma normans" – die allgemein anerkannte Grundlage aller evangelischen Kirchen, so wird die Lage komplizierter, wenn man sich dessen Aktualisierung in den *Bekenntnissen* – der „norma normata" – zuwendet.[113] Zwar sind die altkirchlichen Bekenntnisse (Apostolicum; Nicaeno-Konstantinopolitanum; Athanasium) allgemein anerkannt, doch bestehen hinsichtlich der reformatorischen Bekenntnisse Differenzen.[114]

Neun Kirchen sind *lutherischen Bekenntnisses*: die Landeskirchen von Bayern, Braunschweig, Hannover, Oldenburg, Sachsen, Schaumburg-Lippe, Württemberg und die Nordkirche; dazu kommt die Kirche von Mitteldeutschland, insofern sie auf die Landeskirche von Thüringen zurückgeht. Als Bekenntnisse fungieren auf jeden Fall die Augsburger Konfession und Martin Luthers Kleiner Katechismus. Dazu treten teilweise die Apologie der Augsburger Konfession, die Schmalkaldischen Artikel mit dem Traktat über die päpst-

---

112 S. Janowski, Christine, Umstrittene Pfarrerin, in: Greiffenhagen, Martin (Hg.), Das evangelische Pfarrhaus. Eine Kultur- und Sozialgeschichte, Stuttgart 1991[2], 83–107.

113 S. – mit Bezug auf den einschlägigen Text der Konkordienformel (BSLK 767–769) – Härle, Wilfried, Dogmatik, Berlin 2007[3], 150–153.

114 S. zum Detail – auf dem Stand von 2012 – die jede Landeskirche nach Mitgliederzahl, Bekenntnis und Verfassung auflistende Tabelle bei de Wall, Heinrich/Muckel, Stefan, Kirchenrecht. Ein Studienbuch, München 2014[4], 256–258.

liche Gewalt sowie der Große Katechismus Luthers. Auch kann die Konkordienformel Erwähnung finden. Neuerdings gibt es noch eine Weiterung. So nennt die 2012 verabschiedete Verfassung der Evangelisch-Lutherischen Kirche in Norddeutschland (Nordkirche) neben den nur allgemein angesprochenen, traditionellen Bezügen explizit die Theologische Erklärung von Barmen, ein Hinweis, der in den meisten anderen lutherischen Kirchen fehlt. Die Präambel der Nordkirchen-Verfassung beginnt:

> Die Kirche gründet in dem Wort des dreieinigen Gottes. Gerufen von diesem Wort bekennt sich die Evangelisch-Lutherische Kirche in Norddeutschland zu dem Evangelium von Jesus Christus, wie es im Zeugnis der Heiligen Schrift des Alten und Neuen Testaments gegeben, in den altkirchlichen Bekenntnissen und in den lutherischen Bekenntnisschriften ausgelegt ist und wie es aufs Neue bekannt worden ist in der Theologischen Erklärung der Bekenntnissynode von Barmen.[115]

Zwei Landeskirchen haben – mehrheitlich – *reformiertes Bekenntnis*: Die – überregionale – Evangelisch-reformierte Kirche nennt – neben den altkirchlichen Bekenntnissen – den Heidelberger Katechismus und die Barmer Theologische Erklärung als ihre Bekenntnisschriften. In der Lippischen Kirche gibt es neben der reformierten eine lutherische „Klasse". Auch finden sich in unierten Landeskirchen noch Kirchengemeinden mit reformiertem Bekenntnisstand.

Dazu treten zehn *unierte Landeskirchen*: Anhalt, Baden, Berlin-Brandenburg-schlesische Oberlausitz, Bremen, Hessen-Nassau, Kurhessen-Waldeck, Pfalz, Mitteldeutschland, sofern sie auf die Kirchenprovinz Sachsen zurückgeht,

---

115 Verfassung der Evangelisch-Lutherischen Kirche in Norddeutschland (Nordkirche) vom 7. Januar 2012 (mit Änderung vom 7. Dezember 2013), 8.

Rheinland und Westfalen. Allerdings ist der Begriff der Union, Ausdruck entsprechender Bestrebungen der Vereinheitlichung im 19. Jahrhundert,[116] mehrdeutig. Es gibt drei Bedeutungsformen:

– Union kann als Verwaltungs-Union einen Zusammenschluss bezeichnen, der lediglich auf dem verwaltungsmäßigen Zusammenschluss von reformierten und lutherischen Gemeinden beruht. Nur die Lippische und die Bremer Kirche verkörpern heute noch diesen Typus. Durch die Leuenberger Konkordie und die hier vollzogene Kanzel- und Altargemeinschaft zwischen lutherischen und reformierten Gemeinden ist der Grund für diese Unions-Form im Wesentlichen überwunden.

– Verbreiteter ist die sog. föderative Union. Hier sind zum Teil lutherische und reformierte Gemeinden zusammengeschlossen, ohne dass der jeweilige Bekenntnisbestand betroffen wäre (früher am Katechismus erkennbar, der im Katechumenenunterricht Verwendung fand). Doch bilden diese Gemeinden gemeinsame Synoden und Pfarrkonvente. Lediglich an einigen wesentlichen Stellen wie bei Lehrverfahren (früher: Lehrzucht) wird differenziert. Die Kirche der altpreußischen Union ist das bedeutendste Beispiel einer föderativen Union, heute z. B. die beiden großen evangelischen Kirchen von Westfalen und Rheinland.

– Dazu tritt die sog. Konsens-Union, wie sie sich in den evangelischen Kirchen von Baden und der Pfalz findet. Hier haben die Gemeinden nicht mehr ihre traditionellen Bekenntnisse behalten, sondern sich zu einer „evangelischen" Kirche zusammengeschlossen. Schließlich finden sich auch

---

116 S. zum Überblick über kirchliche Unionen Nüssel, Friederike, Unionen, kirchliche I. Deutschland und Europa, in: RGG[4] Bd. 8 (2005), 749–752.

in den föderativ unierten Kirchen einige konsensunierte Gemeinden.

Schon dieser knappe Überblick über die rechtliche Bekenntnisbindung der einzelnen Kirchen (und Gemeinden) zeigt eine historisch gewachsene Vielfalt. Sie ist systematisch vom Grundansatz des Verständnisses von Kirche als einer Interpretationsgemeinschaft her zu verstehen, die statischen Fixierungen auf Einzeltexte entgegensteht. Auch sind die praktischen Konsequenzen aus unterschiedlichen Bekenntnissen seit der Unterzeichnung der *Leuenberger Konkordie* von 1973 minimiert, die inzwischen über einhundert europäische Kirchen, darunter alle deutschen Landeskirchen unterzeichneten. Hier wurde Kanzel- und Mahlgemeinschaft zwischen den verschiedenen evangelischen Konfessionen vereinbart. Dieses Dokument innerprotestantischer Ökumene beginnt:

> 1. Die dieser Konkordie zustimmenden lutherischen, reformierten und aus ihnen hervorgegangenen unierten Kirchen sowie die ihnen verwandten vorreformatorischen Kirchen der Waldenser und der Böhmischen Brüder stellen aufgrund ihrer Lehrgespräche unter sich das gemeinsame Verständnis des Evangeliums fest, wie es nachstehend ausgeführt wird. Dieses ermöglicht ihnen, Kirchengemeinschaft zu erklären und zu verwirklichen. [...] 2. Die Kirche ist allein auf Jesus Christus gegründet, der sie durch die Zuwendung seines Heils in der Verkündigung und in den Sakramenten sammelt und sendet. Nach reformatorischer Einsicht ist darum zur wahren Einheit der Kirche die Übereinstimmung in der rechten Lehre des Evangeliums und in der rechten Verwaltung der Sakramente notwendig und ausreichend.

Die Einheit geht mittlerweile so weit, dass in unierten Kirchen z. B. ein reformiert ordinierter Pastor seinen Dienst in einer Gemeinde mit lutherischem Bekenntnisstand verrichten kann. Er muss nur das Bekenntnis der Gemeinde achten (das aber wohl den meisten Gemeindegliedern nicht bekannt sein dürfte).

2. Aufbau von Kirchenordnung/-Verfassung

Nach dem Zusammenbruch des Staatswesens 1945 mussten
die kirchlichen Strukturen neu geordnet werden. Dabei galt
als Lehre aus dem Kirchenkampf – formuliert in Barmen III
(→ Kap. II.2.) – die Einsicht, dass rechtliche Ordnung und
kirchliche Botschaft miteinander zusammenhängen. Einen
Niederschlag fand dies darin, dass in den jetzt entstehenden
Verfassungen bzw. Kirchenordnungen einleitend theologische Grundsätze vorausgeschickt wurden. Dies ist bis heute
so geblieben. So beginnt die 1999 erlassene Kirchenordnung
der Evangelischen Kirche von Westfalen[117] mit folgendem
Grundartikel I:

> 1 Die Evangelische Kirche von Westfalen ist gegründet auf das Evan-
> gelium von Jesus Christus, dem Fleisch gewordenen Worte Gottes,
> dem gekreuzigten, auferstandenen und wiederkommenden Heiland,
> der das Haupt seiner Gemeinde und allein der Herr ist.
> 2 Das prophetische und apostolische Zeugnis der Heiligen Schrift
> Alten und Neuen Testamentes ist in ihr die alleinige und vollkomme-
> ne Richtschnur des Glaubens, der Lehre und des Lebens.
> 3 Darum gilt in ihr die Lehre von der Rechtfertigung des Sünders
> allein aus Gnaden durch den Glauben.

Und der Verfassung der Evangelisch-Lutherischen Kirche in
Bayern[118] in der Neufassung von 1999 steht als Grundartikel
voran:[119]

---

117 S. zum rechtsgeschichtlichen Hintergrund Winterhoff, Klaus, 50 Jahre
   Kirchenordnung, Jahrbuch für Westfälische Kirchengeschichte 99 (2004),
   461–483.
118 S. zum rechthistorischen Hintergrund Grethlein, Gerhard u. a., Evangelisches Kirchenrecht in Bayern, München 1994, 17–62.
119 Zu deren Vorgeschichte s. Grethlein, Gerhard u. a., Evangelisches Kirchenrecht in Bayern, München 1994, 25–61.

Die Evangelisch-Lutherische Kirche in Bayern lebt in der Gemeinschaft der einen, heiligen, allgemeinen und apostolischen Kirche aus dem Worte Gottes, das in Jesus Christus Mensch geworden ist und in der Heiligen Schrift Alten und Neuen Testamentes bezeugt wird. Mit der ganzen Kirche Jesu Christi ist sie aus dem biblischen Gottesvolk Israel hervorgegangen und bezeugt mit der Heiligen Schrift dessen bleibende Erwählung. Mit den christlichen Kirchen in der Welt bekennt sie ihren Glauben an den Dreieinigen Gott in den altkirchlichen Glaubensbekenntnissen. Sie hält sich in Lehre und Leben an das evangelisch-lutherische Bekenntnis, wie es insbesondere in der Augsburgischen Konfession von 1530 und im Kleinen Katechismus D. Martin Luthers ausgesprochen ist, und das die Rechtfertigung des sündigen Menschen durch den Glauben um Christi willen als die Mitte des Evangeliums bezeugt. Die Evangelisch-Lutherische Kirche in Bayern steht mit der ganzen Christenheit unter dem Auftrag, Gottes Heil in Jesus Christus in der Welt zu bezeugen. Diesem Auftrag haben auch ihr Recht und ihre Ordnungen zu dienen.

Systematisch ähnlich, wenn auch erkennbar anders konfessionell geprägt beginnt die Verfassung der Evangelisch-reformierten Kirche von 1988 mit folgender „Grundlegung" (§ 1):

(1) Die Evangelisch-reformierte Kirche ist gegründet allein auf Jesus Christus, ihren Herrn, wie er in der Heiligen Schrift Alten und Neuen Testamentes bezeugt wird. In der Kraft des Heiligen Geistes bekennt sie die heilige, allgemeine, christliche Kirche und verkündet das Anbrechen des Reiches Gottes.

(2) Gott hat Israel zu seinem Volk erwählt und nie verworfen. Er hat in Jesus Christus die Kirche in seinen Bund hineingenommen. Deshalb gehört zum Wesen und Auftrag der Kirche, Begegnung und Versöhnung mit dem Volk Israel zu suchen.

(3) Jesus Christus sendet seine Kirche zu allen Völkern, um ihnen Gottes Verheißungen und Weisungen zu bezeugen und sie in seine Nachfolge zu rufen.

(4) Als Urkunden des Bekenntnisstandes der Evangelisch-reformierten Kirche gelten die altkirchlichen Bekenntnisse (Apostolicum, Nicaeno-Constantinopolitanum, Athanasianum), der Heidelberger Katechismus und die Theologische Erklärung von Barmen vom 31. Mai 1934. In diesen Bekenntnisschriften sieht die Evangelisch-reformierte

Kirche – vorbehaltlich weiterführender schriftgemäßer Glaubenserkenntnis – maßgebliche Zeugnisse für ihre kirchliche Verantwortung.
(5) Diese Kirchenverfassung dient der Ordnung der Kirche. Ihre
Grundsätze sind für alle Glieder und Organe der Evangelisch-reformierten Kirche unmittelbar verbindliches Recht.

Deutlich wird also der Bezug auf den in der Schrift bezeugten
Jesus Christus und die reformatorische Auslegung seines
Evangeliums der Rechtsordnung vorangestellt. Diese findet
mit ihren konkreten Bestimmungen dadurch eine – im wörtlichen Sinn – Relativierung. Dies gilt ebenfalls für die Grundordnung der EKD und die entsprechenden Texte der Vereinigten Evangelisch-Lutherischen Kirche (VELKD) sowie der
Union Evangelischer Kirchen in der EKD (UEK).

Vergleicht man die Verfassung/Kirchenordnung einer
lutherischen (hier exemplarisch: Bayern), einer unierten
(exemplarisch: Westfalen) und einer reformierten Kirche, so
begegnen – wenig überraschend – inhaltlich viele Über-
schneidungen. Aufbau der Kirche, Mitarbeiterschaft, Kirchenleitung, Finanz- und Gerichtswesen müssen auf jeden
Fall geordnet werden. Zugleich zeigen sich interessante Unterschiede.

Die Verfassung der Evangelisch-Lutherischen Kirche in
Bayern (von 1999) behandelt – nach allgemeinen Bestimmungen – „Die Kirchenmitgliedschaft" (Art. 9–11) und „Das Amt
der Kirche" (Art. 12–19), bevor „Die Kirchengemeinde" (Art. 20–
26), der „Dekanatsbezirk" (Art. 27–36) sowie „Besondere Ge-
meindeformen, anerkannte Gemeinschaften, Einrichten und
Dienste" (Art. 37–40) sowie die „Die Leitung ..." (Art. 41–71) in
den Blick kommen. Die Kirchenordnung der unierten westfälischen Kirche beginnt dagegen ihre materialen Ausführungen mit „Die Kirchengemeinde" (Art. 6–54). In sie sind die Bestimmungen zu den Ämtern integriert, die eigens Pfarrer

(Art. 19–32), Prädikant (Art. 34) und Presbyter (Art. 35–43) nennen. Auch die anderen Ämter wie Superintendent und Präses sind in die Behandlung der jeweiligen Sozialformen (Kirchenkreis bzw. Landeskirche) eingefügt. Während also in der lutherischen Kirche die Gegenüberstellung von Amt und Gemeinde hervortritt sowie die kirchenleitenden Organe in ihrer jeweiligen Eigenständigkeit behandelt werden, sind die drei Sozialformen Kirchengemeinde, Kirchenkreis und Landeskirche die Gliederungsprinzipien der unierten Ordnung. Dieser Aufbau tritt noch deutlicher in der Verfassung der Evangelisch-reformierten Kirche (von 1988 in der Fassung von 2012) zu Tage: Dort beziehen sich die §§ 5–50 (!) auf „Die Kirchengemeinden", wobei die ganze Verfassung nur 88 Paragraphen enthält. Hier werden auch die Ämter behandelt, jetzt aber noch einmal in anderer Reihenfolge. Zuerst stehen Ausführungen zu „Der Kirchenrat/Das Presbyterium", es folgen „Die Gemeindevertretung", „Die Gemeindeversammlung" und erst dann kommt „Das Amt des Pfarrers und der Pfarrerin".

Der zweite große Teil der reformierten Verfassung ist den Synoden gewidmet. Schließlich enthält die unierte Ordnung noch eine Besonderheit. In ihr wird in einem zweiten Teil „Der Dienst an Wort und Sakrament" dargestellt. De facto geht es dabei vor allem um die verschiedenen liturgischen Vollzüge, die Seelsorge sowie erzieherische Aufgaben. In den lutherischen Kirchen, aber auch in der Evangelischen Kirche der Union (EKU) bzw. jetzt: UEK gibt es dafür mit der „Kirchlichen Lebensordnung" bzw. neuerdings den „Leitlinien kirchlichen Lebens" eine eigene Rechtsgattung, die im nächsten Kapitel vorgestellt wird. Sie unterscheidet sich von einer Kirchenordnung dadurch, dass in den neuen Lebensordnungen empirische und biblisch-theologische Reflexionen den eigentlichen Regelungen vorhergehen und sie begründen. – So zeigt bereits ein knapper Blick auf den Aufbau der Kirchenordnungen/-verfassungen verschiedener Landeskirchen signifikante Unterschiede. Vor allem Amt und kirchliche Sozialformen werden einander unterschiedlich zugeordnet. Dem entsprechen divergierende Modelle der Kirchenleitung. Sie seien exemplarisch anhand der drei ausgewählten Landeskirchen skizziert.

3. Lutherisch: Evangelisch-Lutherische Kirche in Bayern

Zuerst stelle ich am Beispiel der kirchenleitenden Organe der Evangelisch-Lutherischen Kirche in Bayern, die Ende 2011 2,53 Millionen Kirchenmitglieder umfasste, den „episkopalkonsistorialen Kirchentyp"[120] vor. Ähnlich begegnet er z. B. in den Landeskirchen von Hannover, Oldenburg oder Württemberg. Grundlegend ist dabei der lutherische Bekenntnisstand, wie ihn – im vorhergehenden Abschnitt (→ Kap. III. 2.) zitiert – die Einleitung zur aktuellen Kirchenverfassung (1999) beschreibt.

Vier Organe leiten die Evangelisch-Lutherische Kirche in Bayern: *Landessynode, Landessynodalausschuss, Landesbischof und Landeskirchenrat.* Deren Funktionen bestimmen sich unterschiedlich, ohne dass es stets zu klaren Trennungen und damit Zuständigkeiten kommt. Einem ersten Überblick dient die folgende Übersicht:

---

120 Heckel, Martin, Kirchenreformfragen im Verfassungssystem. Zur Befristung von Leitungsämtern in einer lutherischen Landeskirche (1995), in: Ders., Gesammelte Schriften. Staat Kirche Recht Gesellschaft, Bd. 3 (JusEcc 58), hg. v. Klaus Schlaich, Tübingen 1997, 554–594, 578.

Kirchenleitung in der
Evangelisch-Lutherischen Kirche in Bayern

Landessynode	Landessynodalausschuss	Landesbischof	Landeskirchenrat
Zusammensetzung:			
108 Mitglieder davon: 89 aus Wahlbezirken (60 Nichtordinierte), 13 durch Landeskirchenrat und Landessynodalausschuss Berufene; je ein Vertreter der theologischen Fakultäten; drei Jugenddelegierte	15 Mitglieder aus Landessynode (darunter dreiköpfiges Präsidium der Synode; höchstens sechs Ordinierte)	wird von Synode mit Zweidrittelmehrheit gewählt	Landesbischof als Vorsitzender: sechs Abteilungsleiter (davon drei Theologen); sechs Regionalbischöfe[121]
Aufgaben (u. a.):			
Gesetzgebung; Wahl des Landesbischofs	ständige Vertretung der Landessynode	überall Rederecht; kaum rechtliche Befugnisse; Vorsitzender des Landeskirchenrats	Verwaltung; Beobachtung des kirchlichen Lebens; Planung; Anregung von Modellen
			Unterstützung durch:
			Landeskirchenamt

Der *Landessynode* werden in der Verfassung (Art. 43) folgende
Aufgaben zugewiesen:

(1) Die Landessynode kann über alle kirchlichen Angelegenheiten
verhandeln und dabei über Aufgaben beschließen, die sich aus dem
Auftrag der Kirche für die Evangelisch-Lutherische Kirche in Bayern
ergeben. Sie kann an die anderen kirchenleitenden Organe Anfragen
und Vorschläge richten, die vordringlich zu behandeln sind. Sie kann
sich mit Kundgebungen an die Gemeinden wenden.

(2) Die Landessynode hat insbesondere folgende Aufgaben:

1. Sie hat das Recht der kirchlichen Gesetzgebung;

2. sie wählt den Landesbischof bzw. die Landesbischöfin;

3. sie beschließt die ‚Leitlinien kirchlichen Lebens‘;

4. sie entscheidet über die Einführung und Änderung von Agende,
Gesangbuch und Katechismustext;

5. sie stimmt der Errichtung von Pfarrstellen, von Stellen für
Pfarrer und Pfarrerinnen mit allgemeinkirchlichen Aufgaben
sowie der Errichtung von Einrichtungen und Diensten der Evangelisch-Lutherischen Kirche in Bayern zu;

6. sie stellt den Haushaltsplan sowie den Jahresabschluss der
Evangelisch-Lutherischen Kirche in Bayern fest und erteilt dem
Landeskirchenrat Entlastung. Sie kann die Feststellung des Jahres-
abschlusses dem Landessynodalausschuss übertragen;

7. sie beschließt über Eingaben und selbständige Anträge;

8. sie nimmt die ihr vorbehaltenen Wahlen vor.

(3) Die Landessynode nimmt außerdem die ihr in kirchlichen Ordnungen besonders übertragenen Aufgaben wahr.

Die Synode wird durch ein Präsidium geleitet und umfasst
(nach Art. 44):

- 89 gewählte Synodale, von denen die Mehrheit nicht
ordiniert ist;

- 13 berufene Synodale, die in der Regel wichtigen kirchlichen oder gesellschaftlichen Gruppen angehören;

---

121 Gegenwärtig (2014) teilt sich ein Ehepaar das Amt des Regionalbischofs im
Kirchenkreis Nürnberg.

– je einen (ordinierten) Theologieprofessor aus den zwei Theologischen Fakultäten (der Universitäten Erlangen und München) sowie der Augustana-Hochschule Neuendettelsau, die im Bereich der Landeskirche liegen. Damit wird der Bedeutung akademischer Theologie für die Leitung in lutherischen Kirchen Rechnung getragen.

– drei Jugenddelegierte mit beratender Stimme.

Ausgeschlossen ist die Zugehörigkeit von Mitgliedern anderer Leitungsorgane, also die des Landesbischofs sowie die von Pfarrern bzw. Kirchenbeamten aus dem Landeskirchenamt (Art. 45). Zugleich hat der Landesbischof – und teilweise die Mitglieder des Landeskirchenrates – durchaus Befugnisse in der Landessynode, und zwar sowohl durch Rederecht, aufschiebendes Vetorecht als auch durch die Möglichkeit der (einmaligen) Auflösung:

> Art. 52 Stellung des Landesbischofs bzw. der Landesbischöfin und der Mitglieder des Landeskirchenrates.
> (1) Der Landesbischof bzw. die Landesbischöfin und die Mitglieder des Landeskirchenrates sind berechtigt, an den Verhandlungen der Landessynode und ihrer Ausschüsse teilzunehmen.
> (2) Die Landessynode nimmt die Berichte des Landesbischofs bzw. der Landesbischöfin und des Landeskirchenrates entgegen und macht sie zum Gegenstand ihrer Aussprache.
> (3) Der Landesbischof bzw. die Landesbischöfin und die Mitglieder des Landeskirchenrates müssen auf Verlangen jederzeit gehört werden. Sie sind zur Auskunftserteilung verpflichtet.
>
> Art. 53 Einspruch des Landesbischofs bzw. der Landesbischöfin.
> Der Landesbischof bzw. die Landesbischöfin kann gegen einen Beschluss der Landessynode einen aufschiebenden Einspruch erheben. In diesem Fall ist über den Verhandlungsgegenstand bei der nächsten Tagung erneut zu beschließen. Der Einspruch kann in der gleichen Angelegenheit nicht wiederholt werden. Gegen Wahlen ist ein Einspruch nicht möglich.

Art. 54 Auflösung der Landessynode durch den Landesbischof bzw. die Landesbischöfin

(1) Der Landesbischof bzw. die Landesbischöfin kann die Landessynode auflösen, aber nur einmal aus demselben Anlass, wenn nach seiner bzw. ihrer Überzeugung ihre Beschlüsse das evangelisch-lutherische Bekenntnis in wesentlichen Punkten verletzen. Die Auflösung wegen einer Wahl ist nicht zulässig.

(2) Wird die Landessynode aufgelöst, so ist unverzüglich eine neue Landessynode zu bilden und innerhalb von zwei Monaten nach der Neubildung einzuberufen. Die bisherige Landessynode bleibt bis zum Zusammentreten der neugebildeten Landessynode im Amt; sie kann aber über den Gegenstand, der Anlass zu ihrer Auflösung gegeben hat, nicht beraten und beschließen.

Als zweites Organ der Kirchenleitung stellt die Verfassung den *Landessynodalausschuss* vor. Er wird vom Synodenpräsidenten geleitet, besteht aus 15 Synodalen (davon 9 nichtordiniert) und hat die Aufgabe der ständigen Vertretung der Landessynode, die in der Regel nur einmal im Jahr zusammentritt. Eine besondere Aufgabe hat der Ausschuss u. a. dadurch, dass er die Tagungen der Landessynode vorbereitet und auf die Durchführung von deren Beschlüssen achtet (Art. 55). Der Landesbischof kann an den Sitzungen des Landessynodalausschusses teilnehmen und ist – wie auch die Mitglieder des Landeskirchenrates – zur Auskunft verpflichtet (Art. 59).

Das dritte kirchenleitende Organ ist der *Landesbischof.* Seine Aufgaben legt Art. 61 fest:

1. Er bzw. sie achtet darauf, dass das Wort Gottes schrift- und bekenntnisgemäß verkündigt wird und die Sakramente recht verwaltet werden;

2. er bzw. sie führt das Gespräch mit den Gemeinden, den Pfarrern und Pfarrerinnen und den anderen kirchlichen Mitarbeitern und Mitarbeiterinnen; er bzw. sie berät, tröstet und mahnt sie geschwisterlich;

3. er bzw. sie fördert die Gemeinschaft und Zusammenarbeit unter den Gemeinden, Einrichtungen und Diensten;

4. er bzw. sie bemüht sich, die Verbindung mit anderen Kirchen zu pflegen und zu vertiefen;

5. er bzw. sie vertritt die Evangelisch-Lutherische Kirche in Bayern in der Öffentlichkeit;

6. er bzw. sie führt den Vorsitz im Landeskirchenrat;

7. er bzw. sie tauscht mit den Oberkirchenräten bzw. Oberkirchenrätinnen in den Kirchenkreisen Erfahrungen aus und berät mit ihnen über gemeinsame Aufgaben;

8. er bzw. sie fertigt die kirchlichen Gesetze und Verordnungen aus und verkündet sie;

9. er bzw. sie vollzieht die Ernennung der Pfarrer und Pfarrerinnen und der Kirchenbeamten und Kirchenbeamtinnen der Evangelisch-Lutherischen Kirche in Bayern;

10. er bzw. sie führt die Dienstaufsicht über den Leiter bzw. die Leiterin des Rechnungsprüfungsamtes.

(2) Der Landesbischof bzw. die Landesbischöfin hat das Recht zu ordinieren und zu visitieren. Er bzw. sie kann Pfarrer und Pfarrerinnen in ihr Amt einführen und Einweihungen vornehmen.

(3) Der Landesbischof bzw. die Landesbischöfin hat eine feste Predigtstätte.

Die hier verwendeten Verben – „führt das Gespräch", „fördert", „tauscht aus" usw. – charakterisieren die Aufgabe des Landesbischofs als durchwegs kommunikativ und nicht administrativ-exekutiv oder gar judikativ. De facto darf er überall in der Landeskirche (mit)sprechen, verfügt aber über nur wenige Rechtsbefugnisse. Damit entspricht das Bischofsamt in hohem Maß dem lutherischen Prinzip „sine vi humana, sed verbo" (CA XXIII, BSLK 124 → Kap. I.3.). Dahinter steht das für die reformatorische Theologie charakteristische Vertrauen auf die Macht des „Wortes". In ganz ähnlicher Weise beschreibt Art. 64 die Aufgaben der den Titel Regionalbischof tragenden Oberkirchenräte in den (fünf) Kirchenkreisen.

Schließlich folgt als viertes kirchenleitendes Organ der *Landeskirchenrat*. Ihm sitzt – wie erwähnt – der Landesbischof (als *princeps inter pares*) vor, die Mitglieder sind die Oberkirchenräte, die entweder Pfarrer oder – als Juristen bzw. Betriebswirte – Kirchenbeamte sind. Die Aufgaben des Landeskirchenrates beschreibt Art. 66 (2):

1. Er beobachtet das kirchliche und öffentliche Leben, er wertet Informationen aus und gibt sie weiter;

2. er entwickelt Programme für die kirchliche Arbeit und regt Modelle an;

3. er ist verantwortlich dafür, dass Pfarrer und Pfarrerinnen und andere kirchliche Mitarbeiter und Mitarbeiterinnen gewonnen, ausgebildet, fortgebildet und richtig eingesetzt werden; er prüft die Voraussetzungen für die Ordination;

4. er wirkt darauf hin, dass die kirchlichen Kräfte in allen Bereichen zusammenarbeiten; er bemüht sich um zweckdienliche Organisationsformen in der ganzen Evangelisch-Lutherischen Kirche in Bayern;

5. ihm obliegt die Verwaltung der Evangelisch-Lutherischen Kirche in Bayern;

6. er hilft den Kirchengemeinden, den Dekanatsbezirken und den anderen kirchlichen Rechtsträgern, ihre Aufgaben zu erfüllen; er übt nach Maßgabe der kirchlichen Ordnungen die Aufsicht über sie aus;

7. er ist mitverantwortlich für die Zusammenarbeit der Evangelisch-Lutherischen Kirche in Bayern mit anderen Kirchen;

8. er vertritt die Evangelisch-Lutherische Kirche in Bayern gerichtlich und außergerichtlich; dabei wird er nach außen durch den Landesbischof bzw. die Landesbischöfin oder eine von ihm bzw. ihr bevollmächtigte Person vertreten;

9. er nimmt die Aufgaben wahr, die nicht anderen kirchenleitenden Organen vorbehalten sind.

Tatsächlich fungiert der Landeskirchenrat – historisch die aus dem landesherrlichen Summepiskopat stammende Konsistorialbehörde – als zentrales, ständiges Kirchenleitungsorgan. In der Zusammensetzung des Berufungsausschusses für die Oberkirchenräte als den entscheidenden Personen für die Administration (Landeskirchenamt) spiegelt sich eindrücklich der Versuch, die sonstigen kirchenleitenden Organe gleichermaßen zu beteiligen (Art. 68):

(1) Dem Berufungsausschuss gehören an

a) als Vorsitzender bzw. Vorsitzende der Präsident bzw. die Präsidentin der Landessynode,

b) fünf weitere Mitglieder des Landessynodalausschusses,

c) der Landesbischof bzw. die Landesbischöfin,

d) drei Mitglieder des Landeskirchenrates, darunter ein Oberkirchenrat bzw. Oberkirchenrätin im Kirchenkreis, ein weiterer Pfarrer bzw. eine weitere Pfarrerin und ein Kirchenbeamter bzw. eine Kirchenbeamtin. Vier der sechs Mitglieder des Landessynodalausschusses müssen nicht Ordinierte sein.

(2) Die Landessynode bestimmt, welche Mitglieder des Landessynodalausschusses dem Berufungsausschuss angehören. Scheidet ein Mitglied des Berufungsausschusses aus dem Landessynodalausschuss aus, bestimmt die Landessynode alsbald ein neues Mitglied für den Berufungsausschuss; bis dahin gehört das aus dem Landessynodalausschuss ausgeschiedene Mitglied weiter dem Berufungsausschuss an.

(3) Der Landeskirchenrat wählt die aus seiner Mitte zu entsendenden Mitglieder des Berufungsausschusses jeweils auf sechs Jahre.

Die Verfassung der Evangelisch-Lutherischen Kirche in Bayern begründet also eine spannungsreiche Beziehung zwischen Landessynode (und Landessynodalausschuss), Landesbischof und Landeskirchenrat: Der mit rechtlichen Befugnissen am schwächsten ausgestattete Bischof hat in allen kirchenleitenden Gremien Rederecht und ist damit – potenziell – überall in der Landeskirche präsent. Der durch das Landeskirchenamt exekutiv starke Landeskirchenrat hat keine legislative Macht. Sie ist der Synode vorbehalten, deren Beschlüsse allerdings vom Landesbischof aufgehalten werden können und die sogar von diesem aufgelöst werden kann. Damit wird also dem „Wort" in der Verfassung eine starke Stellung eingeräumt. Es kann sich auf jeden Fall Gehör schaffen, hat aber legislativ, judikativ und exekutiv keine Macht.

4. Uniert: Evangelische Kirche von Westfalen

Eine ganz andere Struktur der Kirchenleitung als die eben am Beispiel Bayern skizzierte findet sich in den Kirchen der früheren preußischen Union. Als Exemplum für die hier geltende *(presbyterial-)synodale Kirchenordnung* wähle ich die der Evangelischen Kirche von Westfalen (ähnlich Rheinland), einer Ende 2011 2,46 Millionen Mitglieder zählenden Landeskirche. *In den unierten Kirchen geht nach dem „Einheitsprinzip" die Kirchenleitung auf die Synode zurück.* Die episkopalen und konsistorialen Elemente sind strukturell in die Synode eingebunden.[122] Sie agieren nicht als eigenständige kirchenleitende Organe, sondern als Teile der Synode.

> Die Präsides in Rheinland und Westfalen sind nicht Träger eines eigenständigen, der Synode gegenüberstehenden geistlichen Leitungsamtes, sondern üben ihre geistlichen Funktionen in der Doppelrolle als Vorsitzer der Synode und der Kirchenleitung aus, die deren synodalen Charakter gewährleistet.
>
> Die Kirchenleitung besteht aus dem Präsidium der Synode. Das konsistoriale Element wird durch personelle Organverknüpfung in dieses Synodalpräsidium integriert, indem die Synode je vier Theologen und zwei Juristen als hauptamtliche Angehörige in die Kirchenleitung wählt, welche ‚im Auftrag der Landessynode' die Evangelische Kirche im Rheinland bzw. in Westfalen zu leiten hat.

---

122 Heckel, Martin, Kirchenreformfragen im Verfassungssystem. Zur Befristung von Leitungsämtern in einer lutherischen Landeskirche (1995), in: Ders., Gesammelte Schriften. Staat Kirche Recht Gesellschaft, Bd. 3 (JusEcc 58), hg. v. Klaus Schlaich, Tübingen 1997, 554–594, 580.

Die Verwaltung – das Landeskirchenamt – bildet im synodalen Verfassungstyp grundsätzlich ein bloßes Hilfsorgan der Kirchenleitung. Sie hat formell ihre Selbständigkeit als eigene Entscheidungsinstanz nach Art der früheren Konsistorien verloren.[123]

Von daher ist es wichtig, sich zuerst die Bestimmungen der Kirchenordnung zur *Landessynode* anzusehen. Sie umfasst:

– 165 Synodale (einschließlich der Kirchenleitung);

– 20 berufene oder entsandte Synodale (Art. 126);

– drei jeweils von einer der beiden Theologischen Fakultäten (Bochum, Münster) und der Kirchlichen Hochschule (Wuppertal/Bethel) entsandte Theologieprofessoren (Art. 126).

– Hinzu treten 26 beratende Abgeordnete.

Die Synode ist also fast doppelt so groß wie die bayrische. Auch verfügt sie als die „Leitung der Evangelischen Kirche von Westfalen" (Art. 117) über erhebliche legislative und exekutive Potenz:

Artikel 118

(2) 1 Demgemäß hat die Landessynode vor allem folgende Aufgaben: Sie wacht darüber, dass das Evangelium rein und lauter verkündigt wird und die Sakramente recht verwaltet werden;

a. sie achtet darauf, dass der Bekenntnisstand der Kirchengemeinden gewahrt wird;

b. sie tritt dafür ein, dass die Freiheit der Kirche, über ihre Lehre und Ordnung selbst zu bestimmen, gewahrt wird;

c. sie fördert die Gemeinschaft der Kirchengemeinden, besonders durch Besuchsdienst;

d. sie wahrt die presbyterial-synodale Ordnung und pflegt das synodale Leben der Kirche;

e. sie ist bedacht auf die Förderung der Gemeinschaft mit der Union Evangelischer Kirchen in der Evangelischen Kirche in Deutschland und der Evangelischen Kirche in Deutschland;

f. sie pflegt die ökumenische Gemeinschaft der Kirchen;

---

123 A. a. O., 580 f.

g. sie sorgt dafür, dass der missionarische Auftrag der Kirche erfüllt und die Diakonie in allen Bereichen der Kirche lebendig und wirksam wird;

h. sie wacht darüber, dass die Gebote Gottes auch im öffentlichen Leben beachtet werden, und setzt sich für soziale Gerechtigkeit ein;

i. sie hat die Verantwortung für die christliche Erziehung in Haus, Schule und Kirchengemeinde sowie für den evangelischen Religionsunterricht an den öffentlichen und den privaten Schulen;

j. sie wirkt auf eine geordnete Zusammenarbeit der Kirche mit den theologischen Fakultäten und mit den kirchlichen Hochschulen hin;

k. sie beschließt unter Wahrung des Bekenntnisstandes der Kirchengemeinden über die Ordnung des Gottesdienstes;

l. sie entscheidet über die Einführung von Gesangbüchern und fördert die Kirchenmusik und die kirchliche Kunst;

m. sie genehmigt die Lehrpläne für den Kirchlichen Unterricht;

n. sie trifft Bestimmungen über die Kirchen- und Hauskollekten in den Kirchengemeinden;

o. sie erlässt die Kirchengesetze und achtet auf ihre Einhaltung.

Artikel 119

(1) Die Landessynode entscheidet über Vorlagen der Kirchenleitung, des Präsidiums der Union Evangelischer Kirchen in der Evangelischen Kirche in Deutschland und des Rates der Evangelischen Kirche in Deutschland sowie über die ihr vorgelegten Kirchengesetze der Union Evangelischer Kirchen in der Evangelischen Kirche in Deutschland und der Evangelischen Kirche in Deutschland.

(2) Sie entscheidet über Anträge der Kreissynoden.

(3) Sie beschließt die Haushaltspläne für die landeskirchlichen Kassen und erteilt Entlastungen für die Rechnungen der Landeskirche.

(4) Sie beaufsichtigt die gesamte Vermögens- und Finanzverwaltung der Kirche.

(5) Sie legt die landeskirchliche Umlage fest.

(6) Sie stellt Grundsätze für die Verwaltung besonderer Einrichtungen und Anstalten der Kirche auf.

(7) 1 Sie beschließt über Bürgschaften der Kirche und über die Aufnahme von Anleihen, die nicht aus den laufenden Einkünften derselben Voranschlagperiode erstattet werden können. 2 In dringenden Fällen steht diese Befugnis der Kirchenleitung zu, die

zu ihrem Beschluss der Zustimmung des Ständigen Finanzausschusses der Landessynode bedarf.

Ein wichtiges Recht der Landessynode ist darüber hinaus ihre Aufgabe, den Präses zu wählen. Er bzw. sie sitzt nicht nur der Synode vor, sondern führt auch den Vorsitz in der Kirchenleitung und im gegenwärtig 17köpfigen Kollegium des Landeskirchenamtes, das im Auftrag der Kirchenleitung die laufenden Geschäfte der Landeskirche führt:

Artikel 153

(1) 1 Der Präses oder dem Präses ist das Hirtenamt an den Gemeinden, insbesondere an den Amtsträgerinnen und Amtsträgern der Evangelischen Kirche von Westfalen, anvertraut.

2 Das Amt wird in Verantwortung vor dem Herrn der Kirche geführt.

3 Die Präses oder der Präses führt den Vorsitz der Landessynode, der Kirchenleitung und des Landeskirchenamtes.

4 Der Dienst der Leitung wird in gemeinsamer Verantwortung mit den Mitgliedern der Kirchenleitung und des Landeskirchenamtes ausgeübt.

5 Die vornehmste Aufgabe der Präses oder des Präses ist der Dienst der Verkündigung und der Seelsorge.

6 Sie oder er besucht die Gemeinden, insbesondere die ordinierten Amtsträgerinnen und Amtsträger, um ihnen mit Beratung, Mahnung und Tröstung zu dienen.

7 Die Präses oder der Präses trägt die besondere Verantwortung für die Ausbildung der Theologinnen und Theologen und die geistliche Vorbereitung der Pfarrerinnen und Pfarrer.

8 Sie oder er hat das Recht zur Durchführung der Ordination.

9 Die Präses oder der Präses hat das Recht, in allen Kirchengemeinden den Dienst an Wort und Sakrament auszurichten.

10 Die Präses oder der Präses führt die Superintendentinnen und Superintendenten in ihr Amt ein und versammelt sie regelmäßig zu gemeinsamer Beratung.

11 Sie oder er weiht Kirchen und andere gottesdienstliche Stätten ein.

12 Die Präses oder der Präses vertritt die Evangelische Kirche von Westfalen innerhalb der Union Evangelischer Kirchen in der Evange-

lischen Kirche in Deutschland, der Evangelischen Kirche in Deutschland, der Ökumene und in der Öffentlichkeit.

Nach Art. 153,3 ist das Amt des (unierten) Präses mit erheblich mehr und gewichtigeren Funktionen als das des (lutherischen) Landesbischofs ausgestattet. Der Präses ist als Vorsitzender der Landessynode in legislative und als Vorsitzender von Kirchenleitung und Landeskirchenamt in exekutive Prozesse eingebunden. Dazu tritt an einem Punkt der sonst stets betonte Zusammenhang mit der Landessynode etwas zurück, nämlich bei der Differenz der Wahlperioden. Während die Landessynode alle vier Jahre gewählt wird, beträgt die Amtsdauer des Präses acht Jahre (bei Möglichkeit der Wiederwahl). So wählt also nicht jede Synode ihren Präses. Dadurch besitzt das Präsesamt eine gewisse Unabhängigkeit von der konkreten Synode.

Diese Differenz in der Wahlperiode begegnet ebenfalls bei den Mitgliedern der Kirchenleitung. Sie stellen zugleich das Präsidium der Synode, werden aber auch für acht Jahre gewählt. Die folgende Tabelle zeigt deren Zusammensetzung:

Kirchenleitung in der Evangelischen Kirche von Westfalen

Kirchenleitung im Hauptamt	Kirchenleitung im Nebenamt
Präses (Vorsitz) Theologischer Vizepräsident (Landeskirchenamt); drei Ordinierte; Juristischer Vizepräsident (Landeskirchenamt); ein rechtskundiges Mitglied (Stellvertreter des juristischen Vizepräsidenten)	drei Ordinierte acht nichtordinierte Gemeindeglieder

Das Bemühen ist unübersehbar, die verschiedenen Organe der Landeskirche zu beteiligen. Die Funktionen der Kirchenleitung legt Art. 142 fest:

(1) 1 Die Landeskirche wird im Auftrag der Landessynode von der Kirchenleitung geleitet.

2 Die Kirchenleitung ist einschließlich der kirchlichen Aufsicht in allen Fällen zuständig, in denen nichts anderes vorgeschrieben ist.

3 Die Landessynode hat das Recht, die Entscheidungen und Maßnahmen der Kirchenleitung zu überprüfen.

(2) Demgemäß hat die Kirchenleitung vor allem folgende Aufgaben:

a. Sie wacht darüber, dass das Evangelium rein und lauter verkündigt wird und die Sakramente recht verwaltet werden;

b. sie achtet darauf, dass der Bekenntnisstand der Kirchengemeinden gewahrt wird;

c. sie führt die Beschlüsse der Landessynode aus und erlässt die Ausführungsbestimmungen für die von der Landessynode beschlossenen Kirchengesetze;

d. sie überwacht die Einhaltung und Durchführung der Kirchenordnung, der Gesetze und sonstigen Ordnungen der Kirche;

e. sie übt die Aufsicht über die kirchlichen Körperschaften sowie die Dienstaufsicht über die kirchlichen Amtsträgerinnen und Amtsträger aus;

f. sie ist darauf bedacht, dass die missionarische und diakonische Verantwortung in allen Bereichen der Kirche lebendig und wirksam wird;

g. sie fördert die Diakonie und Weltmission;

h. sie sorgt dafür, dass der Auftrag der Kirche in der Öffentlichkeit erfüllt wird, und setzt sich mit Wort und Tat für soziale Gerechtigkeit ein;

i. sie nimmt die Rechte und Pflichten der Kirche gegenüber den öffentlichen und den privaten Schulen wahr;

j. sie genehmigt die Lehrbücher für den Kirchlichen Unterricht sowie für den evangelischen Religionsunterricht in den Schulen;

k. sie trägt die Verantwortung für die Ausbildung der Theologinnen und Theologen, für die theologischen Prüfungen und für die Ordination;

l. sie bestätigt die Wahlen der Superintendentinnen und Superintendenten, Assessorinnen und Assessoren sowie deren Stellvertreterinnen und Stellvertreter;

m. sie ernennt die Mitglieder des Landeskirchenamtes;

n. sie leitet die Vermögens- und Finanzverwaltung der Kirche;

o. sie vertritt die Evangelische Kirche von Westfalen im Rechtsverkehr.

Insgesamt besteht also de facto eine engere Verflechtung zwischen Kirchenleitung und Verwaltung als dies die synodale Grundstruktur vermuten lässt.[124] Die unterschiedlichen Wahlperioden von Synodalen und Kirchenleitungsmitgliedern führen „entgegen der Absicht der Synodalstrukturen zu einer Verfestigung und erhöhten Wirkungskraft der konsistorialen Strukturen in der Kirchenleitung".[125] Vermutlich ist dies aus pragmatischen Gründen sinnvoll, steht aber in Spannung zum synodalen Prinzip. So ist auch hier – trotz synodalen „Einheitsprinzips" – die Leitung der Kirche auf unterschiedliche Personen mit verschiedenen Qualifikationen verteilt. Allerdings tritt die im (bayrischen) lutherischen Bischofsamt eindrückliche Konzentration auf das „Wort" nicht so deutlich hervor.

5. Reformiert: Evangelisch-reformierte Kirche

Zahlenmäßig sehr viel kleiner als die beiden soeben vorgestellten Kirchen, zugleich flächenmäßig aber über die ganze Republik verteilt ist die Evangelisch-reformierte Kirche (Synode evangelisch-reformierter Kirchen in Bayern und Nordwestdeutschland), ein Zusammenschluss verschiedener Ge-

---

124 A. a. O., 580 f.
125 A. a. O., 582.

meinden aus unterschiedlichen Traditionen. Sie liegen u. a. in reformiert geprägten Regionen (Teile Ostfrieslands, Grafschaft Bentheim) und ehemals solchen Regionen (z. B. Lingen), verdanken sich der hugenottischen Tradition (z. B. Erlangen) und finden sich im Göttinger Umland (Plesse-Gemeinden) sowie in Bayern. Diese (Ende 2011) nur knapp 180.000 Mitglieder umfassende Kirche verdient in vorliegendem Zusammenhang Aufmerksamkeit, weil sie das presbyterial-synodale Prinzip am deutlichsten ausgeprägt hat.

Beeindruckend ist zuerst der egalitäre Grundzug der Verfassung dieser Kirche (von 2012), wie er bereits in § 2 der Kirchenverfassung hervortritt:

(1) Die Botschaft der Heiligen Schrift Alten und Neuen Testaments gilt allen Menschen. Darum hat jeder das Recht, am Gottesdienst und am ganzen Leben der Kirchengemeinde teilzuhaben. Jeder hat das Recht, Glied der Kirchengemeinde zu werden. Niemand darf gegen sein Gewissen zur Mitgliedschaft gezwungen werden.

(2) Als Gemeinschaft von Schwestern und Brüdern bezeugt die Evangelisch-reformierte Kirche (Synode evangelisch-reformierter Kirchen in Bayern und Nordwestdeutschland) Jesus Christus als das Haupt der Kirche. In ihm haben alle Unterschiede der Menschen ihre trennende Bedeutung verloren. [...]

(3) Die Evangelisch-reformierte Kirche [...] hat in ihrer Ordnung und in ihrem Handeln die Würde jedes einzelnen Menschen zu achten und für sie einzutreten. Sie sucht das Gespräch mit anderen Menschen und Gruppen, die nach der Wahrheit fragen und Wege der Gerechtigkeit, des Friedens und der Bewahrung der Schöpfung gehen wollen.

Der Aufbau der Kirche ist dreigliedrig, mit deutlichem Schwergewicht bei der Basis: *Kirchengemeinde* - Synodalverband (Kirchenkreis) - Landeskirche. Dabei gilt: „Die Gemeinden ordnen ihre Angelegenheiten selbständig. Den Synoden wird vorgelegt, was in der Gemeinde nicht hat entschieden werden können." (§ 4.4).

Die *Synoden* der Synodalverbände haben nach §§ 51 und 57 folgende Aufgaben:

§ 51

Allgemeine Aufgaben der Synoden

(1) Evangelische Synoden verkörpern die Gemeinschaft der Kirchengemeinden in Jesus Christus. Ihr Auftrag wird vom verkündigten Wort Gottes bestimmt und begrenzt. Sie haben daher in gemeinsamem Bekennen und in gemeinsamer Verantwortung das Zusammenleben der Kirchengemeinden verbindlich zu ordnen. Aus diesem Grunde haben sie nicht nur eine Autorität des Zeugnisses, sondern auch des Rechts.

(2) Den Synoden obliegt die Leitung, Verwaltung und Vertretung der Kirche in allen ihren Diensten, soweit diese nicht von den Kirchengemeinden allein erfüllt werden. Als Vertreterinnen der Kirchengemeinden nehmen die Synoden diese Aufgaben selbst oder durch die von ihnen bestellten Organe wahr.

(3) Auf dem Weg des Glaubensgehorsams bemühen sich die Synoden um Klarheit und um Einmütigkeit im Geist. Kommt trotz Hörens aufeinander ein einstimmiger Beschluss nicht zustande, so ist die abweichende Meinung der Minderheit auf deren Antrag zusammen mit dem Mehrheitsbeschluss bekannt zu geben.

(4) Der Dienst der Synode in den Synodalverbänden wird von den Synoden wahrgenommen. Was in der Synode nicht entschieden werden kann oder eine Mehrzahl von Synodalverbänden angeht, wird der Gesamtsynode vorgelegt.

§ 56 Aufgaben der Synode

Aufgabe der Synode ist es,

1. die Mitglieder des Moderamens der Synode zu wählen,

2. die ständigen Ausschüsse zur Bearbeitung besonderer Sachgebiete für die Synode und die Beauftragten für den Synodalverband zu berufen,

3. die auf den Synodalverband entfallenden Mitglieder der Gesamtsynode zu wählen,

4. den Bericht des Moderamens der Synode über dessen Tätigkeit sowie über die Lage des Synodalverbandes entgegenzunehmen und zu erörtern,

5. dem vom Berichterstatter oder von der Berichterstatterin zu verant-

wortenden Bericht über die kirchliche und gesellschaftliche Lage in den Kirchengemeinden des Synodalverbandes entgegenzunehmen und zu erörtern,

6. die Visitationstätigkeit im Synodalverband zu beobachten,

7. die Kinder-, Jugend-, Erwachsenen- und Altenarbeit, den kirchlichen Unterricht, die Diakonie, die Arbeit der Evangelisation (Welt- und Volksmission) und die ökumenische Arbeit im Synodalverband zu erörtern und zu fördern,

8. im Synodalverband das Gespräch mit Juden zu suchen und die Solidarität mit der jüdischen Gemeinschaft zu fördern,

9. die Kirchenkollekten unter Berücksichtigung des Kollektenrechts der Kirchengemeinden und der Gesamtsynode auszuschreiben,

10. Entschließungen an die Kirchengemeinden des Synodalverbandes, an die Gesamtsynode und an die Öffentlichkeit zu richten,

11. vorbehaltlich der Genehmigung durch das Moderamen der Gesamtsynode Ordnungen für das kirchliche Leben und für kirchliche Handlungen zu beschließen,

12. die Haushaltspläne für die Kassen des Synodalverbandes festzustellen, die Jahresrechnungen abzunehmen und das Moderamen zu entlasten,

13. die für die Kassen des Synodalverbandes erforderlichen Beiträge der Kirchengemeinden auszuschreiben,

14. über die Vergabe von Darlehen zu entscheiden,

15. über den Erwerb, die Belastung und Veräußerung von Grundeigentum des Synodalverbandes zu beschließen,

16. bei Gebietsänderungen des Synodalverbandes mitzuwirken,

17. die an die Synode gerichteten Vorlagen und Anträge zu erledigen.

Die Gesamtsynode hat nach Art. 69 folgende Aufgaben:

(1) Die Gesamtsynode hat

1. die Mitglieder des Moderamens der Gesamtsynode zu wählen,

1a. den Vizepräsidenten oder die Vizepräsidentin zu wählen,

2. die synodalen Vertreter oder Vertreterinnen in Organe, Werke und Einrichtungen gliedkirchlicher Zusammenschlüsse zu wählen und zu entsenden,

3. den Bericht des Moderamens der Gesamtsynode über seine Tätigkeit und über die innere und äußere Lage der Kirche entgegenzunehmen und zu erörtern,

4. Entschließungen an die Kirchengemeinden und in gegebenen Fällen an die Öffentlichkeit zu richten,

5. die Kirchenkollekten unter Berücksichtigung des Kollektenrechts der Kirchengemeinden und der Synodalverbände auszuschreiben,

6. über die Einführung neuer Agenden (Kirchenbücher), Gesangbücher und Lehrpläne zu beschließen,

7. die Kinder-, Jugend-, Erwachsenen- und Altenarbeit, den kirchlichen Unterricht, die Diakonie, die Arbeit der Evangelisation (Welt- und Volksmission) und die ökumenische Arbeit zu fördern,

8. das Gespräch mit Juden zu suchen und die Solidarität mit der jüdischen Gemeinschaft zu fördern und dem Antijudaismus zu widersprechen,

9. die kirchlichen Gesetze zu erlassen,

10. die Dienst- und Arbeitsverhältnisse der Pfarrer und Pfarrerinnen, der Mitarbeiter und Mitarbeiterinnen der Kirchengemeinden und Synodalverbände sowie der Beamten und Beamtinnen und Mitarbeiter und Mitarbeiterinnen im Kirchenamt kirchengesetzlich zu regeln,

11. die Haushaltspläne für die Kassen der Evangelisch-reformierten Kirche und des Diakonischen Werkes der Evangelisch-reformierten Kirche festzustellen, die vorgeprüften Jahresrechnungen abzunehmen und das Moderamen der Gesamtsynode und den Diakonieausschuss zu entlasten,

12. den Landeskirchensteuerbeschluss zu fassen sowie über die Umlagen der Kirchengemeinden und Synodalverbände zu beschließen,

13. über das Vermögen der Kirche, insbesondere die Aufnahme von Krediten, zu beschließen,

14. über Anträge, die von Kirchenräten/Presbyterien, von Synoden und von deren Moderamen gestellt worden sind, zu entscheiden.

(2) Gegen Beschlüsse nach Absatz 1 Nr. 6 kann jede Kirchengemeinde für ihren Bereich Widerspruch einlegen.

Zu der bis zu sechzig Mitglieder umfassenden Gesamtsynode gehören alle im Dienst der Kirche befindlichen Pfarrern sowie jeweils die von den Synodalverbänden Gewählten. Dazu können bis zu drei weitere Mitglieder berufen werden. Die in der Regel zweimal im Jahr tagende Gesamtsynode wird ansonsten durch das *Moderamen* vertreten, ein Gremium, dessen

Mitglieder aus dem *Kirchenpräsidenten* und dessen Stellvertreter sowie drei ebenfalls von der Synode Gewählten bestehen. Der Kirchenpräsident ist Pfarrer und wird von der Synode für zwölf Jahre (bzw. bis zur Erreichung der Altersgrenze) gewählt. Ihm steht der Vizepräsident zur Seite, der die Befähigung zum Richteramt aufweisen muss. Der Kirchenpräsident sitzt dem Moderamen vor und leitet das Kirchenamt. Dieses Amt hat also auch hier eine starke exekutive und legislative Funktion, die zwar schwächer als im Präsesamt in einer unierten Kirche ausgebildet ist – es gibt ein eigens Präsesamt der Synode –, aber stärker als im lutherischen Bischofsamt. Durch die lange zwölfjährige Amtszeit besteht ebenfalls eine gewisse Unabhängigkeit des Kirchenpräsidenten von der Synode – trotz des sonst strikten presbyterial-synodalen Prinzips.

6. EKD

Die Evangelische Kirche in Deutschland (EKD) prägt das öffentliche Erscheinungsbild des Protestantismus in Deutschland in besonderer Weise. Dies wird unter den Bedingungen massenmedialer Kommunikation weiter zunehmen.

Dabei hat die EKD eine bewegte Vorgeschichte, deren rudimentäre Kenntnis zumindest teilweise bis heute bestehende Probleme erklärt. Seit Mitte des 19. Jahrhunderts bemühen sich die deutschen Landeskirchen um eine verstärkte Zusammenarbeit, wobei besonders die unterschiedlichen Bekenntnisbindungen Schwierigkeiten bereite(te)n.[126] Die „Eisenacher Kirchenkonferenz" (1851) war ein erster Schritt auf

---

126 S. zum Folgenden Schilberg, Arno, Aufbruch bei der kirchlichen Selbstor-

diesem Weg, hatte allerdings nur eine die Landeskirchen beratende Funktion. 1903 bildete sich der Deutsche Evangelische Kirchenausschuss, der sich vor allem zum einen an die Öffentlichkeit wandte, zum anderen in der Betreuung evangelischer Deutscher im Ausland eine wichtige Funktion hatte. 1922 entstand schließlich der Deutsche Evangelische Kirchenbund, der drei Organe umfasste: Kirchentag (mit von den Landessynoden entsandten Mitgliedern), Kirchenbundesrat (mit Vertretern aus den Kirchenleitungen) und Kirchenausschuss, der sich jeweils zur Hälfte aus Mitgliedern der beiden erstgenannten Gremien zusammensetzte. Einen Bruch stellte 1933 in dieser Entwicklung die Gründung der Deutschen Evangelischen Kirche durch Reichsgesetz dar. Nach dem nationalsozialistischen Führerprinzip stand an deren Spitze der Reichsbischof. Die bereits in → Kap. II.2. genannte Bekenntnissynode zu Barmen hatte einen wesentlichen Grund in der Ablehnung dieser von außen oktroyierten Zentralisierung.

Dementsprechend zurückhaltend war man bei der Gründung der EKD 1945,[127] die 1948 eine Grundordnung bekam. Deren Art. 1 und 6 formulieren dies deutlich:

Artikel 1
(1) Die Evangelische Kirche in Deutschland ist die Gemeinschaft ihrer lutherischen, reformierten und unierten Gliedkirchen. Sie versteht sich als Teil der einen Kirche Jesu Christi. Sie achtet die Bekenntnisgrundlage der Gliedkirchen und Gemeinden und setzt voraus, dass sie ihr Bekenntnis in Lehre, Leben und Ordnung der Kirche wirksam werden lassen.

---

ganisation der Evangelischen Kirche in Deutschland?, in: ZevKR 52 (2007), 198–220, 199 f.

127 Dazu kamen als weitere Probleme die Spaltung der Bekennenden Kirche und damit eng verbunden die konfessionellen Differenzen.

(2) Zwischen den Gliedkirchen besteht Kirchengemeinschaft im Sinne der Konkordie reformatorischer Kirchen in Europa (Leuenberger Konkordie). Die Evangelische Kirche in Deutschland fördert darum das Zusammenwachsen ihrer Gliedkirchen in der Gemeinsamkeit des christlichen Zeugnisses und Dienstes gemäß dem Auftrag des Herrn Jesus Christus.

(3) Mit ihren Gliedkirchen bejaht die Evangelische Kirche in Deutschland die von der ersten Bekenntnissynode in Barmen getroffenen Entscheidungen. Sie weiß sich verpflichtet, als bekennende Kirche die Erkenntnisse des Kirchenkampfes über Wesen, Auftrag und Ordnung der Kirche zur Auswirkung zu bringen. Sie ruft die Gliedkirchen zum Hören auf das Zeugnis der Brüder und Schwestern. Sie hilft ihnen, wo es gefordert wird, zur gemeinsamen Abwehr kirchenzerstörender Irrlehre.

Artikel 6

(1) Die Evangelische Kirche in Deutschland bemüht sich um die Festigung und Vertiefung der Gemeinschaft unter den Gliedkirchen, hilft ihnen bei der Erfüllung ihres Dienstes und fördert den Austausch ihrer Kräfte und Mittel.

(2) Sie wirkt dahin, dass die Gliedkirchen, soweit nicht ihr Bekenntnis entgegensteht, in den wesentlichen Fragen des kirchlichen Lebens und Handelns nach übereinstimmenden Grundsätzen verfahren.

Demnach ist die EKD *keine „Kirche"*, vielmehr nimmt sie Funktionen für und auf die Landeskirchen hin wahr. Zwar vergrößerte sich die rechtliche Bedeutung der EKD im Lauf der Zeit. Wichtige Etappen waren hier:

– der neuerliche Zusammenschluss 1990/91 der – durch die unvermeidliche Gründung des Bundes Evangelischer Kirchen in der DDR – getrennten ost- und westdeutschen Landeskirchen;

– die Fusion der EKU und der Arnoldshainer Konferenz zur UEK 2003;[128]

---

128 S. – auch zur Vorgeschichte – Dittmer, Johannes, Zur Bedeutung von „Kirche und Bekenntnis" für das ev. Kirchenrecht. Zur Bedeutung des Kir-

– die Eingliederung der Kirchenämter von VELKD und UEK in das Kirchenamt der EKD;

– Gesetzgebungen wie das Kirchenbeamten- und das Pfarrdienstgesetz.

Eine Kirche im Vollsinn ist die EKD aber bis heute noch nicht.[129] Doch stärkt die in der heutigen Mediengesellschaft zunehmend wichtigere Aufgabe der Öffentlichkeitspräsenz die EKD. Sie entspricht dem seit 1948 bestehenden Auftrag, „die gesamtkirchlichen Anliegen gegenüber allen Inhabern öffentlicher Gewalt auf allen Gebieten des öffentlichen Lebens" (Grundordnung, Art. 19) zu vertreten. Öffentlichkeitswirksam wird dies vor allem durch die seit 1962 erscheinenden Denkschriften des Rats der EKD wahrgenommen. Einzelne Landeskirchen können sich dagegen in der Regel bundesweit kaum Gehör verschaffen.

Die Leitungsstruktur der EKD umfasst als Organe *Synode, Kirchenkonferenz und Rat*. Dabei ist eine gewisse Unentschiedenheit zwischen dem in lutherischer Tradition üblichen Nebeneinander verschiedener kirchenleitender Organe und dem Einheitsprinzip der unierten und reformierten Kirchen unübersehbar. Dies geht aus der folgenden Tabelle hervor:

---

chenverständnisses für Organisation und Selbstverständnis der Union Evangelischer Kirchen (UEK) als Kirchenbund in historischer und systematischer Hinsicht (Workingpaper 1/08 der Hannoveraner Initiative Evangelisches Kirchenrecht; abzurufen unter http://www.fest-heidelberg.de).

129 S. Schilberg, Arno, Aufbruch bei der kirchlichen Selbstorganisation der Evangelischen Kirche in Deutschland?, in: ZevKR 52 (2007), 198–220, 205 f.; s. jetzt aber die „Kundgebung der Generalsynode der VELKD zum Kirchesein der EKD. Theologische Position der Vereinigten Evangelisch-Lutherischen Kirche Deutschlands (VELKD) zur Weiterentwicklung des Verbindungsmodells" vom 9. November 2013, abgedruckt in: MdKI 65 (2014), 15.

Organe der EKD

Synode	Kirchenkonferenz	Rat
Zusammensetzung:		
120 Mitglieder davon: 100 von den Synoden der Gliedkirchen; 20 durch den Rat Berufene	Ratsvorsitzender; Vertreter der Gliedkirchen (je zwei bei großen, je einer bei kleineren Kirchen); Vertreter der Brüder-Unität	15 Mitglieder Präses der Synode; 14 von der Synode gewählte
Aufgaben (u. a.):		
Gesetzgebung; „Richtlinien" für den Rat	Beratung der Organe der EKD	Leitungsgremium der EKD
		Unterstützung durch:
		Kirchenamt der EKD und: Beauftragte, Kammern und Kommissionen, Werke, Institute und Arbeitsbereiche, Botschafterin für 2017

Die Aufgaben der *EKD-Synode*, deren 100 Mitglieder die Landessynoden der Gliedkirchen wählen – wozu 20 vom Rat Berufene hinzutreten –, sind in Art. 23 festgelegt:

(1) Die Synode hat die Aufgabe, der Erhaltung und dem inneren Wachstum der Evangelischen Kirche in Deutschland zu dienen.

(2) Sie beschließt Kirchengesetze nach Maßgabe des Artikels 26a, erläßt Kundgebungen, bespricht die Arbeit der Evangelischen Kirche

in Deutschland, erörtert Fragen des kirchlichen Lebens und gibt dem Rat Richtlinien.

(3) Sie wählt in Gemeinschaft mit der Kirchenkonferenz gemäß Artikel 30 den Rat der Evangelischen Kirche in Deutschland.

Dabei ist ein offenes Interpretationsproblem, was genau unter „Richtlinien" zu verstehen ist, die die Synode dem Rat geben kann. De facto wurden solche „Richtlinien" bis heute nicht erstellt bzw. gegeben – die Synode hätte auch keine Sanktionsmöglichkeiten, um den Rat zu deren Befolgung zu zwingen. Hier zeigt sich, dass die Bedeutung der Synode wohl geringer ist, als dies auf den ersten Augenblick erscheint. Im Gegensatz zu dem unierten und reformierten Organisationsmodell entstammt die sonstige Leitung – Kirchenkonferenz und Leitung – nicht der Synode, sondern besteht aus eigenem Recht.

Sehr viel schwächer scheint auf den ersten Blick die Bedeutung der *Kirchenkonferenz* zu sein, deren Aufgaben Art. 28 regelt:

(1) Die Kirchenkonferenz hat die Aufgabe, über die Arbeit der Evangelischen Kirche in Deutschland und die gemeinsamen Anliegen der Gliedkirchen zu beraten und Vorlagen oder Anregungen an die Synode und den Rat gelangen zu lassen. Sie wirkt bei der Wahl des Rates der Evangelischen Kirche in Deutschland und bei der Gesetzgebung [...] mit. Die Kirchenkonferenz kann der Synode über ihre Arbeit berichten.

(2) Die Kirchenkonferenz wird von den Kirchenleitungen der Gliedkirchen gebildet. Jede Kirchenleitung entsendet zwei Mitglieder, die nicht dem Rat der Evangelischen Kirche in Deutschland angehören. Die Verteilung der Stimmen in der Kirchenkonferenz wird durch Gesetz geregelt. Die Mitglieder des Rates nehmen an den Sitzungen ohne Stimmrecht teil.

(3) Die Kirchenkonferenz kann Ausschüsse bilden.

(4) Die Kirchenkonferenz wird von dem oder der Vorsitzenden des Rates geleitet. Sie tritt auf Einladung des oder der Vorsitzenden des

Rates nach Bedarf zusammen. Auf Verlangen von drei Gliedkirchen
muß sie einberufen werden.

Hier tritt das föderative Prinzip der EKD deutlich zu Tage.
Da die einzelnen Landeskirchen in Gesetzgebungsverfahren
selbstständig sind, kommt – entgegen dem ersten Augen-
schein – der Kirchenkonferenz tatsächlich große Bedeutung
zu. Denn wenn einzelne Landeskirchen mit einem EKD-Gesetz nicht einverstanden sind, müssen sie es nicht umsetzen.

Schließlich – und nicht nur in der Öffentlichkeit am meisten beachtet – ist der *Rat der EKD* zu nennen. Er ist das zentrale Leitungsorgan. Wenn man also ein „Einheitsprinzip" bei
der EKD entdecken will, liegt dieses nicht bei der Synode,
sondern beim Rat. Art. 29 schreibt dem Rat folgende Aufgaben
zu:

(1) Der Rat hat die Aufgabe, die Evangelische Kirche in Deutschland zu
leiten und zu verwalten. Soweit die Befugnisse nicht anderen Organen beigelegt sind, ist er für alle Aufgaben der Evangelischen Kirche
in Deutschland zuständig. Der Rat vertritt die Evangelische Kirche in
Deutschland nach außen. Er kann Kundgebungen erlassen, wenn die
Synode nicht versammelt ist. Er legt der Synode auf jeder ordentlichen
Tagung einen Rechenschaftsbericht vor, der zu besprechen ist.
(2) Gegenstände, die durch Gesetz zu ordnen sind, können ausnahmsweise durch Verordnung des Rates geregelt werden, wenn die Sache
keinen Aufschub duldet, die Synode nicht versammelt und ihre Ein-
berufung nicht möglich oder der Bedeutung der Sache nicht entsprechend ist. Die Grundordnung der Evangelischen Kirche in Deutschland darf durch Verordnung nicht geändert werden. Verordnungen
sind der Synode bei ihrem nächsten Zusammentritt vorzulegen. Die
Synode kann eine Verordnung des Rates ändern oder aufheben. Artikel 26 a Absatz 6 findet Anwendung.

Dieses mächtige Gremium besteht aus 12 Mitgliedern, von
denen der Präses der Synode gesetzt ist. Die anderen werden gemeinsam von Synode und Kirchenkonferenz gewählt

(Art. 30). Die besondere Bedeutung des Rates kommt nicht zuletzt darin zum Ausdruck, dass das etwa 200 Mitarbeiter umfassende Kirchenamt der EKD als dessen „Amtsstelle" (Art. 31,1) fungiert. An zwei von deren vier Hauptabteilungen sind das Amt der VELKD bzw. UEK angeschlossen. Die Hauptabteilung 4 „Ökumene und Auslandsarbeit" wird dazu noch von einer Vizepräsidentin geleitet, die den Titel „Bischöfin" trägt (Auslandsbischof der EKD). Die Öffentlichkeitsarbeit nimmt der Rat der EKD in mehrfacher Weise wahr:[130]

– durch Beauftragte:

> Beauftragter des Rates für deutsch-polnische Beziehungen,
> Kulturbeauftragter,
> Beauftragter des Rates der EKD für die inhaltliche Begleitung
> der Führungsakademie für Kirche und Diakonie,
> Friedensbeauftragter des Rates der EKD,
> Medienbeauftragter,
> Beauftragter für Umweltfragen,
> Beauftragter für agrarsoziale Fragen,
> Sportbeauftragter des Rates der EKD,
> Der Beauftragte für den Datenschutz der Evangelischen Kirche
> in Deutschland,
> Beauftragter des Rates für evangelische Freiwilligendienste,
> Beauftragter des Rates für den Kontakt zu den Kommunitäten,
> Beauftragter für Fragen der Spätaussiedler und der Heimatvertriebenen,
> Beauftragter für die Evangelische Seelsorge in der Bundespolizei,
> Beauftragter für den Johanniterorden,
> Beauftragter des Rates für den missionarischen Dienst in der Kirche,
> Beauftragter der EKD für Kirche in Freizeit und Tourismus,
> Beauftragter des Rates für Seelsorge und Beratung von Opfern
> der SED-Kirchenpolitik.

---

130 Die folgenden Angaben sind der Homepage der EKD entnommen (Aufruf: 1. April 2014).

- durch Kammern und Kommissionen:

Dienstrechtliche Kommission,
Evangelische Arbeitsgemeinschaft für Kirchliche Zeitgeschichte,
Gemeinsamer Ausschuss Kirche und Judentum der EKD, VELKD und der UEK,
Grundstückskommission,
Kammer für Bildung und Erziehung, Kinder und Jugend,
Kammer für Migration und Integration,
Kammer für nachhaltige Entwicklung,
Kammer für Öffentliche Verantwortung,
Kammer für soziale Ordnung,
Kammer für Theologie der EKD,
Kammer für weltweite Ökumene,
Versicherungskommission.

- durch Werke, Institute und Arbeitsbereiche:

Evangelisches Werk für Diakonie und Entwicklung e. V.,
Diakonie Deutschland - Evangelischer Bundesverband,
Evangelisches Missionswerk in Deutschland e.V. (EMW),
Evangelische Kommunitäten/Geistliche Gemeinschaften im deutschsprachigen Raum,
Gemeinschaftswerk der Evangelischen Publizistik gGmbH (GEP),
Evangelisches Zentralarchiv,
Kirchenrechtliches Institut der EKD,
Evangelische Zentralstelle für Weltanschauungsfragen (EZW),
Evangelischer Bund/Konfessionskundliches Institut (KI),
Institut für Kirchenbau und kirchliche Kunst der Gegenwart,
Sozialwissenschaftliches Institut der EKD (SI),
Forschungsstätte der Evangelischen Studiengemeinschaft e.V. (FEST),
Evangelische Schulstiftung in der EKD,
Comenius-Institut. Evangelische Arbeitsstätte für Erziehungswissenschaft e.V. (CI),
Evangelische Fachstelle für Arbeits- und Gesundheitsschutz (EFAS),
Burckhardthaus,
Studienzentrum der EKD für Genderfragen in Kirche und Theologie,
Aussiedlerseelsorge in der EKD,
Gustav-Adolf-Werk e. V.,
Martin-Luther-Bund,
Evangelische Partnerhilfe e. V.

Die unterschiedlichen Bezeichnungen sowie die verschiedenen Thematiken zeigen, dass es sich hier um historisch gewachsene Arbeitsfelder handelt. Diese für die Öffentlichkeitswirksamkeit der evangelischen Kirchen wichtigen Einrichtungen sind unterschiedlich organisiert und in stetem Wandel begriffen. Sie bilden wichtige Kontaktflächen der Kirche zur sonstigen Gesellschaft. Ihre rechtlichen Strukturen sind unterschiedlich. Teilweise weitet sich hier evangelische Kirche über den Bereich einer Körperschaft des öffentlichen Rechts hinaus und gewinnt in zivilgesellschaftlich verfassten Formen wie dem e.V. Gestalt.

7. Sonstige Zusammenschlüsse

Wie bereits im Überblick zur Entwicklung der EKD (→ Kap. III.6.) angedeutet, bestehen neben dieser in Deutschland noch weitere Zusammenschlüsse von Landeskirchen, deren Bedeutung jedoch zurückgeht.

Auf lutherischer Seite ist hier die 1948 gegründete *Vereinigte Evangelisch-Lutherische Kirche in Deutschland (VELKD)* zu nennen. Dieser Zusammenschluss versteht sich selbst als Kirche und ist eine Körperschaft des öffentlichen Rechts (Verfassung der VELKD von 2007, Art. 1,3). Sie umfasst die Kirchen von Bayern, Braunschweig, Hannover, Evangelische Kirche in Mitteldeutschland, Evangelisch-Lutherische Kirche in Norddeutschland, Sachsen, Schaumburg-Lippe. Es fehlen die lutherischen Landeskirchen von Württemberg und Oldenburg.[131] Die lutherischen Gemeinden in unierten Kirchen

---

131 Bei der Gründung der VELKD blieb auch die damals noch selbstständige Evangelisch-Lutherische Kirche von Eutin dem Zusammenschluss fern.

gehören ebenfalls nicht zur VELKD. So repräsentiert genau genommen die VELKD nicht das ganze deutsche Luthertum. Einen Schwerpunkt der VELKD bildet das Bemühen um eine gemeinsame Ordnung. So bestimmt Art. 5 der VELKD-Verfassung:

> (1) Die Vereinigte Kirche gibt sich Ordnungen für den Gottesdienst, insbesondere Agende und Gesangbuch, die die Gemeinsamkeit in der Vereinigten Kirche fördern sollen. Die Gliedkirchen sollen diese Ordnungen für ihren Bereich einführen.
> (2) Die Vereinigte Kirche beschließt eine Ordnung für das kirchliche Leben. In Gliedkirchen, die diese Ordnung nicht einführen, gilt sie als Richtlinie nach Artikel 6 Absatz 2.

Die hier genannte Lebensordnung wird in → Kap. IV. 3. näher vorgestellt. Darüber hinaus setzt sich die VELKD in Art. 7 folgende Aufgaben:

> (1) Die Vereinigte Kirche hat folgende Aufgaben:
> 1. Sie hat die Einheit der Vereinigten Kirche zu fördern.
> 2. Sie hat für die Erhaltung und Vertiefung der lutherischen Lehre und Sakramentsverwaltung durch Pflege lutherischer Theologie und durch Beratung der Gliedkirchen in Fragen der lutherischen Lehre, des Gottesdienstes und des Gemeindelebens Sorge zu tragen und die Heranbildung eines bekenntnisgebundenen Pfarrerstandes zu fördern.
> 3. Sie hat sich darum zu bemühen, dass die lutherische Kirche zu den Fragen und Aufgaben der Zeit in Wort und Tat die rechte, von Schrift und Bekenntnis geforderte Stellung nimmt.
> 4. Sie hat die evangelisch-lutherischen Gemeinden, die sich ihr unmittelbar angeschlossen haben, nach den Grundsätzen des lutherischen Bekenntnisses zu leiten, ebenso die angeschlossenen Auslandsgemeinden.
> 5. Ihr obliegt die Fürsorge für die lutherische Diaspora innerhalb und außerhalb Deutschlands.
> 6. Sie unterstützt die Arbeit aller lutherischen kirchlichen Werke, insbesondere der Diakonie und der Mission.
> 7. Sie vertritt in allen gemeinsamen Angelegenheiten die in ihr

zusammengeschlossenen Gliedkirchen nach außen, insbesondere auch gegenüber der Ökumene. Sie kann theologische und rechtliche Erklärungen abgeben.

In der konkreten Arbeit kristallisieren sich zwei Schwerpunkte heraus: ein gemeindepädagogisch-missionarischer und ein liturgischer. Ersterer wurde in der kybernetisch wichtigen sog. „missionarischen Doppelstrategie" 1982 formuliert.[132] Ein bis heute bestehendes Resultat davon ist das 1986 gegründete Gemeindekolleg der VELKD (ursprünglich Celle, jetzt Neudietendorf). Die drei hier beschäftigen Pfarrer bzw. Pfarrerinnen projektieren – teilweise angeregt von lutherischen Kirchen in Skandinavien und den USA – Modelle der Gemeindearbeit und führen in Kursen entsprechende Fortbildungen durch. Dazu kommt die in Ausschussarbeit geleistete rege Katechismus- und Konfirmandenarbeit. Der liturgische Schwerpunkt zeigt sich neben dem traditionellen Agendenwerk der VELKD im 1994 gegründeten Liturgiewissenschaftlichen Institut bei der Theologischen Fakultät Leipzig. Hier werden liturgiewissenschaftliche Fachgespräche durchgeführt und entsprechende Publikationen herausgegeben.[133] Dazu tritt die ökumenische Bedeutung der VELKD, insofern diese Mitglied im Lutherischen Weltbund ist.

Die VELKD hat nach Art. 8 drei Leitungsorgane: die Bischofskonferenz mit dem Leitenden Bischof oder der Leitenden Bischöfin an der Spitze, die Generalsynode und die Kir-

---

132 Veröffentlicht als: Zur Entwicklung von Kirchenmitgliedschaft. Aspekte einer missionarischen Doppelstrategie (TVELKD 21), Hannover Januar 1983.

133 Von 1997 bis 2010 erschienen in der Reihe „Beiträge zu Liturgie und Spiritualität" 24 Bände; als Nachfolgerin beginnt seit 2014 die neue Reihe „Impulse für Liturgie und Gottesdienst" (beide in der Evangelischen Verlagsanstalt).

chenleitung. Letztere setzt sich aus dem Leitenden Bischof als
Vorsitzendem, einem weiteren Mitglied der Bischofskonferenz als dessen Stellvertreter, dem Präsidenten der Generalsynode sowie neun von der Generalsynode gewählten Synodalen (bzw. deren Stellvertreter) zusammen, von denen nur
drei ordiniert sein dürfen. Das Amt der VELKD führt die Geschäfte dieser drei Leitungsorgane. Es wurde mittlerweile
strukturell und räumlich in das Kirchenamt der EKD einge-
gliedert. Während die VELKD so einen Schritt auf die EKD
zuging, bleibt sie aber nicht zuletzt durch ihre bekenntnisge-
bundene[134] Integration in das weltweite Luthertum selbstständig.

Demgegenüber macht der zweite große Kirchenbund im
deutschen Protestantismus, die *Union Evangelischer Kirchen
in der Evangelischen Kirche in Deutschland (UEK)*, in ihrem
Namen auf ihr Ziel aufmerksam, sich durch eine Stärkung der
EKD selbst überflüssig zu machen.[135] Vorerst versteht sich
aber auch die UEK als eine Kirche und hat den Status einer
Körperschaft des öffentlichen Rechts. Historisch führt sie sich
auf den Aufruf des preußischen Königs Friedrich Wilhelm III.
von 1817 zurück, der eine Union der reformierten und lutherischen Gemeinden anstrebte. Tatsächlich kam es – mit ge-

---

134 Die VELKD-Verfassung nennt explizit die Confessio Augustana und
Luthers Kleinen Katechismus als Bekenntnistexte (s. z. B. → Kap. III.2. zu
Bayern), bei ihren Mitgliedskirchen treten noch weitere dazu.

135 So bestimmt § 7 des Gründungsvertrags der UEK von 2003, jeweils zum
Ablauf der sechsjährigen Amtsperiode ihrer Organe zu überprüfen, ob die
Gemeinsamkeit aller Gliedkirchen in der EKD „so weit verwirklicht ist,
dass Fortbestand der Union in ihrer bisherigen Form entbehrlich ist"; s.
Winter, Jörg, Die Union Evangelischer Kirchen als Beitrag zur Strukturreform der Evangelischen Kirche in Deutschland, in: ZevKR 49 (2004), 239–
252.

wissen Schwierigkeiten[136] – zu einer Union von lutherischen und reformierten Gemeinden auf dem preußischen Staatsgebiet. Von 1922 an nannte sich diese Kirche „Evangelische Kirche der altpreußischen Union" und umfasste die Provinzialkirchen Ostpreußen, Westpreußen, Brandenburg (mit Berlin), Pommern, Posen, Schlesien, Provinz Sachsen, Rheinland und Westfalen. Einen Aufschwung nahm das Unions-Anliegen durch die Barmer Theologische Erklärung, die bekanntlich von unierten, reformierten und lutherischen Christen unterzeichnet wurde. Nach den Gebietsveränderungen infolge des Zweiten Weltkriegs – etwa ein Drittel des Kirchengebiets der Union wurde polnisch – kam es 1953 zur Evangelischen Kirche der Union (EKU). Nach der unvermeidlichen Teilung 1972 wurde sie 1992 nach der Vereinigung Deutschlands wieder zusammengeführt.

1967 hatte sich mit der *Arnoldshainer Konferenz* ein weiterer Zusammenschluss von Kirchen gebildet, der über die EKU und ihre Gliedkirchen hinaus noch weitere unierte Landeskirchen umfasste (Baden, Bremen, Hessen-Nassau, Kurhessen-Waldeck, Lippe) sowie die Evangelisch-Lutherische Kirche in Oldenburg und die Evangelisch-reformierte Kirche; die Evangelische Landeskirche in Württemberg hatte Gaststatus. Das Ziel der Konferenz war – nach der Wende durch weitere Kirchen unterstützt – die Stärkung der Einheit der EKD.

2003 schlossen sich EKU und Arnoldshainer Konferenz zusammen zur UEK. Sie umfasst zwölf evangelische Mitglieds-

---

136 So spalteten sich manche Lutheraner (sog. Altlutheraner) ab. Zur genaueren geschichtlichen Entwicklung s. Hüffmeier, Wilhelm (Hg.), „... den großen Zwecken des Christentums gemäß". Die Evangelische Kirche der Union 1817 bis 1992, Bielefeld 1992.

kirchen: Anhalt, Baden, Evangelische Kirche Berlin-Brandenburg-schlesische Oberlausitz, Bremen, Hessen und Nassau,
Kurhessen-Waldeck, Lippe, Pfalz, Rheinland, Mitteldeutschland, Westfalen und die Evangelisch-reformierte Kirche. Ihr
Aufbau ist – entsprechend reformiert-unierter Tradition –
durch das Einheitsprinzip charakterisiert. Allerdings wird die
Leitung nicht – wie traditionell – durch eine Synode, sondern
durch die sog. Vollkonferenz wahrgenommen. Sie bildet sich
aus verschiedenen Personengruppen:

- den zur Synode der EKD gewählten Vertretern
  der UEK-Mitgliedskirchen;
- den dem Rat der EKD angehörenden Vertretern
  der UEK-Mitgliedskirchen;
- den Vertretern der UEK-Mitgliedskirchen, die in
  der Kirchenkonferenz der EKD Mitglied sind;
- den Vorsitzenden eines der ständigen Ausschüsse
  der UEK.

Deutlich tritt hier das Bemühen hervor, Doppelstrukturen
in der Kirchenleitung zu überwinden, auch auf Kosten des
Synodalprinzips. Die Beschlüsse der Vollkonferenz setzt dessen Präsidium um.

Auf reformierter Seite besteht der 1884 gegründete *Reformierte Bund*, der die Evangelisch-reformierte Kirche (Synode
evangelisch-reformierter Kirchen in Bayern und Nordwestdeutschland), die Lippische Landeskirche, den Bund evangelisch-reformierter Kirchen Deutschlands, die Evangelisch-
altreformierte Kirche in Niedersachsen sowie reformierte Gemeinden in verschiedenen unierten Landeskirchen zusam-
menschließt. Er wird von einem 24-köpfigen Moderamen
und der zweijährigen Hauptversammlung geleitet. Neuerdings hat der Bund – zusätzlich zur bisherigen, weiter be-

stehenden Rechtsform des e.V. – den Status einer Körperschaft des öffentlichen Rechts angenommen.

Schließlich ist auf länderübergreifende kirchliche Zusammenschlüsse hinzuweisen, bei denen deutsche Landeskirchen Mitglieder sind. Der *Lutherische Weltbund* für die lutherischen Kirchen wurde bereits genannt. Er spielt nicht zuletzt im weltweiten ökumenischen Dialog eine herausragende Rolle, wie z. B. die Gemeinsame Erklärung zur Rechtfertigungslehre des Lutherischen Weltbundes und der katholischen Kirche zeigt.[137] Parallel sind die Evangelisch-reformierte Kirche, die Lippische Landeskirche sowie der Reformierte Bund Mitglied im *Reformierten Weltbund*. Bekenntnisübergreifend sind die deutschen Landeskirchen Mitglieder in der *Gemeinschaft Evangelischer Kirchen in Europa (GeKe)*, die auf die Leuenberger Konkordie von 1973 gründet und bis 2003 „Leuenberger Kirchengemeinschaft" hieß. Dabei geht es angesichts des politischen Europa-Prozesses vor allem darum, hier dem Protestantismus eine Stimme zu verschaffen.[138] Schließlich gehören die Landeskirchen zum weltweit agierenden *Ökumenischen Rat der Kirchen*.

Insgesamt tritt hier deutlich die bereits bei den innerdeutschen Kirchenzusammenschlüssen zu beobachtende doppelte Struktur zu Tage: auf der einen Seite im jeweiligen reformatorischen Bekenntnis begründete Zusammenschlüsse, auf der anderen Seite allgemeine evangelische oder noch weiter greifende Verbünde. In Deutschland relativierten die bei-

---

137 Lutherischer Weltbund/Päpstlicher Rat zur Förderung der Einheit der Christen, Gemeinsame Erklärung zur Rechtfertigungslehre, Frankfurt 1999.

138 Beintker, Michael, Europa als unabgegoltene Idee. Ekklesiologisch orientierte Beobachtungen und Reflexionen, in: ZThK 111 (2014), 56–75, 65–69.

den letzten Kirchenfusionen, vor allem die zur Kirche in Mitteldeutschland, die Bedeutung der konkreten einzelnen reformatorischen Bekenntnistexte. Denn hier schlossen sich – mit der Kirchenprovinz Sachsen – eine unierte und – mit der Thüringer Landeskirche – eine lutherische Kirche zusammen. Die Notwendigkeit zur Konzentration, vor allem aus finanziellen Gründen, überwog die konfessionelle Tradition. Tatsächlich treten in der Lebenswelt seit längerem die innerreformatorischen Differenzen zurück. Die Leuenberger Konkordie hat die traditionellen Lehrunterschiede zwar nicht aufgehoben, aber durch die Kanzel- und Mahlgemeinschaft für die kirchliche Praxis minimiert. Allerdings stellen die entsprechenden, letztlich die EKD stärkenden Entwicklungen in einem gewissen Sinn einen deutschen Sonderweg dar. „Unierte" Kirchen im genannten Sinn (→ Kap. III.1.) sind sonst weithin unbekannt.

8. Zusammenfassung und Ausblick

Die rechtliche Organisation der Landeskirchen ist in ihren Leitungsorganen, Entscheidungsstrukturen und Bekenntnissen vielgestaltig. Dabei zeigt sich unter der Überschrift der Bindung an Schrift und Bekenntnis als Gemeinsamkeit, dass nicht ein Einzelner qua eigenen Rechts für Kirche handeln kann. In den lutherischen Kirchen besteht – entsprechend der Gegenüberstellung von Amt und Gemeinde – eine sorgfältige Balance zwischen verschiedenen leitenden Organen. In der uniert-reformierten Tradition kommt dagegen einer bestimmten Sozialform, den Synoden, die entscheidende Bedeutung zu. Auf Grund der starken Stellung des Präsesamts durch den Vorsitz in Synode, Kirchenleitung und Landeskirchenamt kann jedoch gefragt werden, ob dies tatsächlich in der Praxis durchgehalten wird. Auf jeden Fall unterstreicht die grundlegende Bindung an Schrift und Bekenntnis den Grundcharakter evangelischer Kirchen als Interpretationsgemeinschaften. Dass in den Synoden der großen Kirchen eigens Plätze für Theologieprofessoren bestehen, markiert einen besonderen Akzent hierbei. Strukturell bekommt damit das akademische Lehramt Anteil an der Kirchenleitung. Inhaltlich muss sich das Gespräch um die Schriftauslegung auch (universitär-)theologisch ausweisen lassen.

In den nächsten Jahren wird zu diskutieren sein, welche der gegenwärtig praktizierten Formen dem Anliegen, die Kommunikation des Evangeliums zu fördern und so Menschen in der Nachfolge Jesu zu unterstützen, am besten entsprechen. Pragmatisch gilt es aus Kostengründen, aber auch um die Wirksamkeit kirchlichen Handelns zu erhöhen, die Entscheidungsvorgänge und damit die dahinter stehenden Strukturen zu straffen. Dabei wird es wohl kaum zu einem einheitlichen Modell kommen. Doch kann bloße Traditionspflege zu Erstarrung und Handlungsunfähigkeit führen.

Zum einen zeigt sich, dass das „Amt", konkret die Pfarrer, gegenwärtig rapide an Ansehen verlieren.[139] Religiöse Kommunikation ist – wissenssoziologisch formuliert – heute

---

139 In der vom Allensbacher Institut für Demoskopie erstellten Berufsprestige-Skala rangierten (seit 1966) die „Pfarrer/Geistlichen" regelmäßig auf dem zweiten bzw. dritten Rang. 1966 gaben 49 % der Deutschen in der diesbezüglichen Repräsentativbefragung an, dass sie vor Vertretern dieses Berufs „besondere Achtung" hätten. 2008 waren es 39 %, wobei das zum Rang zwei hinter den Ärzten genügte. 2011 kam es zu einem weiteren Rückgang: Nur noch 28 % bekundeten besondere Achtung, der Pfarrberuf rutschte auf Platz 7 der Skala von 18 Berufen ab. Arzt, Krankenschwester, Lehrer, Handwerker, Ingenieur, Hochschulprofessor und Rechtsanwalt

nicht mehr durch die Form Amtsautorität, sondern durch die der „Authentizität" bestimmt.[140] Zum anderen partizipiert nur ein kleiner Teil der Kirchenmitglieder an den Wahlen zu den Gremien, die für das presbyterial-synodale System grundlegend sind. Deren in den Kirchenordnungen und -verfassungen vorgesehenen Befugnisse haben also eine wenig belastbare Grundlage im tatsächlichen Verhalten der Kirchenmitglieder. Das presbyterial-synodale Modell kommt so an eine Grenze. Es setzt – staatsanalog – eine allgemeine Beteiligung am kirchlichen Leben voraus, die, wenn es sie jemals gab, heute nicht gegeben ist. Angesichts der langwierigen Entscheidungsprozesse dieses Modells konstatiert der Göttinger Praktische Theologe Jan Hermelink kühl: „Die Praxis der presbyterial-synodalen Verfassung stellt nicht zuletzt eine nachhaltige Anfechtung des Glaubens dar."[141] Angesichts dieser kritischen Situation sowohl des lutherischen als auch des reformiert-unierten Modells, Kirche zu organisieren, erweitert ein Blick auf neue Kommunikationsformen und daraus resultierende Sozialformen den Horizont. Modelle wie das bei den Emergents in den USA entworfene einer

---

liegen jetzt vor Pfarrer/Geistlicher. Dafür dürfte nicht zuletzt der Missbrauchsskandal bei katholischen Priestern verantwortlich sein. Denn die Umfrage differenziert nicht konfessionell. Doch liegt es auf der Hand, dass das geringe Ansehen der Kirche sich auf die Einschätzung der Pfarrer auswirkt.

140 S. Nassehi, Armin, Religiöse Kommunikation. Religionssoziologische Konsequenzen einer qualitativen Untersuchung, in: Bertelsmann Stiftung (Hg.), Woran glaubt die Welt? Analysen und Kommentare zum Religionsmonitor 2008, Gütersloh 2009, 169–203, 188–190.

141 Hermelink, Jan, Kirchliche Organisation und das Jenseits des Glaubens. Eine praktisch-theologische Theorie der evangelischen Kirche, Gütersloh 2011, 250.

Wiki-Church[142] sind kirchenrechtlich noch nicht im Blick. Auf jeden Fall verdient deren Grundansatz zumindest für die jüngeren Menschen der Digital Natives Aufmerksamkeit: „Emergents believe that church should function more like an open-source network and less like a hierarchy or a bureaucracy."[143] Solche Anstöße sind aber zuerst in einer praktisch-theologischen Kirchentheorie auszuarbeiten, bevor sie in der kirchenrechtlichen Arbeit Relevanz gewinnen können.

---

142 S. Jones, Tony, The New Christians. Dispatches from the Emergent Frontier, San Francisco 2008, 180–192.

143 A. a. O., 180.

IV. Kirchengemeinde und Lebensordnung

Zwar gibt es immer wieder in Synoden und anderswo Auseinandersetzungen bei der Frage nach der Notwendigkeit bzw. Bedeutung funktionaler Dienste und Werke, hinsichtlich der Kirchengemeinden finden sich solche Anfragen aber nicht.[144] Sie bilden – selbst in dünn besiedelten Diaspora-Gebieten – seit der Kirchenreform Karl d. Gr. in unseren Gebieten die Grundstruktur von Kirche.[145] Doch auch hier entdeckt ein genaueres Hinsehen gewisse Differenzen zwischen den verschiedenen kirchlichen Traditionen im Raum des landeskirchlichen Protestantismus. Nach einem diesbezüglichen Hinweis will ich exemplarisch anhand der bereits im vorhergehenden Kapitel herangezogenen westfälischen Kirchen-

---

LITERATUR: Grethlein, Christian, Grundinformation Kasualien. Kommunikation des Evangeliums an Übergängen im Leben, Göttingen 2007; Honecker, Martin, Kirchliche Lebensordnung zwischen Recht und Pastoralethik, in: ZevKR 57 (2012), 146–167; Leitlinien kirchlichen Lebens der Vereinigten Evangelisch-Lutherischen Kirche Deutschlands (VELKD). Handreichung für eine kirchliche Lebensordnung, Gütersloh 2003; Ordnung des kirchlichen Lebens der Evangelischen Kirche der Union. Im Auftrag des Rates herausgegeben von der Kirchenkanzlei der Evangelischen Kirche der Union, Berlin 1999.

144 S. zur Gesamtdiskussion aus praktisch-theologischer Perspektive Pohl-Patalong, Uta, Ortsgemeinde und übergemeindliche Arbeit im Konflikt. Eine Analyse der Argumentationen und ein alternatives Modell, Göttingen 2003.

145 Zur historischen Entwicklung s. Winkler, Eberhard, Probleme der Parochie in historischer Sicht, in: Lehmann, Maren (Hg.), Parochie. Chancen und Risiken der Ortsgemeinde, Leipzig 2002, 27–44.

ordnung die vielfältigen Aufgaben der Kirchengemeinden skizzieren.

Das weitere Schwergewicht dieses Kapitels liegt auf sowohl theologisch grundlegenden als auch für viele Menschen attraktiven gemeindlichen Vollzügen, die jeweils besondere Herausforderungen in ökumenischer Hinsicht stellen. Konkret kommen Taufe, Abendmahl und der Themenkomplex Ehe/Familie/Partnerschaft in den Blick. Rechtlich finden sich dazu die wesentlichen Regelungen in den sog. kirchlichen Lebensordnungen, neuerdings teilweise „Leitlinien kirchlichen Lebens" genannt. Bei dieser Gattung stoßen wir auf eine Besonderheit Evangelischen Kirchenrechts, bei der dessen Anliegen und Probleme beispielhaft hervortreten.

1. Grundlagen

Bei der Analyse der Organisation der Landeskirchen ergaben sich – vor der gemeinsamen Bindung an Schrift und Bekenntnis und der Einsicht in die theologische Bedeutung der Kirchenordnung (Barmen III, → Kap. II.2.) – erhebliche Differenzen: die Unterschiedlichkeit der konkreten Bekenntnisse und das Nebeneinander einer episkopal-konsistorial sowie einer presbyterial-synodal ausgestalteten Kirchenordnung.

In den rechtlichen Bestimmungen zu den Kirchengemeinden begegnen Konsequenzen hieraus. So muss z. B. nach der Verfassung in der Evangelisch-Lutherischen Kirche in Bayern „der bzw. die mit der pfarramtlichen Geschäftsführung Beauftragte" (Art 23,1) den Vorsitz im Kirchenvorstand führen, in der unierten westfälischen Kirche dagegen bestimmt die Kirchenordnung, dass der Vorsitzende aus den Presbytern gewählt wird (Art. 63,1). Deutlich tritt hier die unterschiedliche theologische Gewichtung des Amtes in den konfessionellen Traditionen hervor. Selbst bei den genauen Ausführungen zur Kirchenmitgliedschaft zeigen sich unterschiedliche Akzentuierungen. Während in Bayern gleich im ersten materialen Abschnitt der Verfassung die Mitgliedschaft zuerst in Hinblick auf die Landeskirche bestimmt wird und erst dann die Kirchengemeinde in den Blick kommt (Art. 9,2), wird die Mitgliedschaft in der westfälischen Kirchenordnung allein über die Kirchengemeinde geregelt (Art. 13,1). Doch im tatsächlichen gemeindlichen Leben dürften die Menschen diese Differenzen nicht spüren. Die meisten Kirchenmitglieder können vermutlich auch keine Auskunft über die Bekenntnisse ihrer Kirche geben, seit Luthers Kleiner Katechismus ebenso wie der Heidelberger Katechismus de facto aus der religionspädagogischen Arbeit verschwunden sind.

Gewichtiger sind – nach wie vor – die konfessionellen Differenzen vor allem zur römisch-katholischen Kirche. Zwar besteht bei der Taufe eine gegenseitige Anerkennung, beim Abendmahl hält das katholische Lehramt jedoch an einer prinzipiellen Exklusion fest. Bei Ehe und Trauung wird das Bild noch bunter. Entsprechend der sich pluralisierenden Religionsstatistik leben zunehmend Menschen unterschiedlicher Daseins- und Wertorientierung miteinander. Dazu hat sich inzwischen eine vor wenigen Jahrzehnten noch kaum vorstellbare Pluriformität der öffentlich praktizierten Lebensformen herausgebildet, die kirchenrechtlich neue Herausforderungen stellt. Evangelische Kirche besitzt hier mit der Rechtsgattung der Lebensordnung ein inzwischen recht flexibles Instrument – vergleicht man es etwa mit dem kanonischen Ehe- oder allgemeinen Sakramentenrecht.

IV. KIRCHENGEMEINDE UND LEBENSORDNUNG

2. KIRCHENGEMEINDE

Trotz unterschiedlicher Platzierung in den einzelnen Kirchenverfassungen bzw. -ordnungen haben die Kirchengemeinden in den deutschen Landeskirchen eine wichtige rechtliche Gemeinsamkeit: „Die Kirchengemeinde ist Rechtsperson sowohl nach staatlichem als auch nach kirchlichem Recht."[146] *Eine Kirchengemeinde ist eine „körperschaftlich strukturierte juristische Person"*[147] *mit Rechten und Pflichten.* Nach staatlichem Recht hat sie die Rechtsform einer Körperschaft des öffentlichen Rechts.[148] Diesem rechtlichen Doppelcharakter entspricht die klare Festlegung der Mitgliedschaft. Sie ist durch die Taufe, das Bekenntnis und den Wohnsitz begründet. Dabei kann es in Einzelfällen durch Umgemeindung gewisse Abstriche beim Wohnsitz geben. Ferner ist – etwa bei Anstaltsgemeinden – die Zugehörigkeit zu einer besonderen Sozialform bzw. – bei Personalgemeinden – die Option für eine bestimmte Gemeinde möglich. Doch ist dies alles klar geregelt, so dass die Mitgliedschaft in Kirchengemeinde und Landeskirche[149] eindeutig bestimmt werden kann. Nur so ist eine verlässliche Grundlage für die Erhebung der Kirchensteuer durch den Staat gewährleistet. Allerdings wirft die genannte dreifache Bestimmung der Kirchenmitgliedschaft vermehrt dadurch pastorale Probleme

---

146 Mit entsprechenden Belegen Munsonius, Hendrik, Das undeutliche Wort „Gemeinde", in: ZevKR 53 (2008), 61–67, 64.

147 De Wall, Heinrich/Muckel, Stefan, Kirchenrecht. Ein Studienbuch, München 2014, 288.

148 S. zu dieser Rechtsform im Einzelnen Magen, Stefan, Körperschaftsstatus und Religionsfreiheit. Zur Bedeutung des Art. 137 Abs. 5 WRV im Kontext des Grundgesetzes (JusEcc 75), Tübingen 2004.

149 S. EKD-Kirchenmitgliedschaftsgesetz (KMG) vom November 1976.

auf, dass sie den grundsätzlich unwiderruflichen Charakter der Taufe relativiert. Dies trifft besonders bei aus der Kirche ausgetretenen Menschen zu. Die Fragen, ob Getaufte, aber aus der Kirche Ausgetretene kirchlich bestattet werden, als Paten fungieren dürfen u. ä., stellen sich mittlerweile in der pastoralen Praxis gehäuft. Verschärft wird das Problem dadurch, dass zumindest hinsichtlich der persönlichen Einstellung Einzelner keineswegs immer die Gleichung Kirchenmitglied = an Gott Glaubender und Nichtkirchenmitglied = Atheist gilt. Dazu tritt noch – und ist im → V. Kap. näher zu bedenken – das Problem, dass Beschäftigungen im kirchlichen und diakonischen Bereich mit der Forderung der Kirchenmitgliedschaft verbunden sind. Dies verknüpft den geistlichen Akt der Taufe in problematischer Weise mit einem Beschäftigungsverhältnis und der damit verbundenen Entlohnung.[150]

Abgesehen von solchen grundsätzlichen Fragen gibt es in jeder Kirchengemeinde konkrete Dinge zu regeln. Sie finden sich z. B. in den Art. 56 f. der westfälischen Kirchenordnung zusammengestellt, die die Aufgaben des Presbyteriums, also des Leitungsorgans einer Kirchengemeinde, beschreiben:

Artikel 56

Das Presbyterium hat folgende Aufgaben:

a) Das Presbyterium wacht darüber, dass in der Gemeinde das Evangelium rein und lauter verkündigt wird und die Sakramente recht verwaltet werden;

b) es achtet darauf, dass der Bekenntnisstand und die Ordnung der Gemeinde gewahrt werden;

c) es ist darauf bedacht, dass der missionarische, diakonische und öku-

---

150 S. zu Fragen der Kirchenmitgliedschaft die kontroversen Beiträge in: Zimmermann, Johannes (Hg.), Kirchenmitgliedschaft. Zugehörigkeit(en) zur Kirche im Wandel (BEG 5), Neukirchen-Vluyn 2008.

menische Auftrag der Kirchengemeinde erfüllt wird und die Gebote Gottes auch im öffentlichen Leben befolgt werden;

d) es sorgt für die evangelische Erziehung und Unterweisung der Jugend;

e) es tröstet, ermahnt und warnt die Gemeindeglieder und geht insbesondere denen nach, die der Wortverkündigung und den Abendmahlsfeiern fernbleiben;

f) es übt kirchliche Zucht;

g) es beachtet bei seiner gesamten Arbeit die soziale Gliederung der Gemeinde;

h) es nimmt sich der Armen und Hilfsbedürftigen an;

i) es leitet und verwaltet die Kirchengemeinde.

Artikel 57

Die Aufgaben des Presbyteriums beinhalten im Einzelnen:

a) Das Presbyterium wirkt nach Maßgabe des Pfarrstellenbesetzungsrechtes bei der Pfarrwahl mit;

b) es sorgt im Einvernehmen mit der Superintendentin oder dem Superintendenten dafür, dass der Gottesdienst, die Seelsorge, die Unterweisung der Jugend und die Amtshandlungen ordnungsgemäß wahrgenommen werden, wenn eine Pfarrstelle frei wird oder der pfarramtliche Dienst aus anderen Gründen nicht geschieht;

c) es trägt die Verantwortung für den Kirchlichen Unterricht;

d) es beschließt über die Zulassung zum heiligen Abendmahl;

e) es trägt Sorge für die Heiligung des Sonntags;

f) es setzt die Zeit und die Zahl der Gottesdienste fest und trägt die Verantwortung für die Einhaltung der guten Ordnung im Gottesdienst;

g) es fördert die Kirchenmusik, insbesondere die Pflege des Gemeindegesanges;

h) es sorgt für die Sammlung und Weiterleitung der Kollekten;

i) es trägt Sorge für die würdige Ausstattung der gottesdienstlichen Räume und die Pflege der kirchlichen Geräte;

j) es unterstützt die Pfarrerinnen und Pfarrer bei den Hausbesuchen;

k) es ist verantwortlich für den Dienst an Kindern, Jugendlichen und Erwachsenen;

l) es wahrt die kirchlichen Anliegen im Blick auf die Schulen;

m) es trägt Sorge für die in der Gemeinde bestehenden Einrichtungen der Diakonie;

n) es pflegt kirchliche Sitte;

o) es stellt die haupt- und nebenberuflichen Mitarbeiterinnen und Mitarbeiter an und übt die Dienstaufsicht aus;

p) es beauftragt ehrenamtliche Mitarbeiterinnen und Mitarbeiter;

q) es verwaltet das Vermögen der Kirchengemeinde nach der entsprechenden Ordnung;

r) es vertritt die Kirchengemeinde im Rechtsverkehr.

Diese Kataloge haben zwar normativen Charakter – sie stehen in der Kirchenordnung –, formulieren aber einen so hohen und umfassenden Anspruch, dass dem die praktische Arbeit in vielen Kirchengemeinden nicht in vollem Umfang gerecht werden dürfte. Dazu vermischt diese Aufzählung in merkwürdiger Weise rechtlich überprüfbare und bei Fehlverhalten auch sanktionierbare Tätigkeiten – wie die „Sammlung und Weiterleitung der Kollekten" – und allgemeine Willenskundgebungen – wie die Pflege der „kirchlichen Sitte". Auch die Übung der „kirchlichen Zucht" – in der benachbarten rheinischen Landeskirche 1996 synodal aus der dortigen Kirchenordnung eliminiert[151] – erinnert eher an vergangene Zeiten als an eine aktuelle Rechtsbestimmung. Deutlich tritt auf jeden Fall das enge In- und Miteinander von Pfarrer und Presbyterium zu Tage (→ Kap. V.2.). Ein Blick in die Ordnungen lutherischer Kirchen zeigt gewisse Akzentverschiebungen. Doch hier überschneiden sich ebenfalls Aufgaben von Kirchenvorstand und Pfarrer. Bei eventuellem Dissens hat der Superintendent das Recht und die Pflicht zu schlichten bzw. sogar zu entscheiden. Denn dieser Funktionsträger agiert gegenüber den Pfarrern als „Seelsorgerin und Seelsorger" sowie „Beraterin und Berater" (Art. 113,1) und führt die Aufsicht über die Kirchengemeinden und Presbyterien (Art. 114,2).

---

151 S. Honecker, Martin, Kirchliche Lebensordnung zwischen Recht und Pastoralethik, in: ZevKR 57 (2012), 146–167, 155.

Die bayerische Kirchenverfassung bestimmt ihre Aufgaben viel knapper. Doch hier besteht ebenfalls ein merkwürdiges Changieren zwischen normativem Anspruch und tatsächlicher Praxis. So definiert z. B. Art. 20(2) folgendermaßen:

> Die Kirchengemeinde ist eine örtlich bestimmte Gemeinschaft von Kirchenmitgliedern, die sich regelmäßig um Wort und Sakrament versammeln, und in der das Amt der Kirche ausgeübt wird.

Angesichts der tatsächlichen liturgischen Partizipation der großen Mehrheit auch der bayerischen Evangelischen ist dies eher eine optimistische Zielangabe als – wie der Indikativ grammatikalisch nahelegt – eine realistische Beschreibung. Rechtstheoretisch begegnet hier ein Grundlagenproblem des Evangelischen Kirchenrechts, nämlich die *Diskrepanz zwischen normativer Bestimmung und tatsächlichem Verhalten der Menschen*. Gewiss bestehen ähnliche Spannungen in manchen Bereichen des staatlichen Rechts. Doch selbst bei der Straßenverkehrsordnung, gegen die häufig verstoßen wird, stehen die Sanktionen einer völligen Missachtung entgegen. Auch der Verweis in der bayerischen Kirchenverfassung auf die Ebene des Dekanats bzw. des Kirchenkreises hilft hier nicht weiter. Sie sollen anderweitig, vor allem in der Öffentlichkeitsarbeit (Art. 28), die Kirchengemeinden unterstützen.

3. Lebensordnung

Die wichtigste Quelle für Bestimmungen im Bereich der Kirchengemeinde sind die sog. Lebensordnungen, eine rechtliche Besonderheit des deutschen Evangelischen Kirchenrechts im 20. (und 21.) Jahrhundert.[152] Sie sollten ursprüng-

---

152 S. auch zum Folgenden a. a. O., 146–167.

lich kirchliche Ordnung und Sitte stützen. Nach dem Zweiten Weltkrieg beschlossen sowohl VELKD als auch EKU 1955
entsprechende Dokumente. Sie wurden in der EKU 1999 neu
überarbeitet herausgegeben, in der VELKD 2003, wobei jetzt
der neue Titel bei den Lutheranern „Leitlinien kirchlichen Lebens" lautet. Doch annonciert der Untertitel eine „Handreichung für eine kirchliche Lebensordnung".[153] Diese Prägung
tritt bereits in der Einführung zu Tage:

> Christliche Glaubensüberzeugungen deuten auf biblischer Grundlage
> die Wirklichkeit der Welt. Die Leitlinien kirchlichen Lebens sollen auf
> dem Hintergrund dieser Deutung Entscheidungshilfen für christli-
> ches Handeln und für die Praxis der Kirche geben. Sie können das im-
> mer nur für die jeweilige Gegenwart tun [...] Der Gegenwartsbezug
> bringt es mit sich, dass jeder derartige Versuch geprägt ist von den
> soziokulturellen und rechtlichen Gegebenheiten seiner Zeit. [...] Auf-
> grund ihrer unterschiedlichen Situation können die Gliedkirchen den
> nachfolgenden Text [...] je nach ihren spezifischen Erfordernissen rezi-
> pieren. Dabei dient die „Wahrnehmung der Situation" dazu, eigene
> Analysen zu überprüfen und gegebenenfalls zu ergänzen. „Biblische
> Grundlagen und theologische Orientierung" stellen die entscheiden-
> den Kriterien der lutherischen Urteilsfindung heraus. Für rechtliche
> Folgerungen wird in den „Regelungen" ein Rahmen vorgegeben.[154]

---

153 Im Einzelnen werden folgende Themen behandelt: A. Das gottesdienstliche Leben: 1. Gottesdienst; 2. Taufe; 3. Abendmahl; B. Das Leben in der
Gemeinde: 1. Lernen, Lehren, Konfirmieren; 2. Ehe, Familie, Partnerschaft;
3. Sterbe- und Trauerbegleitung, Bestattung; C. Die institutionellen Rahmenbedingungen: 1. Kirchenmitgliedschaft; 2. Dienst, Mitarbeit und Leitung in Kirche und Gemeinde; 3. Geld, Vermögen und wirtschaftliches
Handeln der Kirche; D. Dimensionen kirchlichen Lebens: 1. Gestaltung
der Gemeinschaft; 2. Seelsorge, Beratung, Beichte; 3. Diakonie; 4. Mission,
Ökumene und Entwicklung; 5. Gesellschaftliche Verantwortung; 6.
Öffentlichkeitsarbeit und Publizistik der Kirche.

154 Leitlinien kirchlichen Lebens der Vereinigten Evangelisch-Lutherischen
Kirche Deutschlands (VELKD). Handreichung für eine kirchliche Lebensordnung, Gütersloh 2003, 9.

Während die unierten Kirchen ihre Lebensordnung als Gesetz beschlossen, wurden auf VELKD-Seite die „Leitlinien" zwar von Generalsynode und Bischofskonferenz verabschiedet, in den einzelnen Gliedkirchen aber unterschiedlich rezipiert. Tatsächlich gaben sich mehrere Landeskirchen vor allem für den Bereich der Amtshandlungen bzw. Kasualien eigene Regelungen. Damit wird deutlich, dass die „Leitlinien" eher als „Orientierungshilfen" verstanden werden. Ihr genauer Rechtscharakter ist somit – nach wie vor – grundsätzlich offen und muss von den einzelnen Gliedkirchen bestimmt werden. Dazu ergibt die kirchenrechtliche Diskussion weiterführende Gesichtspunkte. Vor allem das im Kirchenkampf leitende Muster der „Kirchenzucht" – oder in der Formulierung Bonhoeffers: „Gemeindezucht" – scheint weder realistisch noch zumindest aus lutherischer Sicht[155] theologisch angemessen. Zugleich besteht zweifellos ein Orientierungsbedarf, und zwar nicht zuletzt für diejenigen, die im Auftrag der Kirche handeln. Dem versuchen sowohl der EKU- als auch der VELKD-Text dadurch gerecht zu werden, dass jedes Thema in drei Schritten behandelt wird.

Aufbau der Kirchlichen Lebensordnungen

Leitlinien (VELKD)	*Ordnung des kirchlichen Lebens (EKU)*
Wahrnehmung der Situation	Wahrnehmung der Situation
Biblische Grundlagen und theologische Orientierung	Biblisch-theologische Orientierung
Regelungen	Richtlinien und Regelungen

---

155 S. hierzu Martin Luthers Schrift „Sermon vom Bann" (1520; WA 6,63–75).

Rechtliche Regelungen werden durch diesen Aufbau auf ihre empirischen Bedingungen und biblischen und theologischen Begründungen hin durchsichtig gemacht.

Besondere praktische Bedeutung kommt in den Lebensordnungen den sog. Amtshandlungen bzw. Kasualien zu. In praktisch-theologischer Perspektive bilden sie „einen Knotenpunkt zwischen einer individuellen religiösen Gestimmtheit, gesellschaftlich-zivilreligiösen Beständen und der in der Kirche gepflegten Artikulation der christlichen Überlieferungsgestalt der Religion mit ihrem Verbindlichkeitsanspruch".[156] Damit sind sie die wichtigste Kontaktstelle der meisten Evangelischen zu ihrer Kirche. In den beiden Begriffen „Amtshandlung" und „Kasualie" spiegelt sich bereits ein unterschiedlicher Zugang zu ein und derselben Handlung.[157] Bei der meist im Kirchenrecht verwendeten Formulierung „Amtshandlung" steht das rechtlich zu regelnde Handeln des Pfarrers bzw. der Pfarrerin im Zentrum; der mittlerweile in der Praktischen Theologie dominierende Ausdruck „Kasualie" betont die dynamischen Kommunikationsprozesse zwischen Pfarrer (sowie Kirchenmusiker) und den die gottesdienstliche Handlung begehrenden Gemeindegliedern und anderen Mitfeiernden. Sie entziehen sich einer rechtlichen Erfassung. Die „Regelungen" umreißen einen Rahmen für die Kommunikation: zwischen den die Kasualie Feiernden, die – durch persönliche Erlebnisse und/oder Informationen aus dem Internet – oft recht genaue Erwartungen haben, und dem Pfarrer, der die kirchlichen Regeln vertritt bzw. vertreten soll. Der *Wandel in der Gattung „Lebensordnung" vom Instru-*

---

156 Albrecht, Christian, Kasualtheorie (PThGG 2), Tübingen 2006, 5.

157 S. Grethlein, Christian, Grundinformation Kasualien. Kommunikation des Evangeliums an Übergängen im Leben, Göttingen 2007, 16 f.

ment, um Sitte und Zucht in der Kirche zu bewahren, zu einer Orientierungshilfe für kirchliches Handeln kann paradigmatisch für ein neues Verständnis von evangelischer Kirche verstanden werden: weg von einer durch klare Ordnungen gekennzeichneten Institution hin zu einer sich als Interpretationsgemeinschaft verstehenden Gemeinschaft, die durch Rekurs auf biblische Perspektiven und theologische Reflexionen versucht, die Gegenwart besser zu verstehen und Orientierung zu gewinnen. Die „Leitlinien" gewährleisten so die Verlässlichkeit kirchlichen Handelns, sind aber stets von neuem auf ihre Angemessenheit im konkreten Kontext zu überprüfen. Eine kirchliche Lebensordnung ist dann mehr Kommunikationsregel als Gesetz. Ihre Dreigliederung legt die empirischen Bedingungen und theologischen Normen offen, aus denen die Regelungen folgen.

Im Folgenden beziehe ich mich exemplarisch auf die jüngeren VELKD-Leitlinien.[158] Die „Ordnung des kirchlichen Lebens der Evangelischen Kirche der Union" entstand in engem Arbeitskontakt" mit dem „Leitlinien"-Ausschuss der VELKD[159] und stimmt teilweise bis in den Wortlaut mit dem lutherischen Dokument überein.

---

158 In den folgenden auf die Leitlinien kirchlichen Lebens der Vereinigten Evangelisch-Lutherischen Kirche Deutschlands (VELKD). Handreichung für eine kirchliche Lebensordnung, Gütersloh 2003 bezogenen Abschnitten geben die in Klammern gesetzten Seitenzahlen die entsprechenden Fundstellen an.

159 Ordnung des kirchlichen Lebens der Evangelischen Kirche der Union. Im Auftrage des Rates herausgegeben von der Kirchenkanzlei der Evangelischen Kirche der Union, Berlin 1999, 10.

4. REGELUNGEN ZUR TAUFE

Wie bei allen anderen Themen der VELKD-„Leitlinien" (→ Kap. IV.3.) gliedern sich die Ausführungen zur Taufe in drei Teile: „Wahrnehmung der Situation", „Biblische Grundlagen und theologische Orientierung" und „Regelungen".

Die „Wahrnehmung der Situation" zählt u. a. Veränderungen im Taufverhalten auf: den Rückgang der Selbstverständlichkeit von Kindertaufen und damit die wachsende Pluriformität im Taufalter. Auch werden mögliche Taufmotive der Eltern genannt. Insgesamt gibt das Stichwort „der abbrechenden Traditionsbindung" den konzeptionellen Rahmen ab. Dabei zeigen sich Vor- und Nachteil eines solchen Zugangs: Der Wandel religiöser Praxis kommt in den Blick, zugleich werden aber Deutungsmuster verwendet, die keineswegs unumstritten sind. Es stellt sich rechtstheoretisch die Frage nach dem Verhältnis von Recht und empirischer Analyse.

Der zweite Teil skizziert ausgehend von Mt 28,19 f. eine knappe *Tauftheologie*. Dabei wird die Grundgestalt der Handlung bestimmt:

> Die Taufe wird im Namen Gottes des Vaters und des Sohnes und des Heiligen Geistes vollzogen; dabei wird der Kopf des Täuflings nach der Praxis unserer Kirche dreimal mit Wasser begossen. (37)

Inhaltlich betonen die weiteren Ausführungen den Zusammenhang von Taufe und Glaube bzw. Bekenntnis, der je nach Alter des Täuflings unterschiedlich zu gestalten ist. Entsprechend der Überzeugung Luthers[160] tritt klar die Präferenz für

---

160 S. die Zusammenstellung der verschiedenen Argumentationen Luthers und der Diskussion hierzu bei Grethlein, Christian, Taufpraxis heute.

die Taufe am Beginn des Lebens zu Tage, ohne aber spätere Tauftermine auszuschließen.

Es folgen in einem dritten Teil „Regelungen", die offenkundig rechtsverbindlich sein sollen. Die ersten drei Abschnitte bestimmen den Rahmen und die Durchführung einer Taufe in den Gliedkirchen der VELKD:

1. Taufvorbereitung

(1) Der Taufe geht eine Vorbereitung voraus, in der die persönlichen Beweggründe des Taufwunsches sowie die Verheißung und Verpflichtung der Taufe zur Sprache kommen. Sie richtet sich nach dem Lebensalter des Täuflings.

(2) Wird für Kinder die Taufe begehrt, was in der evangelisch-lutherischen Kirche die Regel ist, führt die Pfarrerin oder der Pfarrer mit den Eltern oder Sorgeberechtigten und – wo möglich – mit den Patinnen und Paten ein Gespräch über die Bedeutung der Taufe. Heranwachsende Kinder sind ihrem Lebensalter entsprechend in die Taufvorbereitung einzubeziehen.

(3) Für ungetaufte Jugendliche führt der Konfirmandenunterricht zur Taufe. Sie kann während der Unterrichtszeit oder im Konfirmationsgottesdienst erfolgen.

(4) Der Taufe älterer Jugendlicher und Erwachsener gehen Gespräche über den christlichen Glauben voraus.

2. Gültigkeit und Anerkennung der Taufe

(1) Wenn die evangelische Kirche tauft, folgt sie dem Auftrag Jesu Christi und verbindet sich mit der Kirche Jesu Christi in aller Welt.

(2) Die evangelisch-lutherische Kirche erkennt alle Taufen an, die nach dem Auftrag Jesu Christi mit Wasser im Namen Gottes, des Vaters, des Sohnes und des Heiligen Geistes vollzogen worden sind.

(3) Eine auf diese Weise vollzogene Taufe darf nicht wiederholt werden. Sie bleibt in jedem Fall gültig, auch wenn jemand bei Wiederaufnahme in die Kirche oder beim Übertritt in eine andere christliche Kirche eine Taufwiederholung wünscht.

Praktisch-theologische Überlegungen zu einer theologisch verantworteten Gestaltung der Taufpraxis im Raum der EKD, Gütersloh 1988, 205–221.

3. Taufgottesdienst

(1) Die Taufe wird nach der geltenden Agende im Gottesdienst oder in einem besonderen Taufgottesdienst – in der Regel in der Kirche – vollzogen. Sie ist ein Fest der Gemeinde, dessen Gestaltung besondere Aufmerksamkeit gewidmet werden soll. Täufling, Eltern, Geschwister und Paten sollten nach Möglichkeit in die Vorbereitung und Durchführung des Gottesdienstes einbezogen werden.

(2) Haustaufen finden nur in begründeten Ausnahmefällen statt. Darüber entscheiden nach Möglichkeit Kirchenvorstand und Pfarrerin oder Pfarrer gemeinsam.

(3) Taufen in Notfällen können alle Kirchenmitglieder vollziehen, z. B. in Krankenhäusern das Krankenhauspersonal, wenn der Klinikpfarrer oder die -pfarrerin nicht erreichbar ist. Solche Taufen sollen – wenn möglich – in Gegenwart christlicher Zeugen geschehen. Sie sind umgehend dem zuständigen Pfarramt zu melden.

(4) Alle vollzogenen Taufen werden im Sonntagsgottesdienst bekannt gegeben. Die Gemeinde betet für den Täufling, seine Eltern, Patinnen und Paten. Für eine Taufe in Notfällen kann auch eine Danksagung gehalten werden. (39 f.)

Dabei werden Grundentscheidungen der lutherischen Konfession wiedergegeben: Die Taufe auf den trinitarischen Namen Gottes, die Ablehnung einer Taufwiederholung, die Möglichkeit einer Nottaufe, die in der reformierten Tradition fehlt. Eine weitere konfessionelle Differenz besteht in der Bestimmung des Taufortes. Während hier die lutherischen Leitlinien mit Gemeindegottesdienst und eigenem Taufgottesdienst gleichberechtigt zwei Möglichkeiten vorsehen, präferieren die unierten und reformierten Ordnungen eindeutig den Sonntagsgottesdienst.

Die folgenden Bestimmungen weisen immer wieder auf den Zusammenhang zwischen Taufe und Erziehung bzw. Bildung hin, wobei auch das Patenamt behandelt wird:

5. Patenamt

(1) Patinnen und Paten sind Zeuginnen und Zeugen des Taufvollzugs

und versprechen, bis zur Konfirmation gemeinsam mit den Eltern und im Auftrag der Gemeinde für die Erziehung des Kindes im christlichen Glauben zu sorgen.

(2) Kinder sollen mindestens einen Paten oder eine Patin haben. Ist dies ausnahmsweise nicht erfüllt, können Kinder auch dann getauft werden, wenn mindestens ein Elternteil bzw. eine Sorgeberechtigte oder ein Sorgeberechtigter Mitglied der evangelischen Kirche ist. Wenn keine Patin oder kein Pate vorhanden ist, kann der Kirchenvorstand eine Patin oder einen Paten aus der Gemeinde bestellen.

(3) Bei der Verhinderung von Patinnen oder Paten sind Stellvertreter oder Stellvertreterinnen als Taufzeugen zu bestellen und im Kirchenbuch zu vermerken.

(4) Patin oder Pate kann sein, wer der evangelischen Kirche angehört und zum Abendmahl zugelassen ist. Das ist ggf. durch einen Patenschein (Bescheinigung des zuständigen Pfarramtes über die Berechtigung zum Patenamt) zu dokumentieren.

(5) Auch Glieder einer Mitgliedskirche der Arbeitsgemeinschaft christlicher Kirchen können nach Maßgabe des kirchlichen Rechts zum Patenamt zugelassen werden, sofern diese in Lehre und Praxis dem evangelischen Verständnis der Taufe nicht widersprechen.

(6) In das Patenamt eines anderen kann niemand eintreten. Ein übernommenes Patenamt kann nicht aberkannt werden.

(7) Das Patenamt ruht, wenn die Patin oder der Pate die Zulassung zum Abendmahl verliert, insbesondere durch Austritt aus der Kirche. Paten können auf eigenen Wunsch aus vertretbaren Gründen von ihrem Amt entbunden werden. Dieses ist durch einen Nachtrag im Kirchenbuch zu vermerken. Wenn kein Pate mehr vorhanden ist, sorgen Eltern und Pfarramt dafür, dass die Aufgaben des Patenamtes dennoch wahrgenommen werden können. Dazu ist die Nachbestellung einer geeigneten Person möglich. Sie ist in das Kirchenbuch einzutragen. (41 f.)

Exemplarisch tritt hier das Bemühen zu Tage, historisch gewachsene Sitte und biblisch begründeten Auftrag miteinander zu verbinden. Klar wird das Patenamt der erzieherischen Seite der Taufe zugeordnet. Dadurch gewinnt es an Gewicht, wird zugleich aber relativiert. So kann eine Taufe auch ohne

Paten durchgeführt werden, wenn die erzieherische Funktion der Taufe auf anderem Wege gewährleistet erscheint.[161] Hier besteht – dies sei angemerkt – eine Differenz zu einigen UEK-Kirchen, die das Patenamt (noch)[162] verpflichtend vorsehen.

Ihren Abschluss finden die „Regelungen" durch einen klaren Hinweis auf die Rechtsfolgen der Taufe:

11. Rechtsfolgen der Taufe

(1) Die Taufe begründet gleichzeitig die Mitgliedschaft in einer Kirchengemeinde und Landeskirche mit den sich daraus ergebenden Rechten und Pflichten, wie die Übernahme kirchlicher Ämter und die Kirchensteuerpflicht (vgl. Kapitel Kirchenmitgliedschaft).

(2) Mit der Taufe von Erwachsenen ist die Zulassung zum Abendmahl unmittelbar verbunden.

(3) Eine Taufe, die gemäß dem Taufbefehl im Namen Gottes, des Vaters, des Sohnes und des Heiligen Geistes mit Wasser vollzogen wurde, darf nicht wiederholt werden. (45)

Schon vorher wurde auf das Prozedere im Fall einer eventuellen Ablehnung der Taufe hingewiesen. Darüber hat der Pfarrer, der sich in der Angelegenheit mit dem Kirchenvorstand berät, „in seelsorgerlicher Verantwortung" (44) zu entscheiden. Bei einer Ablehnung bleibt die Möglichkeit zur Beschwerde

---

161 Dass diese Freigabe nicht leichtfiel, zeigen die kasuistischen Regelungsversuche in „Getauft auf deinen Namen". Eine Handreichung zur Praxis der Taufe für Pfarrämter und Kirchenvorstände. Evangelisch-lutherische Kirche Hannovers, o. O./o. J. (2007), 13, kommentiert in: Grethlein, Christian, Taufpraxis in Geschichte, Gegenwart und Zukunft, Leipzig 2014, 95 f.

162 Die diesbezügliche Debatte auf der westfälischen Landessynode im November 2013, die zu einem Abrücken von der bis dahin bestehenden Verpflichtung zu Paten führte, unterschied vor allem zwischen der Taufe als einem Vollzug *iure divino* und dem Patenamt als einer Funktion *iure humano*.

bei dem Superintendenten, dem dann die endgültige Entscheidung obliegt (→ Kap. VI.3.).

5. Regelungen zum Abendmahl

Die „Wahrnehmung der Situation" macht gleich zu Beginn auf Veränderungen in der Abendmahlspraxis aufmerksam:

> In der evangelischen Kirche hat es (sc. das Abendmahl, Ch. G.) in den letzten Jahrzehnten als Mahl der Gemeinschaft, der Hoffnung und der Freude neu an Bedeutung gewonnen. Es ist zu beobachten, dass in vielen Gemeinden das Abendmahl häufiger als früher gefeiert wird und mehr Gemeindeglieder daran teilnehmen. In immer mehr Gemeinden sind auch Kinder zum Abendmahl eingeladen. (46)

Ein weiterer Schwerpunkt liegt auf der ökumenischen und allgemein weltanschaulichen Situation. Hier konstatieren die Leitlinien:

> Der Zusammenhang von Konfessionszugehörigkeit und Zulassung zum Abendmahl wird immer weniger gesehen und akzeptiert. Auch Menschen, die nicht getauft sind, aus der Kirche Ausgetretene oder Mitglieder anderer Kirchen wollen zuweilen an einer Abendmahlsfeier teilnehmen [...] (46)

Es bedarf also nicht nur des – seit langem in dieser Sache erfolglos geführten – ökumenischen Gesprächs, um eine gemeinsame Feier zu ermöglichen. Zugleich begegnet mit dem Wunsch von Nichtgetauften oder Ausgetretenen, etwa bei einer Konfirmation oder beim Kirchentag zu kommunizieren, eine neue Herausforderung. Demgegenüber wird eingeschärft:

> Die christliche Gemeinde steht vor der Aufgabe, bei der Einladung zum Abendmahl im Blick zu behalten, dass es grundsätzlich die Feier derer ist, die sich zu Christus als ihrem Herrn bekennen. (47)

Hier rückt also das persönliche Bekenntnis in den Mittelpunkt, ein Gesichtspunkt, der interessanterweise im folgenden Abschnitt keine Rolle spielt.

Bei „Biblische Grundlagen und theologische Orientierung" gehen die Leitlinien von den einschlägigen Texten in 1Kor und den Synoptikern aus. Dazu werden die Einsetzungsworte nach Luthers Deutscher Messe zitiert und es wird auf CA X und die Leuenberger Konkordie hingewiesen, was in die Zusammenfassung mündet:

> So empfangen wir im Abendmahl durch Jesus Christus die Vergebung der Sünden sowie die Erweckung und Stärkung unseres Glaubens (Augsburger Bekenntnis Artikel 10; 13). (48)

Im Weiteren wird die Bedeutung der „persönlichen Vorbereitung" (48) hervorgehoben. Den Abschluss bildet ein mit den bisherigen Ausführungen wenig verbundener Abschnitt, der auf „Jesu Offenheit auch gegenüber Zöllnern und Sündern (z. B. Lk 19,1–10)" (49) hinweist. Die Spannung zwischen Jesu inklusiver Mahlpraxis und der im ersten Teil der „Leitlinien" ausgeführten Bedeutung des Bekenntnisses und der daraus folgenden Exklusionen bestimmter Personengruppen vom Tisch des Herrn wird nicht thematisiert. In der Praxis dürfte sie durch den Hinweis auf den seelsorglichen Ermessensspielraum überspielt werden.[163] In theologischer Perspektive klaffen aber hier die kirchliche Sitte mit ihren Exklusionen und der inklusive Grundimpuls im Wirken Jesu problematisch auseinander (bzw. stehen sogar im Widerspruch zueinander).

---

163 So jedenfalls die Reaktion der bayerischen Kirchenleitung auf die Selbstanzeige eines Pfarrers, der einer aus der Kirche ausgetretenen Frau das Abendmahl gereicht hatte (nach Pressemitteilung des Pressesprechers der Landeskirche vom 14. Mai 2014).

Die „Regelungen" bestimmen in einem ersten Teil, dass das Abendmahl nach der Agende zu feiern sei und dessen „einsetzungsgemäße Feier" (49) in der Verantwortung des Ordinierten oder Beauftragten liege:

(1) Das Abendmahl wird nach der geltenden Agende gefeiert.

(2) Für den Wortlaut der Einsetzungsworte gilt die agendarische Form.

(3) Die Elemente des Abendmahls sind Brot und Wein.

(4) Die Verantwortung für die einsetzungsgemäße Feier des Abendmahls liegt bei den für diesen Dienst Ordinierten oder Beauftragten. Sie sprechen die Einsetzungsworte über den Abendmahlselementen und leiten die Austeilung.

(5) Bei der Austeilung des Abendmahls können nach entsprechender Vorbereitung Kirchenvorsteherinnen und Kirchenvorsteher und andere Gemeindemitglieder mitwirken.

(6) Belange der Hygiene sind bei der Austeilung zu beachten.

(7) Mit den übrig gebliebenen Elementen ist auch nach der Abendmahlsfeier sorgsam umzugehen.

Interessant ist der Hinweis auf den sorgsamen Umgang mit übriggebliebenen Abendmahlselementen. Er folgt nicht aus dem lutherischen Abendmahlsverständnis der Realpräsenz, sondern ist ein ökumenisches Zugeständnis an die römisch-katholische Kirche und ihr Abendmahlsverständnis – ohne dass dies aber explizit ausgeführt wird. Ästhetische Gesichtspunkte unterstützen diese Regel. Ein eigener Abschnitt ist „Sonderformen der Austeilung und des Empfangs" gewidmet:

(1) Statt Wein kann aus seelsorgerlichen Gründen Traubensaft gereicht werden. Dabei können Wein und Traubensaft in verschiedenen Gruppen ausgeteilt werden.

(2) Zur Austeilung kann auch ein Gießkelch mit Einzelkelchen benutzt werden; der Gemeinschaftscharakter des Abendmahls ist dabei zu wahren.

(3) Auch das Eintauchen des Brotes in den Kelch (intinctio) ist eine mögliche Form der Teilhabe am Abendmahl.

(4) Im Ausnahmefall ist der Empfang des Abendmahls in nur einer Gestalt (Brot oder Wein) gültig. (50)

Hier spiegelt sich ebenso eine plurale Frömmigkeitspraxis wie das Bemühen, Menschen in schwierigen Lebenssituationen – etwa Alkoholkranken – entgegenzukommen.[164] Selbst die communio sub una ist möglich – wohl vor allem in der Krankenhausseelsorge praktiziert.

Ökumenisches Territorium betritt der dritte Abschnitt der Regelungen, der die „Zulassung zum Abendmahl" thematisiert. Dabei werden zuerst die im Lutherischen Weltbund und in der Leuenberger Kirchengemeinschaft verbundenen Kirchen genannt, mit denen Kanzel- und Abendmahlsgemeinschaft besteht. Es folgt der Hinweis auf Kirchen wie die altkatholische, die anglikanische und die mennonitische, mit denen gegenseitige „eucharistische Gastbereitschaft" besteht. Dies wird auch auf Kirchen erweitert, die selbst noch nicht hierzu bereit sind. De facto betrifft dies in Deutschland vor allem die römisch-katholische Kirche. Offenkundig steht das Ernstnehmen der gemeinsamen Taufe einer ökumenischen Rücksichtnahme entgegen. Auf jeden Fall sind bei evangelischen Abendmahlsfeiern grundsätzlich auch römisch-katholische Christen eingeladen. Weitere Regelungen finden sich in Bezug auf die Konfirmation, die nach wie vor als Voraussetzung für den Abendmahlsempfang gilt. Allerdings bestehen Lockerungen hinsichtlich des Konfirmandenunterrichts und der Konfirmandenarbeit sowie gegenüber Kindern, die „nach gliedkirchlichem Recht in Begleitung ihrer Eltern oder anderer christlicher Bezugspersonen am Abendmahl teilnehmen (dürfen), wenn sie entsprechend

---

164 In manchen Landeskirchen gilt allerdings die Verwendung von Wein als verpflichtend, Traubensaft wird nur zusätzlich gereicht.

darauf vorbereitet sind" (51). Mit dem Kirchenaustritt geht die Zulassung zum Abendmahl verloren.

Schließlich wird – nach einem kurzen Hinweis auf das „Abendmahl für Kranke und Sterbende" – die Unterscheidung von Agapemahl und Abendmahl eingeschärft.

Insgesamt bewegen sich also die Regelungen in einer Spannung zwischen der Öffnung des Abendmahls und rechtlichen Exklusionen. Der im biblischen Befund gemachte Hinweis auf „Jesu Offenheit auch gegenüber Zöllnern und Sündern" wird durch die Ausschlüsse abgeschwächt bzw. pointiert formuliert: konterkariert. Theologisch stellt sich die Frage: Ist das Abendmahl als Mimesis des keinen Menschen ausgrenzenden Jesus überhaupt in eine mit Exklusionen verbundene Rechtsform zu fassen?

6. Regelungen zu „Ehe, Familie, Partnerschaft"

Das Kapitel zu „Ehe, Familie, Partnerschaft" ist in den Leitlinien das umfangreichste. Das katholische Kirchenrecht loziert die hier zu behandelnden Fragen im Bereich des Sakramentenrechts, im VELKD-Text sind sie dem großen Abschnitt „Das Leben in der Gemeinde" zugeordnet. Damit wird entschlossen ein ekklesialer Bezugsrahmen gewählt.

Typisch für die lutherische Prägung ist bei der „Wahrnehmung der Situation" der bald erfolgende Hinweis auf den besonderen Schutz von Ehe und Familie durch die staatliche Ordnung (Art. 6 GG). Die Ehe ist eben – in Luthers Diktum in der Einleitung zu seinem „Traubüchlein" – „ein weltlich Geschäft" (BSLK 528), doch ebenso – wie der Reformator kurz danach vermerkt – ein „göttlicher Stand" (BSLK 529). Deshalb ist also auch theologisch über ihn zu reflektieren. Konkret tippt

der Eingangsteil der „Leitlinien" vielfältige Befunde aus dem
Themenbereich an: Geburtenrückgang, Rollenveränderung
von Frau und Mann, Scheitern einer Ehe, andere Lebensfor-
men, Schwangerschaftsabbruch und gleichgeschlechtliche
Partnerschaften. Dabei ist Ausgangspunkt der jeweiligen
Überlegungen:

> Die evangelischen Kirchen unterstützen Menschen, die in Ehe und
> Familie zusammenleben, weil die eheliche Gemeinschaft Gottes Ge-
> bot entspricht und unter seiner Verheißung steht. (66)

Dementsprechend wird der erste Teil mit der normativen
Aussage abgeschlossen:

> In der evangelisch-lutherischen Kirche bleibt die Ehe das Leitbild für
> das Zusammenleben von Mann und Frau. (70)

Damit werden aber Spannungen nicht zugedeckt. So wird
zwar beim Schwangerschaftsabbruch klar auf das Tötungser-
bot hingewiesen (69), zugleich aber der „Respekt gegenüber
der Entscheidung der Frau" als grundlegend für seelsorgerlichen Beistand nach einem Abbruch genannt (70). Dazu legen
die Ausführungen auch *innerkirchliche Konfliktlinien* offen.
Sie weisen beim Thema „Gleichgeschlechtliche Partnerschaften" auf einen diesbezüglichen Dissens hin (→ Kap. V.2.):

> Die evangelischen Kirchen haben sich in den letzten Jahren mehrmals
> öffentlich gegen die Diskriminierung gleichgeschlechtlich orientier-
> ter Mitbürgerinnen und Mitbürger gewandt. [...] Allerdings wird in
> den Kirchen die Einrichtung eines Rechtsinstituts für gleichge-
> schlechtliche Partnerschaften kritisiert [...] (70)

Die biblische und theologische Grundlegung bezieht sich auf
Gen 1 f.:

> Die biblischen Schöpfungserzählungen begründen das Aneinander-
> Gewiesensein von Mann und Frau, das der Ehe zu Grunde liegt. (71)

Dabei – wie in anderer Weise bei der Bezugnahme auf Texte zur „Liebe" im Neuen Testament – wird die Differenz zwischen deren konkreten Aussagen und dem heutigen Rechtsinstitut der Ehe nicht übersprungen. *Als entscheidende Kennzeichen der Nächstenliebe gelten „gegenseitige Achtung, Anerkennung, Annahme, Fürsorge, Rücksicht und Beistand"* (71). Von daher lässt sich die Rechtsform der Ehe positiv bestimmen:

> In einer lebenslangen, treuen und partnerschaftlich-respektvollen Beziehung können sich Gottes Liebe zum Leben, seine Wertschätzung des Menschen und seine Treue spiegeln. (72)

Ebenso werden homosexuelle Partnerschaften gewürdigt:

> Denn auch zwischen gleichgeschlechtlich orientierten Christinnen und Christen, die achtsam, fürsorglich, liebevoll und verzeihend miteinander umgehen, kann sich die von Gott ermöglichte und gebotene Liebe verwirklichen. (76)

Die angesichts dieser Einsicht naheliegende Konsequenz entsprechender Segenshandlungen wird aber nur „in manchen Kirchen" gezogen. Denn: „Eine abschließende theologische Wertung dieser Lebensformen scheint zurzeit in den Kirchen nicht möglich zu sein." (76)[165] Schwierigkeiten bereitet ebenfalls der biblische Befund zur Ehescheidung. Der eindeutigen und prinzipiellen Ablehnung der Ehescheidung durch Jesus steht vor allem Joh 8 entgegen:

> Entsprechend ist nach evangelischem Verständnis auch eine Trauung Geschiedener möglich, wenn in der Verkündigung deutlich wird, dass die Ehe grundsätzlich auf Dauer angelegt ist. (74)

---

165 Einen differenzierten Überblick über das unterschiedliche liturgische Prozedere gibt Friedrichs, Lutz, Kirchlich-rituelle Begleitung gleichgeschlechtlicher Paare. Überblick über den Stand in der EKD und ihren Gliedkirchen, in: Arbeitsstelle Gottesdienst 17 (2003), 17–27.

Bei diesen strittigen Themen zeigt sich wieder die große Bedeutung einer angemessenen Schrifthermeneutik. Dass das Bemühen darum aber nicht von Auseinandersetzungen befreit, zeigt sich am deutlichsten an der Frage des Umgangs mit homosexuellen Partnerschaften. Der frühere EKD-Ratsvorsitzende Manfred Kock stellte dazu fest: „Die Kirche muss in der Lage sein", „so einen Dissens auszuhalten",[166] „weil es, anders als in der katholischen Kirche, kein Lehramt gebe, das den Weg vorzeichne".

Ein Lehramt würde zwar in solchen Fragen für Klarheit sorgen. Doch zeigt ein Blick auf die römisch-katholische Kirche, dass dies bei umstrittenen Themen de facto nicht weiterhilft. Ein Exemplum dafür ist der auf römische Weisung in Deutschland erfolgte Rückzug der römisch-katholischen Diözesen aus der Schwangerschafts-Konfliktberatung (nach § 219 StGB).

Angesichts dieser komplexen Ausgangslage in der gegenwärtigen Situation und im biblisch-theologischen Befund beziehen sich die „Regelungen" überwiegend auf Fragen der kirchlichen Trauung. Dabei ist der Ausgangspunkt klar:

1. Eheschließung und kirchliche Trauung
Nach evangelischem Verständnis gehört zur Eheschließung die kirchliche Trauung, bei der Gottes Wort über die Lebensgemeinschaft von Frau und Mann verkündigt wird. Das Brautpaar verspricht sich vor Gott und der Gemeinde lebenslange gegenseitige Liebe, Achtung, Fürsorge und Treue. Die Gemeinde erbittet für die Eheleute Gottes Beistand und Segen.

2. Voraussetzungen für die kirchliche Trauung
(1) Beide Ehepartner wünschen eine kirchliche Trauung.
(2) Mindestens einer der Ehepartner gehört der evangelischen Kirche an (siehe auch Abschnitt 7).

---

166 Zitiert a. a. O., 17.

(3) Die standesamtliche Eheschließung des Paares nach staatlichem Recht ist nachweislich rechtsgültig vollzogen.

(4) Es bestehen keine gravierenden seelsorgerlichen Bedenken gegen das Zustandekommen der Ehe und den Umgang der Ehepartner miteinander. Diese können z. B. darin begründet sein, dass das Paar Vereinbarungen getroffen hat, die dem christlichen Eheverständnis widersprechen. (77)

Grundsätzlich schließt sich also eine evangelische Trauung an die staatliche Eheschließung an. Allerdings wird darauf hingewiesen, dass bestimmte Vereinbarungen, etwa hinsichtlich des Vermögens oder einer möglichen Scheidung, eine evangelische Trauung unmöglich machen können. In der Praxis kommt eine entsprechende Verweigerung der Trauung wohl kaum vor. Doch ist deren Möglichkeit eine logische Konsequenz aus dem in der biblisch-theologischen Orientierung entwickelten Eheverständnis, zu dem u. a. gegenseitige Fürsorge gehört. Praktischer Regelungsbedarf besteht hinsichtlich der pastoralen Zuständigkeit für eine Trauung:

3. Zuständigkeit

(1) Für die Trauung ist die Pfarrerin oder der Pfarrer der Kirchengemeinde zuständig, zu der die Ehefrau oder der Ehemann gehört oder nach der Eheschließung gehören wird.

(2) Soll die Trauung in der Heimatgemeinde durch eine Gastpfarrerin oder einen Gastpfarrer gehalten werden, ist die Zustimmung der Ortspfarrerin oder des Ortspfarrers erforderlich.

(3) Soll die Trauung in einer anderen Gemeinde stattfinden und von einer oder einem der zuständigen Pfarrerinnen/Pfarrer gehalten werden, ist die Zustimmung des Pfarrers oder der Pfarrerin am Trauungsort erforderlich.

(4) Soll die Trauung in einer anderen Gemeinde von der dortigen Pfarrerin oder dem dortigen Pfarrer gehalten werden, ist ein Abmeldeschein (Dimissoriale) der Heimatgemeinde erforderlich.

(5) Soll die Trauung in einer anderen Gemeinde durch eine Gastpfarrerin oder einen Gastpfarrer durchgeführt werden, ist ebenfalls ein Abmeldeschein (Dimissoriale) erforderlich sowie die Zustimmung

der Pfarrerin oder des Pfarrers am Trauungsort. Auch in diesen Fällen müssen die in Abschnitt 2 genannten Bedingungen erfüllt sein. (77 f.)

Kirchenrechtlich wird hier versucht, besondere Ortswünsche des Paars und das Parochialprinzip miteinander in Einklang zu bringen. Dazu gibt es zwei Instrumente: die sog. Zession (lat.: Weichen), also die schriftliche Erklärung des Ortsparochus, die Kirche und Kanzel seiner Kirchengemeinde einem auswärtigen Kollegen zu überlassen; das sog. Dimissoriale (lat.: Entlassung), bei dem – umgekehrt – der für das Paar zuständige Pfarrer dieses entlässt, damit es außerhalb der Parochie am Wohnort getraut werden kann. Der Bezug der Trauung zur Kirchengemeinde kommt darin zum Ausdruck, dass im nachfolgenden Sonntagsgottesdienst die Trauung (sowie ein Gottesdienst anlässlich einer Eheschließung) bekannt gegeben und in die Fürbitte der Gemeinde eingeschlossen wird.

Nicht nur aus ökumenischen Gründen, sondern auch wegen der hohen Scheidungsziffern ist die *Trauung Geschiedener* ein wichtiger, rechtlich zu regelnder Kasus:

> 5. Kirchliche Trauung Geschiedener
> (1) Eine kirchliche Trauung Geschiedener ist in der evangelischen Kirche unter den in Ziffer 2 genannten Voraussetzungen und nach Maßgabe des gliedkirchlichen Rechtes möglich.
> (2) Im Traugespräch ist u. a. seelsorgerlich darauf zu achten, ob die bzw. der Geschiedene mit dem Scheitern der ersten Ehe verantwortlich umgeht, welche Konsequenzen sie bzw. er daraus für das Eheverständnis zieht, und wie sich die künftige Ehepartnerin bzw. der künftige Ehepartner zu der Scheidung und ihren Folgen stellt, insbesondere wenn aus einer früheren Ehe Kinder vorhanden sind. (78 f.)

Hier ist gegenüber früheren Bestimmungen, die etwa einen öffentlichen Bußakt vorsahen, eine deutliche Erleichterung zu verzeichnen. Pastoral von besonderer Bedeutung dürfte dabei vor allem die Stellung zu Kindern aus früheren Verbindungen sein. Denn durch diese wirkt die frühere Ehe bzw. Beziehung – bis hin zu etwaigen Zahlungsverpflichtungen – in die neue Ehe hinein.

Eine weitere Herausforderung an die kirchliche Trauung stellt die Tatsache der *Konfessionsverschiedenheit* bei vielen Paaren dar. Differenziert sehen die Leitlinien hier ein gestuftes Vorgehen vor:

> 6. Kirchliche Trauung mit einer röm.-kath. Ehepartnerin oder einem röm.-kath. Ehepartner
> Gehört einer der Eheleute der röm.-kath. Kirche an, kann die Trauung entweder nach dem evangelischen oder nach dem katholischen Formular unter Beteiligung der/des zur Trauung Berechtigten der Schwesterkirche erfolgen. Die von beiden Kirchen dazu erstellten Gottesdienstordnungen sind zu verwenden.
> Über die Seelsorge an konfessionsverschiedenen Ehepaaren und Familien sollen in den Kirchengemeinden Absprachen mit der röm.-kath. Gemeinde getroffen und bekannt gemacht werden.
>
> 7. Kriterien für den Umgang mit Nichtkirchenmitgliedern
> Eine kirchliche Handlung anlässlich einer Eheschließung ist grundsätzlich auch möglich, wenn eine Ehepartnerin bzw. Ehepartner keiner oder einer nicht christlichen Religionsgemeinschaft angehört. In diesem Fall ist im Gespräch zu klären, ob
> – dies dem ausdrücklichen Wunsch der evangelischen Ehepartnerin bzw. des evangelischen Ehepartners entspricht,
> – die andere Ehepartnerin bzw. der andere Ehepartner dem zustimmt und sich bereit erklärt, die wesentlichen Merkmale des christlichen Eheverständnisses zu achten,
> – sich die Eheleute bereits auf eine christliche Erziehung der Kinder geeinigt haben,
> – die evangelische Ehepartnerin bzw. der evangelische Ehepartner die Möglichkeit haben, ihren Glauben und ihre kirchliche Bindung in der Ehe zu leben,
> – nur eine solche religiöse oder weltanschauliche Eheschließungszeremonie daneben stattfindet, die im Heimatland der Nichtchristin bzw. des Nichtchristen zur rechtlichen Gültigkeit der Ehe notwendig ist. (79)

Dadurch soll zum einen der evangelische Sinn der Trauung bewahrt, zugleich aber die andere konfessionelle bzw. religiöse Orientierung einer der beiden zu Trauenden respektiert werden.

Ein weiterer Schritt auf diesem Weg ist die Einrichtung eines „Gottesdienstes anlässlich einer Eheschließung". Dies ist ein Formular für die Verbindung eines oder einer Evangelischen mit einem oder einer Angehörigen einer nichtchristlichen Religionsgemeinschaft. Dabei wird vermieden, dass – wie sonst bei der Trauung – eine Aussage von dem Nichtchristen verlangt wird, die „eindeutig christliche Glaubensvoraussetzungen" (80) hat. Allerdings erscheint liturgisch zweifelhaft, ob die rechtliche Differenzierung zwischen Trauung und Gottesdienst anlässlich einer Eheschließung von den Feiernden erkannt wird. Dazu kommt das theologische Problem, dass nach lutherischem Verständnis jede Trauung ein „Gottesdienst anlässlich einer Eheschließung" ist, insofern die Ehe auf dem Standesamt geschlossen wird.

Nach diesen die ersten elf Artikel füllenden Bestimmungen werden in den letzten fünf Artikeln unterschiedliche Sachverhalte geregelt: Ehejubiläen; Förderung von Ehe und Familie, etwa durch Beratung; Schutz des geborenen und ungeborenen Lebens; Unverheiratete und Alleinstehende; gleichgeschlechtliche Partnerschaften. Bei letzterem, innerhalb der evangelischen Kirchen nicht konsensuellen Punkt wird nur ein grundsätzlicher Hinweis gegeben (Art. 16,3):

> Im Rahmen der noch nicht abgeschlossenen Diskussionen über gottesdienstliche Handlungen anlässlich der Eingehung einer eingetragenen Lebenspartnerschaft muss gewährleistet sein, dass diese mit einer kirchlichen Trauung nicht verwechselt werden kann. (82)

Auch hier wird also der Raum näher bestimmt, innerhalb dessen die diesbezügliche Kommunikation des Evangeliums stattfinden soll. Das vermeidet eine bloß verweigernde Haltung und hält den konkreten Entscheidungsprozess offen.

7. Zusammenfassung und Ausblick

Die Veranstaltungen und Angebote der Kirchengemeinden erreichen wohl nach wie vor zumindest potenziell die meisten Evangelischen.[167] Trotzdem zeigt sich in den Hinweisen zu den Aufgaben der Kirchengemeinde und damit verbunden deren Verständnis eine problematische Spannung zur tatsächlichen Partizipation der Mehrzahl der evangelischen Kirchenmitglieder. Nicht der sonntägliche Gottesdienst – oder die Abendmahlsfeier –, sondern die Kasualien sind die Feiern, durch die die meisten Evangelischen mit ihrer Kirche in Berührung kommen, also benediktionelle Feiern an einem Übergang im Leben. Dabei ist kirchliches Handeln in doppelter Weise herausgefordert: Es muss als solches klar erkennbar sein, auch für Menschen, die sonst keinen bzw. wenig Kontakt zu kirchlichen Vollzügen haben; zugleich muss es an die besondere Problemlage der Menschen anschließen, die diese liturgische Begleitung begehren. Mit der Lebensordnung ist in den evangelischen Kirchen eine eigene rechtliche Gattung entstanden. Deren Entwicklung spiegelt den sich in den letzten Jahrzehnten vollziehenden Wandel der kirchlichen Partizipation: von der Selbstverständlichkeit kirchlicher Praxis zu deren Optionalität. Dem entspricht der Übergang von der

---

167 Hierzu liegt eine aufschlussreiche, milieutheoretisch fundierte Mikrostudie vor: Barthel, Stephanie, Kommunikation in einer Münsteraner Kirchengemeinde. Eine empirische Untersuchung (Wissenschaftliche Schriften der WWU Münster Reihe II Bd. 6), Münster 2013.

Festschreibung kirchlicher Sitte zu orientierenden Hinweisen, in der VELKD-Terminologie von der „Kirchlichen Lebensordnung" zu den „Leitlinien kirchlichen Handelns".

An den Beispielen der beiden Sakramente wie auch von Ehe, Familie, Partnerschaft wurde das Bemühen deutlich, gegenwärtige Situation und biblisch-theologische Überlegungen und Einsichten in konkrete Regelungen zu überführen. Dabei rückt die Frage der Zulassung zu diesen Handlungen, früher eifrig besprochen, mittlerweile in den Hintergrund. Besonders bei der Trauung tritt nur noch eine Minderheit von etwa einem Viertel aller Paare an den Altar einer evangelischen oder katholischen Kirche.[168] Ähnliches gilt für das Abendmahl, das zwar in den Kirchengemeinden häufiger als früher gefeiert wird, aber für die Mehrheit der Evangelischen wohl keine besondere Bedeutung hat. Demgegenüber geht es – wie die Leitlinien bereits durch den Umfang zeigen, den sie der „Wahrnehmung" zumessen – vor allem darum, orientierend einen Raum zu eröffnen, der die Kommunikation des Evangeliums fördert. Dass es dabei innerkirchlich zu Dissens kommen kann, zeigt sich gegenwärtig am deutlichsten bei der Frage nach dem benediktionellen Handeln an einem homosexuellen Paar. Hier versuchen die Leitlinien einerseits Bewährtes wie die kirchliche Trauung in ihrer besonderen Stellung zu bewahren und sich andererseits für neue Anliegen und Formen zu öffnen.

---

168 S. Grethlein, Christian, Grundinformation Kasualien. Kommunikation des Evangeliums an Übergängen des Lebens, Göttingen 2007, 232.

V. Dienst- und Arbeitsrecht

1. GRUNDLAGEN

Mit den Kirchenordnungen bzw. Kirchenverfassungen waren
die grundlegenden rechtlichen Bestimmungen der evangelischen Kirchen in den Blick genommen worden, mit den
Lebensordnungen die Regelungen in den Kirchengemeinden, vor allem die Regelungen zur liturgischen Praxis. In
diesem Kapitel nun geht es um die Menschen, die erwerbsmäßig die entsprechenden Bestimmungen ausführen bzw.
den durch sie eröffneten Kommunikationsraum verantwortlich gestalten. Deren Tätigkeit bedarf besonderer rechtlicher
Regelungen.

Zwei Sachverhalte sind grundlegend, um das gegenwärtige Dienst- und Arbeitsrecht in den evangelischen Kirchen
(und den Diakonischen Werken) zu verstehen. Historisch
prägt bis heute die lange Geschichte des bis 1918 reichen-
den landesherrlichen Kirchenregiments. *Das Dienstrecht für*

LITERATUR: Frost, Herbert, Das Diakonenamt im evangelischen Kirchenrecht, in: Ders., Ausgewählte Schriften zum Staats- und Kirchenrecht
(JusEcc 65) Tübingen 2001, 291–301; Hermelink, Jan, Das Pfarrdienstgesetz
der EKD - in praktisch-theologischer Perspektive, in: ZevKR 57 (2012), 263–
285; Maurer, Hartmut, Die Pflichten des Pfarrers aus Ordination und
Dienstverhältnis, in: Ders., Abhandlungen zum Kirchenrecht und Staatskirchenrecht (JusEcc 59), Tübingen 1998, 46–74; de Wall, Heinrich, Das
Pfarrdienstgesetz der EKD, in: ZevKR 57 (2012), 390–409 ; de Wall, Hein-
rich/Muckel, Stefan, Kirchenrecht, München 2014⁴, 296–316.

Pfarrer und Kirchenbeamte[169] *ist nach wie vor an das staatliche Beamtenrecht angelehnt.* Rechtlich enthält die besondere Stellung der Kirchen als Körperschaften des öffentlichen Rechts deren Dienstherrenfähigkeit. Die evangelischen Kirchen können demnach öffentlich-rechtliche Dienstverhältnisse begründen und machen davon auch Gebrauch. Allerdings ist die große Mehrzahl der etwa 200.000 bei den evangelischen Kirchen und der etwa 400.000 in der Diakonie erwerbsmäßig Tätigen[170] auf privatrechtlicher Grundlage beschäftigt. Nimmt man noch die über eine Million ehrenamtlich in den Kirchen Tätigen sowie die ebenso 400.000 in der Diakonie Engagierten hinzu, wird das Spektrum noch breiter. Dazu sind vielerorts zwischen Ehrenamt und Hauptamt sog. nebenamtliche Tätigkeiten etabliert. Die evangelischen Kirchen und die Diakonie sind somit große Arbeitgeber und wichtige Träger zivilgesellschaftlichen Engagements in Deutschland.

Trotz der genannten Anlehnung an staatliches Recht gibt es Besonderheiten in der rechtlichen Ausgestaltung der konkreten kirchlichen Dienst- und Arbeitsverhältnisse, wozu auch – entsprechend ihrem Selbstverständnis – der Bereich der Diakonie als eine „Lebens- und Wesensäußerung der Kirche"[171] gehört. Sie treten zum einen im Pfarrberuf deutlich hervor, aber auch im Diakonenamt; zum anderen prägen sie durch besondere Loyalitätspflichten und den sog. „Dritten

---

169 Das gilt für diese in noch höherem Maß als für die Pfarrer. Deshalb kann eine eigene Erörterung des Kirchenbeamtenverhältnisses entfallen (s. Kirchenbeamtengesetz der EKD – KBG.EKD – vom November 2005; de Wall, Heinrich/Muckel, Stefan, Kirchenrecht. Ein Studienbuch, München 2014⁴, 314).

170 Grethlein, Christian, Praktische Theologie, Berlin 2012, 449.

171 Grundordnung der EKD § 15(1).

Weg" die anderen Arbeitsverhältnisse in einer zunehmend umstrittenen Weise.

2. PFARRDIENSTRECHT

Die Gesetzgebungszuständigkeit für das evangelische Pfarrdienstrecht liegt traditionell bei den Landeskirchen bzw. ihren Zusammenschlüssen. In Anlehnung und auch als Nachwirkung des landesherrlichen Kirchenregiments gab es lange Zeit kein eigenes Pfarrdienstrecht; es wurden die allgemeinen, also landesherrlich beamtenrechtlichen Regelungen angewendet. Erst ab 1939 in Bayern und nach 1950 in weiteren Landeskirchen kam es zur Ausbildung eines eigenen kirchlichen Pfarrdienstrechts. Bald standen viele entsprechende Gesetze, neben dem Pfarrdienstrecht von VELKD und EKU auch noch das etlicher Landeskirchen, nebeneinander. Sie regelten jeweils die Rechte und Pflichten der im Dienst der Landeskirchen stehenden Pfarrer und Pfarrerinnen. Das behinderte nicht zuletzt deren Mobilität über die Grenzen der jeweiligen Landeskirche hinweg. Am 10.11. 2010 beschloss die Synode der EKD das Kirchengesetz zur Regelung der Dienstverhältnisse der Pfarrerinnen und Pfarrer in der EKD (*Pfarrdienstgesetz der EKD*, PfDG.EKD) einstimmig.[172] Die Kirchenkonferenz und mittlerweile fast alle Landeskirchen haben zugestimmt. Damit löst dieses Gesetz die zuletzt bestehenden elf verschiedenen Pfarrdienstgesetze ab. Dabei müssen grundsätzlich zwei Ebenen unterschieden werden:

---

172 S. zur Entstehung und zum Profil dieses Gesetzes hinsichtlich der bis dahin bestehenden Partikulargesetze sowie grundsätzlicher Entscheidungen detailliert de Wall, Heinrich, Das Pfarrdienstgesetz der EKD, in: ZevKR 57 (2012), 390–409.

Ebenen des Pfarrdienstrechts

Rechtliche Ebene: Regelungen des konkreten Dienstverhältnisses
Geistliche Ebene: Ordination

Das geht bereits aus den Grundbestimmungen des EKD-Pfarrdienstgesetzes hervor:

§ 1

Amt der öffentlichen Wortverkündigung und Sakramentsverwaltung, Geltungsbereich

(1) Die Kirche lebt vom Evangelium Jesu Christi, das in Wort und Sakrament zu bezeugen sie beauftragt ist. Zu diesem kirchlichen Zeugendienst sind alle Getauften berufen. Auftrag und Recht zur öffentlichen Ausübung dieses Amtes vertraut die Kirche Pfarrerinnen und Pfarrern mit der Ordination an (Amt der öffentlichen Wortverkündigung und Sakramentsverwaltung).

(2) Die Ordination setzt voraus, dass ein geordneter kirchlicher Dienst übertragen werden soll, der die öffentliche Wortverkündigung und die Sakramentsverwaltung einschließt. [...]

§ 2

Pfarrdienstverhältnis

(1) Das Pfarrdienstverhältnis ist ein kirchengesetzlich geregeltes öffentlich-rechtliches Dienst- und Treueverhältnis zu der Evangelischen Kirche in Deutschland, den Gliedkirchen oder gliedkirchlichen Zusammenschlüssen (Dienstherren). Diese Dienstherren besitzen das Recht, Pfarrdienstverhältnisse zu begründen (Dienstherrnfähigkeit). Ihre obersten kirchlichen Verwaltungsbehörden sind jeweils oberste Dienstbehörden.

(2) Ein Pfarrdienstverhältnis wird auf Lebenszeit begründet. Ein Pfarrdienstverhältnis kann auch begründet werden

1. auf Probe, wenn zur späteren Verwendung im Pfarrdienstverhältnis auf Lebenszeit eine Probezeit abzuleisten ist (§ 9),

2. auf Zeit für die Dauer einer Beurlaubung aus einem bereits beste-

henden öffentlich-rechtlichen Dienstverhältnis, wenn für eine bestimmte Zeit ein geordneter kirchlicher Dienst im Sinne des § 1 Absatz 2 wahrgenommen werden soll (§ 109),

3. als Pfarrdienstverhältnis im Ehrenamt, wenn ein geordneter kirchlicher Dienst im Sinne des § 1 Absatz 2 regelmäßig unentgeltlich im Ehrenamt wahrgenommen werden soll (§ 111). [...]

Der Pfarrdienst wird also zum einen systematisch als ein Teil des allen Getauften zukommenden „Zeugendienstes" bestimmt. Zum anderen erfüllt er innerhalb dessen eine spezifische Aufgabe, nämlich „die öffentliche Wortverkündigung und die Sakramentsverwaltung". Damit nimmt das Gesetz auf die entsprechenden Artikel der Confessio Augustana (V, VII und XIV) Bezug.

Grundlegend für das inhaltliche Verständnis des evangelischen Pfarrdienstrechts ist die *Ordination*. Dabei wird ein Verständnis dieses Ritus vorausgesetzt, das sich erst im Laufe von Jahrhunderten entwickelte:

Ein Blick in die Geschichte zeigt, daß die Ordination im evangelischen Bereich eine wechselhafte und uneinheitliche Entwicklung genommen hat. In der Reformationszeit verstand man darunter überwiegend die Berufung in das Pfarramt bzw. die feierliche Bestätigung dieser Berufung und wiederholte sie dementsprechend beim Wechsel der Pfarrstelle. Während es in Württemberg bis 1855 bei dieser Übung geblieben ist, wurde in den anderen Landeskirchen bald, z. T. schon Mitte des 16. Jahrhunderts, zwischen der allgemeinen und damit einmaligen Ordination und der konkreten, auf die jeweilige Pfarrstellenbesetzung bezogene Vokation getrennt. Im übrigen bestanden aber noch erhebliche Unsicherheiten und Unterschiede sowohl in grundsätzlicher Sicht als auch im praktischen Vollzug, insbesondere bezüglich der Frage, ob die Ordination nur geistlich-deklaratorischen oder auch rechtlich-konstitutiven Charakter hat.[173]

---

173 Maurer, Hartmut, Die Pflichten des Pfarrers aus Ordination und Dienstverhältnis, in: Ders., Abhandlungen zum Kirchenrecht und Staatskirchenrecht (JusEcc 59), Tübingen 1998, 46–74, 48.

Die Confessio Augustana bietet zur Ordination nur eine grobe Orientierung:

> Artikel V: Vom Predigtamt (lat.: De ministerio ecclesiastico)
> Um diesen Glauben zu erlangen, hat Gott das Predigtamt eingesetzt, das Evangelium und die Sakramente geben, dadurch er als durch Mittel den heiligen Geist gibt, welcher den Glauben, wo und wann er will, in denen, so das Evangelium hören, wirket, das da lehret, daß wir durch Christi Verdienst, nicht durch unser Verdienst, ein gnädigen Gott haben, so wir solchs glauben.
> Und werden verdammt die Wiedertaufer und andere, so lehren, daß wir den heiligen Geist durch eigene Bereitung, Gedanken und Werk erlangen. (BSLK 58)

> Artikel XIV: Vom Kirchenregiment (lat.: De ordine ecclesiastico)
> Vom Kirchenregiment wird gelehrt, daß niemand in der Kirchen offentlich lehren oder predigen oder Sakrament reichen soll ohn ordentlichen Beruf (lat.: nisi rite vocatus). (BSLK 69)

Klar geht aus CA V die *Funktionalität des Predigtamtes* hervor: Lehre des Evangeliums und Darreichung der Sakramente sind die beiden grundlegenden Funktionen, weshalb ein „ministerium" eingerichtet ist. Denn durch die Lehre des Evangeliums und die Sakramente wirkt der Heilige Geist. In den Schwabacher Artikeln (1529), einem Dokument, das wesentliche Grundlage der Ausarbeitung der Confessio Augustana durch Melanchthon war, wurde dieser Artikel noch mit „Vom Geist" überschrieben. Die Verwerfung am Ende von CA V macht deutlich, warum es zu einer eigenen Amtslehre kam: Die Reformatoren wollten sich von den sog. Spiritualisten abgrenzen. Dazu hebt CA XIV die ordnungsgemäße Berufung hervor (lat.: rite vocatus). Der Artikel soll die Ordnung in der Gemeinde bewahren helfen, deren Grundvollzüge aus CA VII hier – ebenso wie in CA V – repetiert werden. Demnach ist deutlich: Es geht beim Amt in der evangelischen Kirche nicht um einen Stand, die Kleriker, oder um eine besondere Gruppe von „Geistlichen". Die Aufgabe der Predigt des Evangeliums und der Darreichung der Sakramente erfordert – abgesehen von der allen Christen gemeinsamen Taufe – keinen character indelebilis. Vielmehr geht es ganz praktisch um die Gewähr der für Kirche grundlegenden Funktionen. Allerdings wurde diese funktionale Sicht im Kontext der Ordnungsstruktur des 16. Jahrhunderts durch einen zweiten Argumentationsstrang überlagert, nämlich die damals allgemein übliche Ständelehre.

Neben dem „status oeconomicus" und „status politicus" stand der „status ecclesiasticus".[174] Von daher entwickelte sich die Ordination zunehmend zu einem Ritus der Aufnahme in den „geistlichen Stand". Der gemeinsame Einzug aller an einer Ordination teilnehmenden Ordinierten in Amtstracht inszeniert diese Standeszugehörigkeit – lange nach Ende der Standesgesellschaft.

Bis heute ist die Diskussion um die Ordination nicht zum Stillstand gekommen. So unterscheidet z. B. die Bischofskonferenz der VELKD 2006 – systematisch wenig überzeugend – einen Zugang zum Amt durch Ordination und einen durch Beauftragung:

– Personen, denen das Amt der öffentlichen Verkündigung zur Wahrnehmung eines die gesamten pfarramtlichen Aufgaben umfassenden Dienstes [...] übertragen wird, werden ordiniert. Die mit der Ordination verbundene Übertragung des Amtes ist zeitlich nicht befristet. [...] – Weitere Personen, denen das Amt der öffentlichen Verkündigung übertragen wird, werden beauftragt. Zur ordnungsgemäßen Ausübung dieses Auftrags gehört es, dass der/die Beauftragte den Dienst in Abstimmung mit dem/der Ordinierten wahrnimmt. Der mit der Übertragung des Amtes verbundene konkrete Auftrag [...] beinhaltet

---

174 S. Gräb, Wilhelm, Lebensgeschichten Lebensentwürfe Sinndeutungen. Eine praktische Theologie gelebter Religion, Gütersloh 1998, 304 f.

in der Regel allein die Leitung von Gottesdiensten. Dieser Auftrag wird üblicherweise befristet wahrgenommen; seine Wahrnehmung kann verlängert werden, ohne dass dafür eine erneute gottesdienstliche Beauftragung erforderlich ist.[175]

Offenkundig steht im Hintergrund dieser Bestimmungen die Annahme eines besonderen Pfarrstandes. Doch steht das in Spannung zur heutigen Pluriformität des Pfarrberufs[176] – angefangen vom Gemeindepfarrer über hauptamtliche Religionslehrer, Klinikseelsorger bis hin zum Abteilungsleiter im Landeskirchenamt. Die Formulierung „die gesamten pfarramtlichen Aufgaben" suggeriert demgegenüber eine über die Leitung des Gottesdienstes hinausgehende Gemeinsamkeit.

Eine andere Lösung verfolgt seit 2004 die Evangelische Kirche im Rheinland. Sie verbindet die Ordination radikal mit dem Predigtamt. Deshalb werden in dieser Landeskirche alle haupt- und ehrenamtlichen Mitarbeiter ordiniert, die in öffentlicher Verantwortung die für Kirche konstitutiven Tätigkeiten, also Evangeliumspredigt und Leitung der Sakramentsfeier, ausführen.[177] Die Ordination ist nicht mehr exklusiv an den Pfarrberuf gebunden, sondern an einen konkreten Dienst. Auf jeden Fall aber ist die Ordination Voraus-

---

175 „Ordnungsgemäß berufen". Eine Empfehlung der Bischofskonferenz der VELKD zur Berufung zu Wortverkündigung und Sakramentsverwaltung nach evangelischem Verständnis (TVELKD 136), November 2006, 18.

176 S. Becker, Dieter, Pfarrberufe zwischen Praxis und Theorie. Personalplanung in theologisch-kirchlicher und organisationsstrategischer Sicht (Empirie und Kirchliche Praxis 3), Frankfurt 2007, 215–224.

177 Ordination, Dienst und Ämter nach evangelischem Verständnis. Beschluss der Landessynode der Evangelischen Kirche im Rheinland vom 14. Januar 2004; s. hierzu Schneider, Nikolaus/Lehnert, Volker, Berufen – wozu? Zur gegenwärtigen Diskussion um das Pfarrbild in der Evangelischen Kirche, Neukirchen-Vluyn 2009, 52 f.

setzung für den Dienst als Pfarrer und Pfarrerin, wenn sie auch nicht in jeder Kirche auf diesen beschränkt ist.

Wie die geistliche erfolgt die *dienstrechtliche Bestimmung des Status der Pfarrer* auf mehreren Ebenen. In der Regel erfolgt der Pfarrdienst in der Form eines öffentlich-rechtlichen Dienst- und Treueverhältnisses auf Lebenszeit. Die Besoldung entspricht – seit Ende des 19. Jahrhunderts[178] – in etwa der für vergleichbare akademische Berufe im öffentlichen Dienst.

Weiter gibt es – auch abgesehen vom anderweitig ebenfalls beamtenrechtlich üblichen Probedienstverhältnis – die Form des Pfarrdienstes im Ehrenamt. Hier handelt es sich um ordentlich ausgebildete Theologen, die ohne Entgelt als Pfarrer in mehr oder weniger großem Umfang amtieren. Schließlich ist eine Ausübung des Pfarrberufs in Form der Teilzeit-beschäftigung möglich. Diese Option nehmen – ähnlich wie beim staatlichen Beamtentum – gegenwärtig vor allem Frauen wahr.

Genauere Hinweise zur Ausübung des Pfarrdienstes gibt § 3 des EKD-Pfarrdienstgesetzes, der die „Ordination" bestimmt:

(1) Das mit der Ordination anvertraute Amt der öffentlichen Wortverkündigung und Sakramentsverwaltung (Amt) ist auf Lebenszeit angelegt.

(2) Die Ordinierten sind durch die Ordination verpflichtet, das anvertraute Amt im Gehorsam gegen den dreieinigen Gott in Treue zu führen, das Evangelium von Jesus Christus, wie es in der Heiligen Schrift gegeben und im Bekenntnis ihrer Kirche bezeugt ist, rein zu lehren, die Sakramente ihrer Einsetzung gemäß zu verwalten, ihren Dienst

---

178 S. zur Entwicklung im Kaiserreich Janz, Oliver, Bürger besonderer Art: evangelische Pfarrer in Preußen 1850–1914 (Veröffentlichungen der Historischen Kommission 87), Berlin 1994, 367–372.

nach den Ordnungen ihrer Kirche auszuüben, das Beichtgeheimnis und die seelsorgliche Schweigepflicht zu wahren und sich in ihrer Amts- und Lebensführung so zu verhalten, dass die glaubwürdige Ausübung des Amtes nicht beeinträchtigt wird.

(3) Die in der Ordination begründeten Rechte und Pflichten sind für Ordinierte, die in einem kirchlichen Dienstverhältnis stehen, auch Rechte und Pflichten aus dem Dienstverhältnis.

Es werden also der geistliche Charakter des Amts und dessen dienstrechtliche Bestimmung aufeinander bezogen. Dass hier nach wie vor theologische Probleme zu lösen sind, zeigen die Regelungen zu einem erneuten „Auftrag und Recht zu öffentlicher Wortverkündigung und Sakramentsverwaltung", wenn die Ordination ruhte, zurückgegeben oder entzogen wurde. Dann wird diese nämlich nicht wiederholt (§ 6,1). Der Verdacht eines gewissen „character indelebilis" dürfte bei solchem Prozedere nur schwer zu zerstreuen sein. Auch die lebenslange Gültigkeit der Ordination – etwa im Gegensatz zur zeitlichen Befristung der (VELKD-)Berufung – weist in diese theologisch problematische Richtung. Sie steht in Kontrast zur kritischen Diskussion in der Pfarrerschaft hinsichtlich der Erhöhung des Pensionsalters und der in vielen Landeskirchen bestehenden Möglichkeit zur Frühpensionierung.

Inhaltlich hervorgehoben werden u. a. das *Beichtgeheimnis* und die seelsorgliche Schweigepflicht. Dabei besteht – in den meisten kirchlichen Ordnungen – insofern eine gewisse Differenzierung, als das Beichtgeheimnis unverbrüchlich ist, der Pfarrer jedoch von der seelsorgerlichen Verschwiegenheit im Einzelfall entbunden werden kann. Letzterem kommt in bestimmten Arbeitskontexten wie Palliativstationen, in denen Pfarrer direkt in ein Behandlungsteam integriert sind, besondere Bedeutung zu.[179] Ob der Pfarrer dann tatsächlich diese Aufhebung durch den seelsorgerlich Begleiteten auf-

nimmt, steht wiederum allein in der Verantwortung des Pfarrers. Die Beichte ist in evangelischem Verständnis durch die
beiden Elemente des Bekenntnisses der Schuld (*confessio*) sowie deren Vergebung (*absolutio*) gekennzeichnet. Ein Bruch
des Beichtgeheimnisses „stellt kirchenrechtlich einen schwe-
ren Verstoß gegen die Amtspflichten der Pfarrer dar".[180] Diese
besondere Verpflichtung steht bei Pfarrern auch unter staatlichem Schutz. Nach § 53 Abs. Nr. 1 StPO und § 383 Abs. 1 Nr.
4 ZPO haben sie „als Geistliche" das Recht der Aussageverwei-
gerung. Es sei nur angemerkt, dass dies nicht für Nichtordi-
nierte gilt, obwohl auch sie nach evangelischem Verständnis
zu Beichte und Seelsorge befugt sind.[181]

Schließlich behandelt das Pfarrdienstgesetz neben der
Amts- auch die *Lebensführung* der Pfarrer und Pfarrerinnen.
Dabei spielen vor allem zwei Themenbereiche eine Rolle, die
in späteren Paragrafen des Gesetzes noch näher geregelt werden. Zum einen geht es um die Frage der politischen Betäti-
gung von Pfarrern:

§ 34
Verhalten im öffentlichen Leben
Pfarrerinnen und Pfarrer haben durch ihren Dienst wie auch als Bür-
gerinnen und Bürger Anteil am öffentlichen Leben. Auch wenn sie
sich politisch betätigen, müssen sie erkennen lassen, dass das anver-

---

179 S. hierzu den differenzierten Vorschlag von Coors, Michael/Haart, Doro-
      thee/Demetriades, Dietgard, Das Beicht- und Seelsorgegeheimnis im
      Kontext der Palliativversorgung. Ein Diskussionspapier der Deutschen
      Gesellschaft für Palliativmedizin (DGP), in: WzM 66 (2014), 91–98.

180 De Wall, Heinrich/Muckel, Stefan, Kirchenrecht, München 2014⁴, 305.

181 Zu neuerer staatlicher Rechtsprechung, die den Begriff „Geistliche" weit
      auslegt, s. de Wall, Heinrich, Der Schutz des Seelsorgegeheimnisses und
      das Seelsorgegeheimnisgesetz der EKD (SeelGGEKD), in: ZevKR 56 (2011),
      4–26, 10–14.

traute Amt sie an alle Gemeindeglieder weist und mit der ganzen Kirche verbindet. Sie haben die Grenzen zu beachten, die sich hieraus für Art und Maß ihres politischen Handelns ergeben.

§ 35

Mandatsbewerbung

(1) Beabsichtigt eine Pfarrerin oder ein Pfarrer, sich um die Aufstellung als Kandidatin oder Kandidat für die Wahl zum Europäischen Parlament, zum Deutschen Bundestag, zu einem gesetzgebenden Organ eines Bundeslandes oder zu einem kommunalen Amt oder Mandat zu bewerben, so ist diese Absicht unverzüglich, jedenfalls vor Annahme der Kandidatur, anzuzeigen. Die Pfarrerin oder der Pfarrer ist zur Mitteilung über Ausgang und Annahme der Wahl verpflichtet.

(2) Pfarrerinnen und Pfarrer, die als Kandidatinnen oder Kandidaten für die Wahl zum Europäischen Parlament, zum Deutschen Bundestag oder zu einem gesetzgebenden Organ eines Bundeslandes aufgestellt worden sind, sind innerhalb der letzten zwei Monate vor dem Wahltag und am Wahltag beurlaubt. Ein Verlust der Stelle tritt nicht ein. Eine Dienstwohnung kann weiter bewohnt werden. [...]

(3) Mit der Annahme der Wahl nach Absatz 2 ist die Pfarrerin oder der Pfarrer beurlaubt. [...] Eine Dienstwohnung ist zu räumen. Die Beurlaubung endet mit Ablauf der Wahlperiode oder mit einer vorzeitigen Beendigung des Mandats.

(4) Während einer Beurlaubung nach den Absätzen 2 und 3 darf das Recht zur öffentlichen Wortverkündigung und Sakramentsverwaltung nur im Einzelfall mit Genehmigung ausgeübt werden.

(5) Für die Mandatsbewerbung und Mandatsausübung in einer kommunalen Vertretungskörperschaft oder in anderen als den in den Absätzen 2 bis 4 genannten politischen Ämtern gelten die Vorschriften des Bundesbeamtengesetzes entsprechend.

(6) Die Evangelische Kirche in Deutschland, die Gliedkirchen und gliedkirchlichen Zusammenschlüsse können je für ihren Bereich von den Absätzen 2, 3 und 5 abweichende Regelungen treffen.

Offenkundig soll hier auf der einen Seite die Kandidatur eines Pfarrers oder einer Pfarrerin für ein politisches Amt ermöglicht werden, auf der anderen Seite wird darauf geachtet, dass Pfarrer gesprächsfähig für alle Gemeindeglieder bleiben. Manchmal ist die Frage der politischen Mäßigung im kommunalen Bereich sogar noch dringlicher als im bundes- oder gar europapolitischen Rahmen.

Zum anderen stellen die Themen Ehe und Familie die meist verheirateten evangelischen Pfarrern vor besondere, im staatlichen Beamtenrecht nicht vorgesehene Anforderungen, die ihre persönliche Lebensführung betreffen. Darauf macht § 39 des Pfarrgesetzes aufmerksam:

Ehe und Familie

(1) Pfarrerinnen und Pfarrer sind auch in ihrer Lebensführung im familiären Zusammenleben und in ihrer Ehe an die Verpflichtungen aus der Ordination (§ 3 Absatz 2) gebunden. Hierfür sind Verbindlichkeit, Verlässlichkeit und gegenseitige Verantwortung maßgebend.

(2) Pfarrerinnen und Pfarrer sollen sich bewusst sein, dass die Entscheidung für eine Ehepartnerin oder einen Ehepartner Auswirkungen auf ihren Dienst haben kann. Ehepartnerinnen und Ehepartner sollen evangelisch sein. Sie müssen einer christlichen Kirche angehören; im Einzelfall kann eine Ausnahme zugelassen werden, wenn zu erwarten ist, dass die Wahrnehmung des Dienstes nicht beeinträchtigt wird.

(3) Pfarrerinnen und Pfarrer haben eine beabsichtigte Änderung ihres Personenstandes, eine kirchliche Trauung und andere wesentliche Änderungen in ihren persönlichen Lebensverhältnissen alsbald anzuzeigen. Sie haben die Auskünfte zu erteilen und die Unterlagen vorzulegen, die erforderlich sind, um die Auswirkungen auf den Dienst beurteilen zu können.

Gegenüber früheren Bestimmungen, nach denen eine Scheidung unmittelbar zum Stellenwechsel oder der Versetzung in den Wartestand führte, lassen diese Regelungen erheblich mehr Spielraum. Die bereits in den Leitlinien (→ Kap. IV.3.) begegnende Bemühung, die grundlegenden Werte („Verbindlichkeit, Verlässlichkeit und gegenseitige Verantwortung") hinter dem Rechtsinstitut Ehe bzw. Familie hervorzuheben,

findet sich hier wieder. Zugleich betont das Gesetz, dass Pfarrberuf und Partnerwahl in einem Zusammenhang gesehen
werden müssen. Doch wird – gegenüber früheren rigiden Bestimmungen – die Möglichkeit eingeräumt, dass ein Partner
nichtevangelisch, im Einzelfall sogar nichtchristlich sein
kann. In der Praxis wird wohl auf die konkrete Pfarrstelle geachtet werden, die derjenige Pfarrer innehat. Die Heirat mit
einer Muslima dürfte z. B. bei dem Inhaber einer Sonder-
pfarrstelle für den christlich-islamischen Dialog anders zu
bewerten sein als bei einem Gemeindepfarrer in einem konfessionell recht homogenen ländlichen Gebiet. Es bleibt aber
die grundsätzliche Frage offen, ob die genannten – möglichen – Restriktionen den auch gesellschaftlich wichtigen Bemühungen um den interreligiösen Dialog widersprechen.
Abgesehen von solchen Regelungen, die bestehende Bestimmungen weiterentwickeln, löste § 39 wegen der allgemeinen
Formulierung „familiäres Zusammenleben" erhebliche und
kontroverse Diskussionen aus. Darunter wird nämlich – nach
der der EKD-Synode vorgelegten Begründung zum Pfarrdienstgesetz – Folgendes verstanden:

> jede Form des rechtsverbindlich geordneten Zusammenlebens von
> mindestens zwei Menschen, das sich als auf Dauer geschlossene, soli-
> darische Einstandsgemeinschaft darstellt und damit den in Satz 2
> genannten inhaltlichen Anforderungen Verbindlichkeit, Verlässlich-
> keit und gegenseitige Verantwortung genügt.

Das EKD-Pfarrdienstgesetz macht also den Einzug eines in
homosexueller (eingetragener) Partnerschaft lebenden Pfarrers oder einer Pfarrerin in ein Pfarrhaus möglich. Zugleich
wird mit der allgemeinen Formulierung ein Raum eröffnet,
in dem die bisherigen, in den einzelnen Landeskirchen unterschiedlichen Regelungen nebeneinander bestehen können.
Die Landeskirchen haben nun diesen Rahmen auszufüllen.

So beschloss z. B. die bayerische Landessynode im März 2012, dass in Eingetragener Partnerschaft lebende Pfarrer und Pfarrerinnen gemeinsam mit ihrem Partner im Pfarrhaus leben können, wenn Kirchenvorstand, Dekan, Regionalbischof und Landeskirchenrat dem „einmütig" zustimmen. Dabei verleiht weniger die Häufigkeit solcher Beziehungen – dem Personalreferenten dieser etwa 2,5 Millionen Menschen umfassenden Kirche waren sechs entsprechende Partnerschaften bekannt – der Thematik Dringlichkeit als der dabei implizierte hermeneutisch reflektierte Umgang mit der Schrift und die ökumenische Problematik. Denn nicht nur in Afrika oder Asien halten Christen gelebte Homosexualität für eine Sünde. Tatsächlich kritisieren einzelne Bibelstellen (männliche) Homosexualität. Deren Wörtlich-Nehmen wird aber schon dadurch erschwert, dass hier teilweise die Todesstrafe für Homosexualität gefordert wird (Lev 20,13). In der Praxis erweisen sich dagegen weniger grundsätzliche als vielmehr kommunikativ praktische Gesichtspunkte als wichtig. So gibt es bei einem Pfarrer, der sich über Jahre als zuverlässiger Seelsorger bei den Menschen Vertrauen erworben hat, bei einem Coming-out in der Regel keine gravierenden Konfrontationen – anders bei der abstrakten Frage, ob ein (noch unbekannter) homosexueller Pfarrer auf eine Pfarrstelle berufen werden kann oder soll.

Eine weitere Besonderheit des Pfarrdienstrechts ist die Verpflichtung der Amtsträger zu ständiger *Erreichbarkeit*:

§ 37
Erreichbarkeit
(1) Pfarrerinnen und Pfarrer müssen erreichbar sein und ihren Dienst innerhalb angemessener Zeit im Dienstbereich aufnehmen können.
(2) Sind Pfarrerinnen und Pfarrer an der Erfüllung ihrer Dienstpflichten, insbesondere der Pflicht, erreichbar zu sein, gehindert, so haben

sie dies unverzüglich anzuzeigen. Im Falle der Verhinderung aufgrund einer Krankheit kann ein ärztliches, amts- oder vertrauensärztliches Attest verlangt werden.

Auch hier ist eine Veränderung gegenüber der früher strikt gehaltenen Residenzpflicht zu verzeichnen, nach der ein Pfarrer oder eine Pfarrerin z. B. das auswärtige Übernachten (außerhalb des Urlaubs) vorher beim Dekan melden musste. Auf Grund der Möglichkeiten elektronischer Kommunikation ist man davon abgekommen, doch besteht die Anforderung weiter, dass Pfarrer grundsätzlich für ihre Gemeindeglieder erreichbar sein müssen.

Schließlich ist noch das in der Pfarrerschaft viel kritisierte Thema des *Wartestandes* zu nennen. Diese mittlerweile im staatlichen Beamtenrecht nicht mehr vorgesehene Freisetzung war lange mit dem Begriff des „nichtgedeihlichen Wirkens" verbunden. Konkret: Bei Konflikten zwischen Pfarrer und Kirchengemeinde konnte der Pfarrer in den Wartestand versetzt werden, ohne dass ihm persönliche Schuld zugerechnet werden musste. Tatsächlich wurde dieses aus der zweiten Hälfte des 19. Jahrhunderts stammende Instrument auch dazu missbraucht, missliebige Pfarrer – etwa im Dritten Reich – aus dem aktiven Dienst zu entfernen.[182] In der Regel war und wird die Versetzung in den Wartestand mit einer gewissen Gehaltsreduktion – etwa um 25 % – verbunden. Gegenwärtig wird die Versetzung in den Wartestand auch vollzogen, wenn die bisherige Stelle wegfällt und nicht sofort eine Anschlussverwendung möglich ist. Gerade in kleineren Kirchen ist bei strukturellen Veränderungen ein solcher Schritt

---

182 S. zur Geschichte des Wartestandes Dietrich, Hans-Eberhard, Die Versetzung von Pfarrern in der protestantischen Tradition und die Einführung des Wartestandes, in: ZevKR 53 (2008), 141–159.

manchmal nicht zu vermeiden. Zugleich sind die Gefahren der Disziplinierung und damit der Einschränkung der pastoralen Selbstständigkeit unübersehbar. Das EKD-Gesetz versucht hier einen Mittelweg zu gehen, indem es z. B. den Nachrang des Wartestandes gegenüber einer Versetzung anordnet und die Möglichkeit vorsieht, einen sonstigen Auftrag zu übertragen. Dazu ist den Landeskirchen frei gestellt, vollständig auf das Instrument des Wartestandes zu verzichten.[183]

Das neue Pfarrdienstgesetz hat also trotz grundsätzlicher Ähnlichkeit mit dem staatlichen Beamtenrecht einige Besonderheiten, die sich aus der pastoralen Funktion ergeben.[184] Ansonsten finden sich viele beamtenanaloge Bestimmungen zu Beurteilungen, Nebentätigkeit, Beurlaubung und Teildienst. Aus praktisch-theologischer Perspektive markiert Jan Hermelink zutreffend drei *Monita bzw. Desiderate des neuen EKD-Pfarrdienstgesetzes*:[185]

– Die pastorale Praxis wird in dem Gesetz sehr konventionell, um nicht zu sagen vorgestrig beschrieben. Darauf macht z. B. der Gebrauch des seit Jahrzehnten nicht mehr theologisch-wissenschaftlich verwendeten Begriffs „Unterweisung" im Pfarrdienstgesetz aufmerksam. Auch fehlt die ganze Dimension der Begleitung und Anleitung von Mitarbeitern.

---

183 S. de Wall, Heinrich, Das Pfarrdienstgesetz der EKD, in: ZevKR 57 (2012), 390–409, 406.
184 Zu der neuen Akzentuierung des Verhältnisses der Pfarrer/innen zur Gesamtkirche s. Hermelink, Jan, Zwischen Eigenverantwortung und gesamtkirchlicher Bindung. Das pastorale Berufsbild im Spiegel des aktuellen Pfarrdienstrechts (2012), in: Ders., Kirche leiten in Person. Beiträge zu einer evangelischen Pastoraltheologie (APrTh 54), Leipzig 2014, 205–219.
185 S. zum Folgenden Hermelink, Jan, Das Pfarrdienstgesetz der EKD – in praktisch-theologischer Perspektive, in: ZevKR 57 (2012), 263–285, vor allem 283–285.

– Der für die konkrete Dienstausübung wichtige kolle-
giale Kontakt – in traditioneller Formulierung: die Gemeinschaft der Ordinierten – wird nur am Rand erwähnt. Ihm
kommt aber in Kontexten zunehmend Bedeutung zu, in denen Pfarrern und Pfarrerinnen nicht mehr allgemein mit
Wohlwollen begegnet wird.

– Schließlich fehlt eine ausführliche Würdigung des einzi-
gen Spezifikums des Pfarrberufs gegenüber anderen kirchlichen Tätigkeiten, nämlich sein Charakteristikum als „theologischer Beruf."[186] Wahrscheinlich ist nur von hieraus eine
empirisch und theologisch zufriedenstellende Unterscheidung zwischen den „allgemeinen Priestern" und den Pfarrer
möglich. Der traditionelle Bezug auf die „Öffentlichkeit"
hatte in Zeiten einer primär face-to-face kommunizierenden
Gesellschaft Bedeutung. In der heutigen Mediengesellschaft
muss er neu bestimmt werden und eignet sich nicht mehr zur
Distinktion Gemeindeglieder – Pfarrer. So verstehen die beiden leitenden Google-Manager Eric Cohen und Jared Cohen
pragmatisch Öffentlichkeit in der gegenwärtigen Mediengesellschaft folgendermaßen:

> If we are on the web we are publishing and we run the risk of beco-
> ming public figures – it's only a question of how many people are pay-
> ing attention, and why.[187]

Insgesamt schreibt das EKD-Gesetz den bisherigen Stand der
Pfarrdienstgesetzgebung fest, und zwar im Einzelnen mit
durchaus kasuistischer Profilierung.[188] Die auf Grund der

---

186 S. Grethlein, Christian, Pfarrer – ein theologischer Beruf!, Frankfurt 2009.

187 Schmidt, Eric/Cohen, Jared, The New Digital Age. Reshaping the Future of
People, Nations and Business, New York 2013, 56.

188 De Wall, Heinrich, Das Pfarrdienstgesetz der EKD, in: ZevKR 57 (2012),
390–409, 394.

veränderten Lebensumstände erforderlichen Veränderungen kommen aber nur am Rand und gelegentlich in den Blick.

3. Diakon/Diakonin

Zwar steht bei den Reformbemühungen der EKD das Pfarramt als „Schlüsselberuf"[189] im Zentrum der personalpolitischen Überlegungen. Doch entspricht dies weder der reformierten Tradition mit der auf Calvin zurückgehenden Vier-Ämter-Lehre noch der tatsächlichen kirchlichen Praxis. Mittlerweile hat sich in den meisten Landeskirchen ein Bischofsamt etabliert. Rechtlich wird dies – im Gegensatz zur römisch-katholischen Kirche – als eine Form des Pfarramts geführt. Doch kann kritisch gefragt werden, ob das dem Bild vom Wirken der Bischöfe und Bischöfinnen in der Öffentlichkeit entspricht. Auf jeden Fall verhält es sich beim dritten, bereits altkirchlich greifbaren Amt anders: dem Diakonat. Es ist ein unabhängiger Dienst eigenen Rechts. Herbert Frost konstatiert zu Recht:

> Das Amt der Diakonen gehört zu den ältesten, in die Urgemeinde und in die Frühkirche zurückweisenden personalen kirchlichen Dienstämtern. Es hat sich in den einzelnen Konfessionskirchen bis in die Gegenwart erhalten. Schwierigkeiten bereitet allerdings der Versuch, seine allgemeinen Konturen zu bestimmen [...][190]

Der *Begriff des „Diakons"* ist in den evangelischen Kirchen uneindeutig, eine diesbezügliche EKD-Vereinbarung bzw.

---

189 Kirche der Freiheit. Perspektiven für die Evangelische Kirche im 21. Jahrhundert. Ein Impulspapier des Rates der EKD, hg. v. Kirchenamt der Evangelischen Kirche in Deutschland (EKD), Hannover o.J . (2006), 71.

190 Frost, Herbert, Das Diakonenamt im evangelischen Kirchenrecht, in: Ders., Ausgewählte Schriften zum Staats- und Kirchenrecht (JusEcc 65) Tübingen 2001, 291–301, 291.

ein entsprechendes Gesetz fehlen. Zum Ersten begegnet „Diaconus" mancherorts als die alte – mittlerweile bedeutungslose – Bezeichnung für den Inhaber einer nachgeordneten Pfarrstelle. Zum Zweiten wird damit – aus dem 19. Jahrhundert stammend – das Mitglied einer Bruderschaft benannt, das (vorwiegend) im sozial-karitativen Bereich tätig ist. Parallel dazu gibt es die – allerdings zahlenmäßig stark zurückgehenden – (zölibatären) Diakonissen in einer Schwesternschaft. Drittens heißt mancherorts der (ehrenamtliche) Presbyter, der sich innerhalb dieses Organs der Gemeindeleitung um die Aufgaben des Hilfehandelns kümmert, „Diakon". Schließlich bezeichnet in manchen Landeskirchen „Diakon"/„Diakonin" einen kirchlichen Beruf, der in der Regel eine theologische und sozial(pädagogisch)e Doppelqualifikation auf Fachhochschul-Niveau zur Voraussetzung hat. Die Ausbildung markiert die besondere, intermediäre Funktion dieses kirchlichen Berufs. Ihm sollen die folgenden Hinweise gelten, insofern hier zukunftsträchtige Impulse für kirchliche und diakonische Beschäftigungen erprobt werden.

Dieser Diakonenberuf verdankt sich unterschiedlichen Impulsen: Neben altkirchlichen Reminiszenzen entwickelte sich – angestoßen durch pietistische Impulse[191] – der (evangelische) männliche und weibliche Diakonenberuf im 19. Jahrhundert,[192] und zwar im Kontext der Genese sozialer Berufe. Im 20. Jahrhundert profilierte das II. Vaticanum das jahrhundertelang zu einer Weihedurchgangsstufe zum Priester de-

---

191 S. a. a. O., 294.

192 S. zum Einzelnen Noller, Annette, Der Diakonat – historische Entwicklungen und gegenwärtige Herausforderungen, in: Dies./Eidt, Ellen/Schmidt, Heinz (Hg.), Diakonat – theologische und sozialwissenschaftliche Perspektiven auf ein kirchliches Amt (Diakonat – Theoriekonzepte und Praxisentwicklung 3), Stuttgart 2013, 42–84, 61–66.

gradierte Diakonat zu einem eigenen profilierten Weihegrad. Ihn dürfen – haupt- oder ehrenamtlich – auch verheiratete Männer ausüben. Dieses Amt ist mit erheblichen Befugnissen ausgestattet, wenngleich dem Priester untergeordnet.[193] Schließlich kristallisierte sich in der Ökumene, u. a. im Lima-Papier[194], das dreistufige Amt (Bischof, Presbyter, Diakon) als ein wichtiges Modell heraus, um die verschiedenen konfessionellen Amtstraditionen zusammenzuführen.

Im Folgenden stelle ich kurz Bemühungen um eine Neuprofilierung des Diakonats vor, wie sie seit 2008 im 2014 abgeschlossenen Projekt „Diakonat – neu gedacht, neu gelebt" der Evangelischen Landeskirche in Württemberg verfolgt wurden.[195] Denn dabei wurden neue Konturen zur Strukturierung kirchlicher Berufe erprobt, die auch für andere Tätigkeiten von Interesse sein können und neue Anforderungen an die rechtliche Gestaltung kirchlicher Berufe implizieren. Aus

---

193 S. knapp Weiß, Andreas, Diakon II. Kath., in: LKStKR 1 (2000), 412–414. Zum nach wie vor nicht gestatteten Diakonat der Frau s. z. B. Reininger, Dorothea, Diakonat der Frau in der einen Kirche. Diskussionen, Entscheidungen und pastoral-praktische Erfahrungen in der christlichen Ökumene und ihr Beitrag zur römisch-katholischen Diskussion, Ostfildern 1999.

194 S. Frieling, Reinhard, Amt, in: Konfessionskundliches Institut (Hg.), Kommentar zu den LIMA-Erklärungen über Taufe, Eucharistie und Amt (BenshH 59), Göttingen 1983, 106–159.

195 Das Projekt wird mit einer auf vier Bände angelegten Buchreihe dokumentiert und kritisch begleitet, von der bis jetzt drei erschienen sind: Eidt, Ellen, Der evangelische Diakonat – Entwicklungslinien in Kirche und Diakonie am Beispiel Württembergs; Noller, Annette/Eidt, Ellen/Schmidt, Heinz (Hg.), Diakonat – theologische und sozialwissenschaftliche Perspektiven auf ein kirchliches Amt; Eidt, Ellen/Schulz, Claudia (Hg.), Evaluation im Diakonat. Sozialwissenschaftliche Vermessung diakonischer Praxis (Diakonat – Theoriekonzepte und Praxisentwicklung 2–4), Stuttgart 2011, 2012, 2013.

einer an der Förderung der Kommunikation des Evangeliums interessierten Perspektive verdienen diakonische Tätigkeiten sowohl in theologischer als auch empirischer Hinsicht Interesse. Theologisch ist das Helfen zum Leben – ohne stets explizit christlich ausgewiesen zu sein (Mt 25,37–40) – eine konstitutive Weise der Kommunikation des Evangeliums.[196] Empirisch ergibt sich aus den EKD-Mitgliedschaftsumfragen klar, dass sich diakonisches Handeln nicht nur bei Kirchenmitgliedern, sondern auch bei Nichtkirchenmitgliedern hohen Ansehens erfreut:

> Sowohl Evangelische als auch Konfessionslose erwarten in hohem Maße soziales Engagement von der evangelischen Kirche. Dies wurde in allen KMUs seit 1972 immer wieder bestätigt. Seit 1992 fanden in den gesamtdeutschen Umfragen Aussagen wie „Arme, Kranke und Bedürftige betreuen" und „sich um Menschen in sozialen Notlagen kümmern" als mögliche Felder kirchlichen Handelns höchste Zustimmungsraten. Bei den Konfessionslosen sind sie 2012 zudem die einzigen mehrheitlich zustimmungsfähigen Aussagen hinsichtlich dessen, was die evangelische Kirche tun sollte.[197]

Einen ersten Einblick in die Aufgabe und Verwendung der 1944 in Württemberg eingeführten Diakone und Diakoninnen[198] gibt das Kirchliche Gesetz über die Rechtsverhältnisse der Diakoninnen und Diakone in der Evangelischen Landeskirche in Württemberg (Diakonen- und Diakoninnengesetz)

---

196 S. zur ausführlichen Begründung aus anthropologischer, biblischer, geschichtlicher und systematischer Perspektive Grethlein, Christian, Praktische Theologie, Berlin 2012, 300–322.

197 Wegner, Gerhard/Schädel, Anja, Diakonische Potenziale, in: Engagement und Indifferenz. Kirchenmitgliedschaft als soziale Praxis. V. EKD-Erhebung über Kirchenmitgliedschaft, Hannover 2014, 93–95, 93.

198 Eidt, Ellen, Der evangelische Diakonat – Entwicklungslinien in Kirche und Diakonie am Beispiel Württembergs (Diakonat – Theoriekonzepte und Praxisentwicklung 2), Stuttgart 2011, 85.

vom 23. Oktober 1995 (geändert durch Gesetz vom 20. Juli 1999) und die darauf bezogene Verordnung des Oberkirchenrats zur Ausführung des Kirchlichen Gesetzes über die Rechtsverhältnisse der Diakone und Diakoninnen in der Evangelischen Landeskirche in Württemberg vom 11. März 1997 (geändert durch Verordnung vom 12. Oktober 1999):

§ 1
Auftrag
(1) In ihrer Arbeit bezeugen Diakone/Diakoninnen die in Jesus Christus sichtbar gewordene Liebe Gottes. Sie helfen damit Menschen durch Wort und Tat, ihr Leben aus Gottes Hand anzunehmen und zu erfüllen.
(2) Diakone/Diakoninnen sind beauftragt, durch Hilfeleistung an Einzelnen und Gruppen materielle, leibliche, seelische und geistliche Not abzuwenden oder zu mildern; sie gehen dabei auch den Ursachen der Not nach.
(3) In der Jugend- und Bildungsarbeit der Kirche und im Religionsunterricht machen Diakone/Diakoninnen Kinder, Jugendliche und Erwachsene mit dem Evangelium bekannt.
(4) Im Rahmen ihres Auftrags beteiligen sich Diakone/Diakoninnen am kirchlichen Dienst der Verkündigung und Seelsorge.

§ 2
Geltungsbereich
(1) Bewerber/Bewerberinnen, die von der Evangelischen Fachhochschule Reutlingen-Ludwigsburg, Hochschule für Soziale Arbeit, Religionspädagogik und Diakonie, staatlich anerkannte Fachhochschule der Evangelischen Landeskirche in Württemberg, mit Sitz in Ludwigsburg und in anderen anerkannten Ausbildungsstätten ausgebildet worden sind, werden nach diesem Gesetz in den Dienst genommen.

Deutlich tritt die Mannigfaltigkeit der Berufsaufgaben der Diakone und Diakoninnen hervor. § 8 nennt konkret:

Zu den Dienstaufgaben eines Diakons/einer Diakonin gehören:
– der Dienst an Gefährdeten, Kranken, Behinderten, Pflege- und Hilfsbedürftigen,
– der Dienst an jungen Menschen (Jugendarbeit, Jugendhilfe, Religionsunterricht),

- die Mitarbeit in der kirchlichen Bildungsarbeit und in missionarischen Diensten,
- der Dienst an alten Menschen,
- Begleitung und Beratung von einzelnen Menschen und Gruppen in der Gemeinde und Institutionen der Diakonie,
- Gewinnung und Anleitung von Mitarbeitern und Mitarbeiterinnen,
- Erteilung von Religionsunterricht.

Im Rahmen seines/ihres jeweiligen Aufgabenbereichs obliegt dem Diakon/der Diakonin auch die Mitwirkung im Gottesdienst und in der Seelsorge.

Eine Gemeinsamkeit haben diese Aufgaben darin, dass sie regelmäßig über den Bereich der verfassten Kirche hinausführen. Annette Noller resümiert: „In der Begegnung mit Amtsträgerinnen und Amtsträgern im Diakonat begegnet Kirche am nicht kirchlichen Ort."[199] Bei den diakonischen Tätigkeiten geht es offenkundig um eine *intermediäre Praxis*. Sie vermitteln zwischen separat agierenden Organisationen, etwa Schule und Kirchengemeinde, Beratungsstellen und Ämtern usw. Damit wird der sonst bestehenden Gefahr der „Emigration der Kirche aus der Gesellschaft"[200] strukturell entgegengewirkt. Auf der anderen Seite dient die Betonung des Anteils diakonischer Arbeit „am kirchlichen Dienst der Verkündigung und Seelsorge". Dieser besonderen Aufgabe entspricht die – erwähnte – doppelte Ausbildung der Diakone und Diakoninnen. Dabei fällt die kirchliche Spezifizierung der im Gesetz genannten Ausbildungsstätten auf, deren Absolventen als Diakone und Diakoninnen eingesegnet werden kön-

---

199 Noller, Annette, Der Diakonat – historische Entwicklungen und gegenwärtige Herausforderungen, in: Dies./Eidt, Ellen/Schmidt, Heinz (Hg.), Diakonat – theologische und sozialwissenschaftliche Perspektiven auf ein kirchliches Amt (Diakonat – Theoriekonzepte und Praxisentwicklung 3), Stuttgart 2013, 42–84, 77.

nen. Schließlich führt diese Aufgabenstruktur zu besonderen, nämlich projektbezogenen und damit wenigstens grundsätzlich befristeten Beschäftigungsverhältnissen. Die intermediären, also an der Kommunikation mit anderen Organisationen orientierten Aufgaben erfordern eine hohe Flexibilität, die mit der herkömmlichen beamtenrechtlichen Planstellenstruktur in Spannung steht. Von daher erprobt das Württemberger Diakonie-Projekt die *Struktur von Projektstellen*.[201] Bei solchen jedenfalls anfangs als temporär geplanten Einsätzen besteht die Möglichkeit, schnell auf veränderte Bedingungen der Kommunikation des Evangeliums zu reagieren. Auch der Übergang von einer professionell notwendigen Anfangsphase zu einer späteren ehren- oder nebenamtlichen Erfüllung der Aufgaben („Diakonentum aller Glaubenden"[202]) ist hier möglich. Auf jeden Fall macht dieses Projekt auf mögliche Alternativen zur bisherigen, an Planstellen orientierten, staatsanalog ausgerichteten Organisation von Kirche aufmerksam. Gegenüber dem Fortschreiben von Überkommenem (einschließlich bestimmter Beamten-Privilegien) rückt die Sachaufgabe in den Vordergrund und bestimmt die Rahmenbedingungen für die im wörtlichen Sinn Dienst-Leistenden.[203]

---

200 S. die bei Erscheinen viel diskutierte Analyse von Matthes, Joachim, Die Emigration der Kirche aus der Gesellschaft, Hamburg 1964.

201 S. hierzu Eidt, Ellen, Kirche im Projektstress? Reflexion der Evaluationsergebnisse eines Diakonatsprojekts für die kirchliche Organisationsentwicklung, in: Eidt, Ellen/Schulz, Claudia (Hg.), Evaluation im Diakonat. Sozialwissenschaftliche Vermessung diakonischer Praxis (Diakonat – Theoriekonzepte und Praxisentwicklung 4), Stuttgart 2013, 490–514.

202 A. a. O., 505.

203 S. hierzu auch die anregenden Grundsatzüberlegungen von Bubmann, Peter, Der Dienst am Evangelium und die Vielfalt der Ämter. Zum Diako-

4. Privatrechtliche Beschäftigungen

Wie erwähnt befindet sich die große Mehrheit der in Kirche
und Diakonie Erwerbstätigen in privatrechtlichen Beschäftigungsverhältnissen. Das Spektrum der so Tätigen reicht weit:
von Küstern über Kirchenmusiker und Erzieher bis hin zu
Ärzten und Verwaltungsangestellten. Dabei ergeben sich drei
juristische Fragen:[204]

 – Nach welchen Kriterien darf Kirche bzw. Diakonie Be-
werber und Beschäftigte diskriminieren? Dabei steht vor allem die Anforderung der Kirchenmitgliedschaft im Fokus.

 – Welche besonderen Loyalitätsverpflichtungen dürfen
die kirchlichen und diakonischen Arbeitgeber fordern?

 – Inwiefern darf das kirchliche und diakonische Arbeits-
rechtssystem vom sonst Üblichen abweichen?

Dahinter steht grundsätzlich die Spannung zwischen allgemeinen Grundrechten wie der Religionsfreiheit und den
besonderen Anforderungen kirchlicher und diakonischer Ar-
beitsplätze.[205]

Um die Streitigkeiten hinsichtlich des *individuellen Arbeitsrechts* zu beenden, setzte der Rat der EKD 2005 eine
„Richtlinie über Anforderungen der privatrechtlichen beruf-

---

   nat im Kontext kirchlicher Berufe, in: Merz, Rainer/Schindler, Ulrich/
   Schmidt, Heinz (Hg.), Dienst und Profession. Diakoninnen und Diakone
   zwischen Anspruch und Wirklichkeit (VDWI 34), Heidelberg 2008, 70–83.

204 S. zum Folgenden Haspel, Michael, Diakonie und Arbeitsrecht in theologischer Perspektive, in: BThZ 30 (2013), 349–377, 351 f.

205 S. die Zusammenstellung der entsprechenden Bestimmungen im Allgemeinen Gleichbehandlungsgesetz und im Betriebsverfassungsgesetz und
   deren Ausnahmen für Religionsgemeinschaften bei Munsonius, Hendrik,
   Kirchliches Arbeitsrecht zwischen Glaube und Ökonomie, in: BThZ 30
   (2013), 378–394, 379.

lichen Mitarbeit in der EKD und des Diakonischen Werkes der EKD" in Kraft. Sie bestimmt in § 3 auf Grund des vorher entfalteten besonderen Auftrags der Kirche – das Evangelium in Wort und Tat zu bezeugen (§ 2,1) – die an kirchliche (und diakonische) Mitarbeiter und Mitarbeiterinnen zu richtenden Loyalitätsanforderungen:

> Berufliche Anforderung bei der Begründung des Arbeitsverhältnisses
> (1) Die berufliche Mitarbeit in der evangelischen Kirche und ihrer Diakonie setzt grundsätzlich die Zugehörigkeit zu einer Gliedkirche der Evangelischen Kirche in Deutschland oder einer Kirche voraus, mit der die Evangelische Kirche in Deutschland in Kirchengemeinschaft verbunden ist.
>
> (2) Für Aufgaben, die nicht der Verkündigung, Seelsorge, Unterweisung oder Leitung zuzuordnen sind, kann von Absatz 1 abgewichen werden, wenn andere geeignete Mitarbeiterinnen und Mitarbeiter nicht zu gewinnen sind. In diesem Fall können auch Personen eingestellt werden, die einer anderen Mitgliedskirche der Arbeitsgemeinschaft christlicher Kirchen in Deutschland oder der Vereinigung Evangelischer Freikirchen angehören sollen. Die Einstellung von Personen, die die Voraussetzungen des Absatzes 1 nicht erfüllen, muss im Einzelfall unter Beachtung der Größe der Dienststelle oder Einrichtung und ihrer sonstigen Mitarbeiterschaft sowie der wahrzunehmenden Aufgaben und des jeweiligen Umfeldes geprüft werden. § 2 Absatz 1 Satz 2 bleibt unberührt.
>
> (3) Für den Dienst in der evangelischen Kirche und ihrer Diakonie ist ungeeignet, wer aus der evangelischen Kirche ausgetreten ist, ohne in eine andere Mitgliedskirche der Arbeitsgemeinschaft Christlicher Kirchen oder der Vereinigung Evangelischer Freikirchen übergetreten zu sein. Ungeeignet kann auch sein, wer aus einer anderen Mitgliedskirche der Arbeitsgemeinschaft christlicher Kirchen in Deutschland oder der Vereinigung Evangelischer Freikirchen ausgetreten ist.

Dabei verrät Absatz 2, dass es mitunter erhebliche Schwierigkeiten gibt, die Kirchenmitgliedschaft als Voraussetzung für eine kirchliche Beschäftigung aufrechtzuerhalten. Die hier

vorgenommene Herausstellung einiger Bereiche kirchlicher
Arbeit ist nicht zuletzt hinsichtlich des Fehlens diakonischer
Arbeit theologisch problematisch. Denn das Helfen zum Leben gehört ebenso konstitutiv zur Kommunikation des Evangeliums wie Prozesse des Lehrens und Lernens sowie ge-
meinschaftliches Feiern. Dazu zeigt die Anwendung dieser
Richtlinie in den konkreten landeskirchlichen Bestimmungen, dass selbst die genannten Ausnahmen mancherorts
nicht ausreichen, um einen geregelten Dienstbetrieb zu gewährleisten. So enthält das „Kirchengesetz über die Anforderungen der privatrechtlichen beruflichen Mitarbeit und
die Genehmigung von Arbeitsverträgen" der Evangelischen
Kirche Berlin-Brandenburg-schlesische Oberlausitz von 2007
eine Ergänzung zu der EKD-Richtlinie.

In § 3 wird ein neuer dritter Absatz eingeschoben: „Für
Aufgaben der Erziehung und Unterweisung kann das Kon-
sistorium im Einzelfall Ausnahmen zulassen." Offenkundig
ist es im Bereich dieser Landeskirche nicht mehr möglich,
die Richtlinie im Bereich der „Unterweisung" durchzuhalten.
Besonders dramatisch stellt sich dieses Problem im Bereich
diakonischer Einrichtungen.[206] Die theologisch problematische Konsequenz, wenn solche – sachlich schwierigen – Aus-
nahme-Bestimmungen fehlen, sind Taufen von an einer Er-
werbsarbeit in kirchlichem Rahmen Interessierten, die nicht
selten unter dem Druck von Erwerbslosigkeit zustande kommen. Die Freiheit des Evangeliums wird so durch kirchliches
Recht schwer verletzt.[207] Umgekehrt hängt die Ausstrahlung

---

206 S. zum teilweise unter 50% der Beschäftigten liegenden Anteil der Kir-
     chenmitglieder in einzelnen Gebieten Haspel, Michael, Diakonie und Ar-
     beitsrecht in theologischer Perspektive, in: BThZ 30 (2013), 349–377, 365 f.
207 S. Grethlein, Christian, Taufpraxis in Geschichte, Gegenwart und Zu-
     kunft, Leipzig 2014, 96–98.

von Kirche und Diakonie von den konkreten Kommunikationen und damit auch persönlichen Einstellungen der dort Beschäftigen ab. Formale „Lösungen", kasuistisch immer weiter verfeinert, werden dabei der Dynamik der Kommunikation des Evangeliums nicht gerecht.

Hinsichtlich des *kollektiven Arbeitsrechtes* bestehen erhebliche Konflikte mit den Gewerkschaften, vor allem mit ver.di. Konkret geht es um den sog. „Dritten Weg". Das sonst herrschende Tarifvertragsmodell, das als letzte Waffe im Arbeitskampf den Streik vorsieht, wird hier abgelehnt, da es dem besonderen Charakter der Kirche widerspreche. An dessen Stelle treten paritätisch besetzte Arbeitsrechtliche Kommissionen. Sie beschließen die Arbeitsvertragsrichtlinien, die die Grundlage für die Arbeitsverträge bilden. Das von der EKD-Synode im November 2013 beschlossene Kirchengesetz über die Grundsätze zur Regelung der Arbeitsverhältnisse der Mitarbeiter und Mitarbeiterinnen in der EKD und ihrer Diakonie (Arbeitsrechtsregelungsgrundsätzegesetz – ARGG-EKD) geht dabei von folgenden Grundsätzen aus:

§ 2
Partnerschaftliche Festlegung der Arbeitsbedingungen
Die gemeinsame Verantwortung für den Dienst der Kirche und ihrer Diakonie verbindet Dienstgeber und Mitarbeiter wie Mitarbeiterinnen zu einer Dienstgemeinschaft, die auch in der Gestaltung der verbindlichen Verfahren zur Regelung der Arbeitsbedingungen ihren Ausdruck findet. Für die Regelung der Arbeitsbedingungen haben in der Dienstgemeinschaft Dienstgeber sowie Mitarbeiter und Mitarbeiterinnen und deren Interessenvertretungen die gemeinsame Verantwortung. Die Wahrnehmung dieser gemeinsamen Verantwortung setzt einen partnerschaftlichen Umgang voraus.

§ 3
Konsensprinzip
Die Arbeitsbedingungen der Mitarbeiter und Mitarbeiterinnen werden in einem kirchengemäßen Verfahren im Konsens geregelt. Kon-

flikte werden in einem neutralen und verbindlichen Schlichtungsverfahren und nicht durch Arbeitskampf gelöst.

Ausgangspunkt dieses Gesetzes ist der Begriff der „Dienstgemeinschaft", der in der gemeinsamen Aufgabe aller in der Kirche Beschäftigten begründet ist.[208] Dieser – ursprünglich aus der nationalsozialistischen Arbeitswelt stammende – Begriff wurde erst recht spät von Kirchenjuristen adaptiert, um kirchlichen Beschäftigungsverhältnissen eine Grundlage zu geben. Entgegen anderslautenden Behauptungen verdankt er sich keiner theologischen Reflexion. Vielmehr galt es – entsprechend Barmen III – nach dem Zweiten Weltkrieg, als vermehrt Mitarbeiter im Arbeiter- und Angestelltenverhältnis in Kirchen und Diakonie eingestellt wurden, ein adäquates Arbeitsrecht zu erstellen.[209] Der Dritte Weg wird als ein „kirchengemäßes Verfahren" entworfen, nach dem es ohne die üblichen Tarifauseinandersetzungen (inklusive Streik) für die bei der Kirche Beschäftigten zu einem gerechten Ausgleich kommen soll. Für dessen praktische Umsetzung sind paritätisch besetzte Arbeitsrechtliche Kommissionen[210] eingesetzt. Darin liegt erhebliches Konfliktpotenzial, das gegenwärtig besonders im Bereich der institutionalisierten Diakonie zu Auseinandersetzungen führt. Denn deren Einrichtungen agieren auf dem durch europapolitische Ent-

---

208 S. grundlegend die kritische Dekonstruktion dieses Konzepts in der juristischen Dissertation von Lührs, Hermann, Die Zukunft der Arbeitsrechtlichen Kommissionen. Arbeitsbeziehungen in den Kirchen und ihren Wohlfahrtsverbänden Diakonie und Caritas zwischen Kontinuität, Wandel und Umbruch. Baden-Baden 2009.

209 Grethlein, Gerhard, Dritter Weg II. Ev., in: LKStKR Bd. 1 (2000), 480–484, 481.

210 Zur genauen Zusammensetzung s. a. a. O., 481 f.

scheidungen auf Wettbewerb ausgerichteten sog. Sozialmarkt, auf dem Lohn-Dumping ein Instrument neben anderen ist, um einen Wettbewerbsvorteil zu erzielen. In Diakonischen Werken kam es in diesem Zusammenhang u. a. zu Leiharbeit und zum Outsourcing bestimmter Leistungen an Dritte, was den an sich geltenden Beschäftigungsvertrag unterläuft. Am 9. Oktober 2006 beanstandete der Kirchengerichtshof der EKD solche Praktiken und auch die EKD-Synode rügte sie 2011.[211] Ein weiterer Streitpunkt ist, dass dem Schlichtungsausschuss, der bei Nichteinigung in der Arbeitsrechtlichen Kommission in Aktion tritt, nur Kirchenmitglieder angehören dürfen (§ 10.3). Angesichts der steigenden Zahl von kirchlichen und diakonischen Mitarbeitern und Mitarbeiterinnen, die keine Kirchenmitglieder sind, ist diese Begrenzung zunehmend problematisch.

Zwar wurde bis jetzt durchgehend höchstgerichtlich das Selbstbestimmungsrecht der Kirche in den Konflikten um den Dritten Weg bestätigt, doch werden sich bei abnehmender Zahl der Kirchenmitglieder die Auseinandersetzungen wohl verschärfen. Die Expansion kirchlicher und vor allem diakonischer Unternehmungen steht in Spannung zur zurückgehenden Zahl der Kirchenmitglieder. Grundsätzlich theologisch kann dazu angefragt werden, ob die Behauptung besonderer Arbeitsverhältnisse in Diakonie und Kirche nicht ein verkürztes Verständnis der Kommunikation des Evangeliums impliziert. Denn auch außerhalb von Kirche und Diakonie wird das Evangelium in beruflichen (und freizeitbezogenen) Kontexten kommuniziert.

---

211 S. „Zehn Forderungen zur solidarischen Ausgestaltung des kirchlichen Arbeitsrechts" der 4. Tagung der 11. Synode der EKD vom 9. November 2011.

5. Zusammenfassung und Ausblick

Das kirchliche Dienst- und Arbeitsrecht ist historisch gewachsen. Dies gibt ihm eine gewisse Verlässlichkeit, birgt aber auch die Gefahr, sich selbstreferentiell von den gesellschaftlichen und daraus resultierenden beruflichen Herausforderungen abzukoppeln. Deutlich ist in den letzten zehn Jahren eine Verschiebung von den partikularrechtlichen Ausgestaltungen hin zu EKD-weiten Gesetzen und Richtlinien zu beobachten. Die Verabschiedung des Kirchenbeamtengesetzes 2005 und des Pfarrdienstgesetzes 2010 durch EKD-Synode und Kirchenkonferenz sind wichtige Schritte zur Vereinheitlichung der Rechtsverhältnisse innerhalb der deutschen Landeskirchen. Dabei bleiben noch Räume, die die Landeskirchen durch konkrete Regelungen ausfüllen können und müssen. Exemplarisch kann dies an der landeskirchlichen Konkretisierung des § 39 des EKD-Pfarrdienstgesetzes studiert werden, konkret hinsichtlich des Umgangs mit in Eingetragenen Partnerschaften lebenden Pfarrern. Zugleich fällt auf, dass diese Reformbemühungen sich primär auf den formalen Gesichtspunkt des Geltungsbereichs, nicht jedoch auf die inhaltlichen Neubestimmungen richten. Beim ausführlicher dargestellten Pfarrdienstrecht ist die Verhaftung in früheren Vorstellungen unübersehbar. Gewiss muss der Sprachgebrauch des Rechts eine gewisse Kontinuität aufweisen. Ob aber die Verwendung von Begriffen wie „Unterweisung" und „Verkündigung", die seit nunmehr fünfzig (!) Jahren in der damit beschäftigten (praktisch-)theologischen Wissenschaft kritisch gesehen werden,[212] für die Regelung heutiger Praxis tauglich sind, darf bezweifelt werden.

---

212 S. z. B. Dross, Reinhard, Religionsunterricht und Verkündigung. Systema-

Darüber hinaus stellt sich die *Grundsatzfrage, ob der Gesamtrahmen des Dienstrechts in seiner staatsanalogen Struktur auf Dauer aufrechterhalten werden soll und kann*: Zwar hat die Evangelische Kirche in Deutschland als Körperschaft des öffentlichen Rechts die Dienstherrenfähigkeit und kann so Beamten- und beamtenähnliche Dienstverhältnisse begründen. Ob dies aber angesichts der damit verbundenen Verpflichtungen, etwa hinsichtlich der Rückstellungen für Pensionen, günstig und langfristig verantwortlich ist, muss diskutiert werden. Schon jetzt belasten entsprechende Anforderungen in erheblichem Maß die kirchlichen Kassen und binden die kirchlichen Haushalte auf mehrere Jahrzehnte.

Die Konflikte im Bereich des Arbeitsrechts werfen wie die mittlerweile mannigfaltigen Ausnahmen hinsichtlich der Kirchenmitgliedschaft von kirchlich bzw. diakonisch Beschäftigten ebenfalls Fragen auf. Die Vorstellung einer exakt definierten, letztlich an der staatlichen Steuererhebung orientierten Kirchenmitgliedschaft mit entsprechender Exklusion aller anderen ist nicht nur praktisch bei der zurückgehenden Zahl der Kirchenmitglieder zunehmend schwerer durchzuhalten. Auch theologisch stellen sich hier Fragen, wenn der inklusive Modus der Kommunikation des Evangeliums bei Jesus ernst genommen wird. Nicht zuletzt religiös anders Orientierten und damit – nach antiken Vorstellungen – rituell Unreinen begegnete der Nazarener in einer erstaunlichen Unbefangenheit, die Anstoß bei den religiösen Funktionsträgern erregte. Sein Vertrauen auf die Wirkkraft des Evangeliums war offenkundig größer als die Angst um Verunreinigung oder Unklarheit. Rechtlich wird zu überle-

---

tische Begründungen der katechetischen Praxis seit der Dialektischen Theologie, Hamburg 1964.

gen sein, ob die einer binären Logik gehorchende Kirchen-
mitgliedschaftsregel nicht in die Form einer gestuften Kirchenmitgliedschaft zu überführen ist. Dabei verdient in
christentumsgeschichtlicher Perspektive vor allem das Katechumenat Beachtung.[213]

Auf jeden Fall ist beim heutigen kirchlichen Dienst- und
Arbeitsrecht eine Ambivalenz unübersehbar. Die große Stabi-
lität hat als Preis eine Rückwärtsgewandtheit und geringe
Flexibilität. Der Selbsterhalt der Organisation droht an die
Stelle von deren Aufgabe zu treten, die Kommunikation des
Evangeliums zu fördern.[214]

In diesem Zusammenhang könnte das genannte Württemberger Projekt zum Diakonat weiterführen. In seiner intermediären Ausrichtung spiegelt es den inklusiven Grundzug des Wirkens und Geschicks Jesu in eindrücklicher Weise
wider. Die Besitzstandswahrung als arbeitsrechtliches Grundprinzip ist hier der diakonischen Orientierung an den Menschen untergeordnet. Nicht die Binnenlogik der bestehenden
kirchlichen Organisation, sondern die Besonderheit des konkreten Kontextes und der damit gegebenen Herausforderungen formt die jeweiligen Einsatzbedingungen von Diakonen
und Diakoninnen. Man kann gespannt sein, ob und welche
Konsequenzen aus dem Projekt für das Diakonenrecht und
eventuell für das kirchliche Dienstrecht im Allgemeinen
gezogen werden. In England sind gegenwärtig unter dem

---

213 S. Huber, Wolfgang, Auf dem Weg zu einer Kirche der offenen Grenzen, in:
Lienemann-Perrin, Christine (Hg.), Taufe und Kirchenzugehörigkeit. Studien zur Bedeutung der Taufe für Verkündigung, Gestaltung Ordnung
der Kirche (FBESG 39), München 1983, 488–514.

214 S. die entsprechenden grundsätzlichen Anfragen bei Jones, Tony, The
New Christians. Dispatches from the Emergent Frontier, San Francisco
2008, 192.

Signum „fresh expressions" ähnliche Bemühungen hinsichtlich des Pfarrberufs zu beobachten.[215] „Contextualization"
eröffnet einen konzeptionellen Rahmen, innerhalb dessen
„pioneers" neue Formen kirchlicher Arbeit jenseits bestehen-
der Strukturen initiieren, ohne diese in die bestehende Organisation integrieren zu wollen. In der so entstehenden
„mixed economy" bestehen traditionelle und neue Organisationsformen nebeneinander, in der Hoffnung, dass sie sich
gegenseitig fördern.

---

215 S. hierzu programmatisch Moynagh, Michael, Church for Every Context.
An Introduction to Theology and Practice, London 2012.

VI. Kirchliche Gerichtsbarkeit und Lehrverfahren

1. GRUNDSÄTZLICHES

Die kirchliche Gerichtsbarkeit im Bereich der evangelischen Kirchen in Deutschland ist recht jung. Wie bereits gezeigt (→ Kap. I.3.), wendeten sich die Reformatoren scharf gegen die Jurisdiktion der Bischöfe (CA XXVIII). Im Zuge der Konstruktion des landesherrlichen Kirchenregiments übernahm der Staat die Aufgaben kirchlicher Gerichte. Vor allem ging es um die Disziplinarordnung für die Geistlichkeit.

Im Laufe des 19. Jahrhunderts trat im Zuge der Loslösung der Kirchen vom Staat die entsprechende Aufgabe als eine kirchliche langsam zu Tage, ohne dass es bereits zu konkreten Lösungen gekommen wäre. 1919 entstanden im Zuge der kirchlichen Neuordnung nach dem Zusammenbruch der Monarchie und dem dadurch bedingten Wegfall des landesherrlichen Kirchenregiments erste kirchliche Gerichte.

LITERATUR: Huber, Wolfgang, Lehrbeanstandung in der Kirche der Lehrfreiheit, in: Rau, Gerhard/Reuter, Hans-Richard/Schlaich, Klaus (Hg.), Das Recht der Kirche, Bd. III, Gütersloh 1994, 118–137; Maurer Hartmut, Grundprobleme der kirchlichen Gerichtsbarkeit, in: Ders., Abhandlungen zum Kirchenrecht und Staatskirchenrecht (JusEcc 59), Tübingen 1998, 137–177; Robbers, Gerhard, Lehrfreiheit und Lehrbeanstandung, in: Rau, Gerhard/Reuter, Hans-Richard/ Schlaich, Klaus (Hg.), Das Recht der Kirche, Bd. III, Gütersloh 1994, 138–152; Thiele, Christoph, Art. Gerichte, kirchliche, in: LKStKR 2 (2002), 67–70; Winter, Jörg, Die Union Evangelischer Kirchen als Beitrag zur Strukturreform der Evangelischen Kirche in Deutschland, in: ZevKR 49 (2004), 239–252.

Wie auch beim Pfarrdienstrecht kamen die wesentlichen Impulse aus dem staatlichen Bereich. Das staatliche Gerichtswesen war das Vorbild in diesem allerdings fragmentarischen und längst nicht alle Landeskirchen umfassenden Prozess. Theologisch rückte die Bedeutung einer eigenständigen kirchlichen Gerichtsbarkeit erst im Zuge von Barmen III (→ Kap. II.2.) ins Bewusstsein. Konkret brachen im Kirchenkampf Streitigkeiten z. B. um die Verwendung von Kollekten oder die Versetzung von Pfarrern auf. Doch bot sich in dieser Situation der grundsätzlichen Auseinandersetzung keine Gelegenheit, ein geordnetes Gerichtswesen aufzubauen.

Erst nach 1945 entstanden in größerem Umfang kirchliche Gerichte. Zuerst richteten die Kirchen von Westfalen und vom Rheinland 1945 sog. Rechtsausschüsse (wieder) ein. Diese waren – entsprechend den besonderen Erfordernissen der Zeit – vornehmlich Disziplinargerichte. Es galt die Verfehlungen der zurückliegenden Jahre auch rechtlich aufzuarbeiten. 1949 etablierte die EKD einen Schiedsgerichtshof. Er entscheidet bei Streitigkeiten zwischen Gliedkirchen und steht ihnen auf Wunsch als Verwaltungsgericht für innerkirchliche Streitigkeiten zur Verfügung. 1950 erließ die VELKD ein Kirchengesetz über die Errichtung eines Verfassungs- und Verwaltungsgerichts, das seinerseits wieder die Bildung kirchlicher Gerichte in den Gliedkirchen der VELKD förderte. Im Zuge dessen entstanden nachfolgend in fast allen Landeskirchen Gerichte oder zumindest gerichtsähnliche Instanzen. Systematisch gesehen folgt die Gerichtsbarkeit in den evangelischen Kirchen aus dem kirchlichen Selbstbestimmungsrecht:

> Sie schließt wegen der staatlichen Justizgewährungspflicht die Zuständigkeit der staatlichen Gerichtsbarkeit nicht grundsätzlich aus.

> Die kirchliche Gerichtsbarkeit ist der staatlichen Gerichtsbarkeit
> weder vorgeschaltet noch ist diese der staatlichen subsidiär.[216]

Der Gegenstand der kirchlichen Gerichte ergibt sich aus dem
schrift- und bekenntnisbezogenen Charakter des Evangelischen Kirchenrechts. Formal ausgedrückt: *Der Gegenstand
der kirchlichen Gerichte sind alle im Kirchenrecht geregelten
Sachverhalte.* D. h. inhaltlich: *Die kirchliche Gerichtsbarkeit
stellt keine geistliche Jurisdiktion dar.* Sie ist nur eine kirchliche Verfassungs- und Verwaltungsgerichtsbarkeit. „Ausgeschlossen sind danach sowohl Entscheidungen über Be-
kenntnisfragen als auch die Überprüfung sog. geistlicher
Amtshandlungen."[217]

Von daher müssen Lehrbeanstandungen bzw. Lehrverfahren eigens behandelt haben. Ihre Konsequenzen sind für
die Betroffenen unter Umständen zwar denen von Disziplinarverfahren sehr ähnlich. Jedoch erfordert das Verständnis
von Lehre im Kontext der Glaubensfreiheit eine grundsätzliche Unterscheidung.

2. INHALTLICHE BESTIMMTHEIT
VON KIRCHLICHER GERICHTSBARKEIT

Wie auch sonst im staatlichen Rechtswesen sind richterliche
Unabhängigkeit und Gesetzbindung wichtige Bestimmungen kirchlicher Gerichte. Konkret ist die Besetzung der einzelnen Spruchkörper unterschiedlich geregelt. In der Regel

---

216 Thiele, Christoph, Art. Gerichte, kirchliche, in: LKStKR 2 (2002), 67–70, 68.
217 Maurer Hartmut, Grundprobleme der kirchlichen Gerichtsbarkeit, in:
Ders., Abhandlungen zum Kirchenrecht und Staatskirchenrecht (JusEcc
59), Tübingen 1998, 137–177, 151.

müssen die jeweiligen Kammer- oder Senatsvorsitzenden über die Befähigung zum Richteramt verfügen. Tatsächlich sind die evangelischen Kirchengerichte „oftmals mit hochrangigen Richterpersönlichkeiten aus der staatlichen Gerichtsbarkeit besetzt",[218] die sich so ehrenamtlich für ihre Kirche engagieren.

Eine Besonderheit der inhaltlichen Bestimmung der evangelischen Gerichte ist die meist (nicht immer!) begegnende „Bindung an Schrift und Bekenntnis". Zum ersten Mal taucht diese Formulierung wohl 1952 in der Verordnung zum Verwaltungsgerichtshof für die Evangelische Kirche der altpreußischen Union auf. Dort heißt es in § 2:

> Der Verwaltungsgerichtshof trifft seine Entscheidungen unter Bindung an Schrift und Bekenntnis in richterlicher Unabhängigkeit.[219]

Andere Kirchengerichtsgesetze folgten inzwischen, wobei sich in der genauen Formulierung Nuancen verschieben. So heißt es in § 6 I,1 der Verordnung über den Verwaltungsgerichtshof der EKU in der Fassung vom 4.11.1969:

> Die Mitglieder des Verwaltungsgerichtshofs haben ihr Amt in Gehorsam gegen Gottes Wort und in Bindung an Gesetz und Recht unparteiisch und in richterlicher Unabhängigkeit auszuüben.[220]

Auf jeden Fall fällt die Doppelbindung des Verwaltungsgerichtshofs auf: an Schrift und Bekenntnis bzw. Gottes Wort sowie an die richterliche Unabhängigkeit. Dies ist in mehrfacher Hinsicht bedeutungsvoll. Grundsätzlich macht die Bin-

---

218 Thiele, Christoph, Art. Gerichte, kirchliche, in: LKStKR 2 (2002), 67–70, 69.

219 Zitiert nach: Maurer, Hartmut, Grundprobleme der kirchlichen Gerichtsbarkeit, in: Ders., Abhandlungen zum Kirchenrecht und Staatskirchenrecht (JusEcc 59), Tübingen 1998, 137–177, 146.

220 Ebd.

dung an Schrift und Bekenntnis deutlich, dass das kirchliche Recht kein Selbstzweck ist. Es ist – in der Formulierung Hartmut Maurers – „dienendes Recht, indem es die notwendige Ordnung für das Leben in der Kirche schafft und erhält"[221]. Evangelische Gerichte sind dementsprechend darauf ausgerichtet, die Kommunikation des Evangeliums zu fördern, wozu die Beseitigung von deren Behinderung gehört. Sie achten auf die Einhaltung der dazu notwendigen bzw. hilfreichen Regelungen und Bestimmungen. Daraus folgt, dass der Richter bei einem etwaigen Konflikt zwischen Schrift und Bekenntnis bzw. Kirchengesetz letzteres korrigieren muss. Dass damit schwierige hermeneutische Fragen verbunden sind, liegt auf der Hand. Mehr Bedeutung für die Praxis der Rechtsprechung hat, dass Schrift und Bekenntnis bei der Auslegung der kirchlichen Gesetze und im Prozedere des Verfahrens selbst zu beachten sind: „In dieser Sicht erhält auch die in mehreren Kirchengesetzen festgelegte Verpflichtung des Gerichts, auf eine gütliche Einigung der Parteien hinzuwirken, ihren tieferen Grund."[222]

Schließlich ist die Betonung der richterlichen Unabhängigkeit wichtig. Damit wird der Tatsache Rechnung getragen, dass Schrift und Bekenntnis bzw. „Wort Gottes" nur im jeweiligen situativen Kontext zugänglich und somit auf diesen hin zu applizieren sind, wozu auch inhaltliche Transformationen gehören können.

---

221 A. a. O., 148.
222 A. a. O., 150.

3. Gerichtszweige

Gerichte haben grundsätzlich die Aufgabe, bei Streitigkeiten auf der Grundlage des bestehenden Rechts in einem geordneten Verfahren eine Entscheidung herbeizuführen. Da es auch in den evangelischen Kirchen Auseinandersetzungen gibt, die nicht durch das Gespräch geklärt werden können, bedarf es eines Gerichtswesens. Damit ist freilich nicht der Gang zu staatlichen Gerichten ausgeschlossen. Jedoch können diese – entsprechend dem grundgesetzlichen Selbstbestimmungsrecht der Kirchen (Art. 140 GG i. V. m. Art. 137 Abs. 3 WRV) – inhaltlich nur den innerkirchlich getroffenen Regelungen folgen. Dabei ist aber grundsätzlich zu beachten, *dass geistliche Entscheidungen – wie etwa die Zulassung zur Taufe oder Ordination – dem Gerichtswesen entnommen sind.* Sie werden ausdrücklich nur von den dazu Befugten entschieden, im Falle der Taufe von den Ordinierten, im Falle der Ordination von dem dazu befugten Bischof bzw. Superintendenten. Bei versagter Taufe gibt es eine Einspruchsmöglichkeit bei Dekanen bzw. Superintendenten, die dann endgültig entscheiden; bei der Ordination als einem geistlichen Akt fehlt bei Verweigerung eine Berufungsinstanz. Für alle anderen Vollzüge steht in den evangelischen Kirchen eine Klagemöglichkeit vor dem jeweiligen Gericht offen.

Wie im staatlichen Justizwesen gibt es in der evangelischen Kirche verschiedene Gerichte, wobei entsprechend der jeweiligen Tradition unterschiedliche Formen bestehen. Grundsätzlich können vier verschiedene Typen beschrieben werden:

Gerichtszweige in den evangelischen Kirchen

Verwaltungsgerichte
Disziplinargerichte
Gerichte für mitarbeitervertretungsrechtliche Streitigkeiten
Verfassungsgerichte

Die *Verwaltungsgerichtsbarkeit* hat das kirchliche Verwaltungshandeln zu überprüfen, womit in einzelnen Landeskirchen teilweise verfassungsrechtliche Zuständigkeiten verbunden sind. Grundsätzlich gilt hier eine Zweistufigkeit, d. h., es gibt gegenüber den teils auf Landeskirchenebene, teils auf Kirchenbund- bzw. Konföderationsebene angesiedelten Verwaltungsgerichten noch eine Revisionsinstanz. Die jeweiligen Disziplinarkammern führen gerichtsförmige *Disziplinarverfahren* gegen die in einem öffentlich-rechtlichen Dienstverhältnis Stehenden, also Pfarrer und Kirchenbeamte, durch. Das Disziplinarrecht ist durch das seit Oktober 2009 geltende Disziplinargesetz der EKD (DG.EKD) einheitlich geregelt. Für *Auseinandersetzungen auf arbeitsrechtlichem Gebiet* (einschließlich der Mitarbeitervertretung) gibt es eigene Gerichte. Schließlich bestehen für grundlegende Fragen, Auseinandersetzungen der kirchlichen Verfassungsorgane oder Normenkontrollklagen *Verfassungsgerichte*, die wiederum im Einzelnen auf unterschiedlichen Ebenen organisiert sind.

Auf EKD-Ebene kam es durch das Kirchengerichtsgesetz (KiGG.EKD) vom November 2003 zu einer Vereinheitlichung. Es bestehen dort ein Verfassungsgerichtshof und ein Kirchengerichtshof, deren Zuständigkeiten in § 5 des genannten Gesetzes geregelt sind:

(1) Der Verfassungsgerichtshof der Evangelischen Kirche in Deutschland entscheidet über die nach diesem Kirchengesetz geregelten Angelegenheiten und in Streitigkeiten nach Artikel 32b und 32c der Grundordnung.

(2) Das Kirchengericht der Evangelischen Kirche in Deutschland entscheidet

1. in Verfahren nach dem Disziplinargesetz der Evangelischen Kirche in Deutschland,

2. über Streitigkeiten aus der Anwendung des Mitarbeitervertretungsgesetzes der EKD,

3. in Verfahren nach dem Verwaltungsgerichtsgesetz der EKD,

4. über Streitigkeiten aus der Anwendung des Pfarrerratgesetzes,

5. über Streitigkeiten aus der Anwendung des Arbeitsrechtsregelungsgrundsätzegesetzes und

6. in Streitigkeiten aus der Anwendung der Regelungen über den kirchlichen Datenschutz.

(3) Der Kirchengerichtshof der Evangelischen Kirche in Deutschland ist Kirchengericht zweiter Instanz in Verfahren nach Absatz 2.

(4) 1 Werden die Kirchengerichte der Evangelischen Kirche in Deutschland von den Gliedkirchen und gliedkirchlichen Zusammenschlüssen als zuständige Kirchengerichte bestimmt, so ist dies im Voraus gegenüber dem Rat der Evangelischen Kirche in Deutschland anzuzeigen. 2 Dies gilt auch, wenn entsprechende Regelungen geändert werden.

Darüber hinaus halten die Kirchenbünde (UEK und VELKD) weitere Rechtsmittelinstanzen vor.

Ein Blick auf die römisch-katholische Kirche und ihr Gerichtswesen zeigt – neben dem Fehlen einer Ehegerichtsbarkeit (→ Kap. V.6.) – einen wichtigen konfessionellen Unterschied, der die Spezifik des evangelischen Rechtsverständnisses beleuchtet. Die katholische Seite kennt keine Verwaltungsgerichtsbarkeit. In ihr werden zwar Legislative, Exekutive und Judikative unterschieden, sind aber auf Grund des hierarchischen Grundprinzips nicht getrennt. Damit fehlt in der römischen Kirche die Grundvoraussetzung für eine dem Gleichheitsgrundsatz verpflichtete – und damit potenziell hierarchiekritische – Verwaltungsgerichtsbarkeit.[223]

Bisher war noch nicht von Fragen der Lehre bzw. Lehrbeanstandung die Rede. Sie müssen aus theologischen Gründen streng von den Disziplinarverfahren getrennt werden. Dazu ist sorgfältig zwischen disziplinärer Verfehlung und lehrmäßigem Dissens im pastoralen Wirken zu unterscheiden. So könnte z. B. bei der Verweigerung von Kindertaufen durch einen Pfarrer/eine Pfarrerin disziplinär etwa durch eine Versetzung auf eine Stelle, die nicht mit Taufen von Kindern verbunden ist, oder durch eine Versetzung in den Wartestand reagiert werden. Dabei würde das Verhalten als Verstoß gegen die Lebensordnung gewertet. Eventuell wäre auch gemäß dem EKD-Pfarrdienstgesetz eine „nachhaltige Störung in der Wahrnehmung des Dienstes" (früher: Nichtgedeihlichkeit des Wirkens) zu diagnostizieren. Für beides scheinen die Tatbestandsvoraussetzungen gegeben. Allerdings ist zu beachten, dass sowohl der Verstoß gegen die Lebensordnung als auch ein eventuelles Zerwürfnis mit der Gemeinde nur Folgen der Ablehnung der Kindertaufe sind. Diese Position betrifft aber letztlich eine theologische, die Lehre des Pfarrers betreffende Frage. Sie darf nur in einem Lehrverfahren geklärt werden.

---

223 Zur Diskussion im Vorfeld des CIC 1983, ob nicht doch eine Verwaltungsgerichtsbarkeit auf teilkirchlicher oder diözesaner Ebene eingerichtet wird, s. Handschuh, Wilhelm, Diözesane Schieds- und Schlichtungsstellen in der katholischen Kirche. Eine rechtssystematische Untersuchung für den Bereich der Deutschen Bischofskonferenz, Berlin 2006, 36–40.

4. LEHRVERFAHREN

Gleichsam die Nagelprobe auf die Tauglichkeit des Evangelischen Kirchenrechts stellen Auseinandersetzungen um die
rechte Lehre dar. Auf der einen Seite gilt es, menschliche Einsicht und göttliches Handeln sorgfältig zu unterscheiden.
Dementsprechend kennen die evangelischen Kirchen kein
Lehramt. Vielmehr kann der Protest gegen den entsprechenden – bis heute bestehenden – päpstlichen Anspruch als wesentliche Triebfeder für die Reformation gelten. Auf der anderen Seite hat die Gemeinde ein Recht darauf, dass ihr das
Evangelium „rein gepredigt" (lat.: pure docetur; CA VII, BSLK
61) wird, weil davon das Heil der Menschen abhängt. Verwir-
rung muss vermieden werden. Schon Art. XXVIII der Confessio Augustana formulierte, dass die Beurteilung der Lehre
„ohn menschlichen Gewalt, sonder allein durch Gottes Wort"
(BSLK 124) erfolgen solle (→ Kap. I.3.). Doch wurden unter dem
landesherrlichen Kirchenregiment Fragen der abweichenden
Lehre obrigkeitlich als Disziplinarfälle verhandelt. „Die Bewahrung der Lehreinheit wurde als Teil der von den Landesherren auszuübenden Aufsicht über die Disziplin der Pfarrer
angesehen."[224]

Erst das preußische Irrlehregesetz, 1909 von der Generalsynode der altpreußischen evangelischen Kirche einstimmig
verabschiedet und 1910 vom König ratifiziert, brachte eine
tiefgreifende Änderung. Es beginnt programmatisch: „Wegen Irrlehre eines Geistlichen findet fortan ein disziplina-

---

224 Huber, Wolfgang, Lehrbeanstandung in der Kirche der Lehrfreiheit, in:
     Rau, Gerhard/Reuter, Hans-Richard/Schlaich, Klaus (Hg.), Das Recht der
     Kirche, Bd. III, Gütersloh 1994, 118–137, 120.

risches Verfahren nicht statt."[225] Hiermit wurde also ein eigenständiges Verfahren für den Umgang mit Lehrkonflikten eingeführt. Sein Ziel war nur die Feststellung, ob „eine weitere Wirksamkeit des Geistlichen innerhalb der Landeskirche mit der Stellung, die er in seiner Lehre zum Bekenntnisse der Kirche einnimmt, unvereinbar ist",[226] also keine Verurteilung. Auf die dabei *zentrale Funktion des Bekenntnisses* macht in kontroverstheologischer Perspektive Wolfgang Huber aufmerksam:

> Zwar hat das II. Vaticanum hervorgehoben, daß die Weitergabe der Offenbarung geschichtlichen Charakter trägt; gleichwohl wird die Weitergabe der Offenbarung in Schrift und Tradition als ein Depositum angesehen, das durch das hierarchische Lehramt in authentischer und definitiver Form vergegenwärtigt wird. [...] Evangelisches Verständnis von Lehre dagegen hat seinen Zielbegriff nicht im Dogma, sondern im Bekenntnis. Das Bekenntnis beansprucht nicht, die Offenbarung selbst weiterzugeben oder zu übermitteln, sondern die geschehene Offenbarung zu bezeugen.[227]

Von daher hat die Lehrbildung in der evangelischen Kirche eine Dynamik, die dem kommunikativen Vollzug des Bekennens entspricht. So verwundert es nicht, dass seit 1910, als erstmals die Lehrbeanstandung als eigener Tatbestand gesetzlich eingeführt wurde, bisher nur viermal Lehrbeanstandungs- bzw. Lehrverfahren (bzw. früher: Lehrzuchtverfahren) durchgeführt und abgeschlossen wurden. Die vier Fälle, in denen solch ein Verfahren zur Entlassung führte, waren:

---

225 Zitiert nach: Beutel, Albrecht, Zensur und Lehrzucht im Protestantismus. Ein Prospekt, in: Ders., Spurensicherung (2009), Tübingen 2013, 37–59, 54.

226 Ebd.

227 Huber, Wolfgang, Lehrbeanstandung in der Kirche der Lehrfreiheit, in: Rau, Gerhard/Reuter, Hans-Richard/Schlaich, Klaus (Hg.), Das Recht der Kirche, Bd. III, Gütersloh 1994, 118–137, 121 f.

– Der Pfarrer Carl Jatho (1851–1913) sah sich als Vertreter moderner Theologie. Er hatte sich, seit 1891 in Köln wirkend, eine große Personalgemeinde aufgebaut. Doch fanden seine pantheistischen und monistischen Auffassungen auch Kritik. Als er die liturgische Verwendung des Apostolicums verweigerte, wurde im März 1911 ein förmliches Lehrbeanstandungsverfahren gegen ihn eröffnet. Vier Monate später wurde er mit der „Feststellung" entlassen, er „sei zu weiterem Dienst in der Landeskirche ungeeignet".[228] Dabei wurden ihm seine Pensionsbezüge belassen.

– Ebenfalls mit dem Apostolicum hing das zweite Lehrverfahren, jetzt gegen den bayrischen Pfarrer Ferdinand Knote, zusammen. Auf Grund des Kirchengesetzes über das Verfahren bei Lehrirrtümern in der Evangelisch-Lutherischen Kirche in Bayern rechts des Rheins (von 1922) wurde Knote 1929 in den dauernden Ruhestand mit Ruhegehalt versetzt. Er hatte bei Bittgottesdiensten und kirchlichen Handlungen ein anthroposophisch gefärbtes Glaubensbekenntnis an die Stelle des Apostolicums gesetzt.[229]

– Der dritte Fall spielte sich in Württemberg nach dem Zweiten Weltkrieg ab. Der seit 1946 in Möttlingen amtierende Pfarrer Richard Baumann (1899–1997) war nach einem Bekehrungserlebnis zu der Auffassung gelangt, dass die evangelische Christenheit in die katholische Kirche unter Anerkennung des päpstlichen Primats zurückgeführt werden müsse. 1947 in den Wartestand versetzt, beharrte er auf einem förm-

---

228 Beutel, Albrecht, Zensur und Lehrzucht im Protestantismus. Ein Prospekt, in: Ders., Spurensicherung (2009), Tübingen 2013, 37–59, 55.

229 Robbers, Gerhard, Lehrfreiheit und Lehrbeanstandung, in: Rau, Gerhard/ Reuter, Hans-Richard/Schlaich, Klaus (Hg.), Das Recht der Kirche, Bd. III, Gütersloh 1994, 138–152, 139 f.

lichen Lehrverfahren, für das es damals in Württemberg noch keine Ordnung gab. So wurde 1951 eine Lehrzuchtordnung verabschiedet, nach der Baumann 1953 vom pastoralen Dienst suspendiert wurde. Nicht nur in dieser terminlichen Hinsicht, sondern auch in der Verquickung von seelsorgerlichen Bemühungen und rechtlichem Prozedere verlief dieses Verfahren recht unglücklich,[230] obwohl der Ausgang allgemein einleuchtete. Merkwürdigerweise konvertierte der entlassene Pfarrer erst 1982 zum Katholizismus.

– Schließlich vertrat der seit 1970 an der St.-Jacobi-Kirche in Hamburg tätige Pfarrer Dr. Paul Schulz (geb. 1937) die Lehre, dass Gott eine Projektion des menschlichen Ichs sei („Ist Gott eine mathematische Formel?"[231]). 1975 wurde mit Schulz ein Lehrgespräch geführt, das zu einem einjährigen bezahlten Studienurlaub führte. 1977 wurde dann ein nach der VELKD-Ordnung (von 1956) betriebenes Lehrverfahren begonnen, das 1979 mit der Entlassung aus dem kirchlichen Dienst endete.[232] Mittlerweile vertritt Schulz in mehreren Publikationen einen klaren Atheismus.[233]

Allerdings gab es über diese vier Fälle hinaus noch weitere Konflikte um die Lehre in den deutschen evangelischen Kirchen. In manchen Fällen einigte man sich vor Abschluss des Verfahrens: durch Rücknahme beanstandeter Lehre oder

---

230 Zu näheren Umständen s. Beutel, Albrecht, Zensur und Lehrzucht im Protestantismus. Ein Prospekt, in: Ders., Spurensicherung (2009), Tübingen 2013, 37–59, 56 f.

231 Schulz, Paul, Ist Gott eine mathematische Formel? Ein Pastor im Glaubensprozeß seiner Kirche, Hamburg 1977.

232 Eine Dokumentation von Spruch, Verfahren und öffentlicher Diskussion findet sich in: epd-Dokumentation Nr. 15–16/79.

233 Zuletzt: Schulz, Paul, Atheistischer Glaube. Eine Lebensphilosophie ohne Gott, Wiesbaden 2008.

durch Verzicht auf die Ordination bzw. Bevollmächtigung. Doch auch dies sind nur Einzelfälle. Auffällig ist, dass – abgesehen vom Apostolicums-Streit um die Wende vom 19. zum 20. Jahrhundert – Auseinandersetzungen, die die evangelischen Gemeinden im 20. Jahrhundert lehrmäßig erschütterten, nicht mit dem Instrument Lehrverfahren geklärt wurden:

– Die Irrlehre der Deutschen Christen wurde in keinem Lehrverfahren erfasst. Nach dem Zweiten Weltkrieg wurde hier mit der Disziplinarordnung operiert.

– Die Diskussionen um die Entmythologisierung (Rudolf Bultmann) bis hin zur sog. Gott-ist-tot-Theologie, in denen wiederholt mit Schrift und Bekenntnis argumentiert wurde, blieben ohne Niederschlag in einem zu Ende geführten Verfahren.

– Die Auseinandersetzungen um die atomare Rüstung, die Apartheid-Politik und die Probleme der Weltwirtschaft, bei denen verschiedentlich ein status confessionis proklamiert wurde, wurden ebenfalls kein Gegenstand von Lehrverfahren.

– Dies gilt schließlich für die ebenfalls ins Grundsätzliche führenden Auseinandersetzungen um die feministische Theologie. Zwar kam es hierbei zu Verfahren (z. B. Jutta Voß, Württemberg), die aber nicht zu Ende geführt, sondern mit dem freiwilligen Ausscheiden beendet wurden. Wolfgang Huber folgert daraus:

> Die starke Betonung der Lehrfreiheit für den Protestantismus zeigt sich also am deutlichsten daran, daß Lehrkonflikte, die für größere Gruppen in der Kirche von zentraler Bedeutung waren, bisher noch nie mit dem Mittel der Lehrbeanstandung ausgetragen wurden. Der Einsatz dieses Mittels beschränkte sich vielmehr auf die Regelung von Einzelfällen, in denen andere Versuche der Beilegung gescheitert waren.[234]

Im Weiteren sollen noch einige besondere Sachverhalte und Probleme dargestellt werden, die sich im Zusammenhang von Lehrverfahren ergeben: Zuerst ist der *Verfahrensverlauf* bemerkenswert.

Verfahrensablauf eines Lehrverfahrens (VELKD)[235]

Einleitung auf Grund von „nachweisbaren Tatsachen"
Lehrgespräch mit drei Theologen (nichtöffentlich)
Feststellungsverfahren durch Spruchkollegium mit mündlicher Verhandlung (grundsätzlich öffentlich)
Spruch (mit mindestens 5/7-Mehrheit)

Die *Einleitung des Verfahrens* erfordert nach § 1 des VELKD-Gesetzes zur Lehrbeanstandung, das hier exemplarisch herangezogen wird:

> nachweisbar Tatsachen für die Annahme [...], daß ein ordinierter Geistlicher oder ein sonstiger Inhaber eines kirchlichen Amtes oder Auftrags öffentlich durch Wort oder Schrift in der Darbietung der christlichen Lehre oder in seinem gottesdienstlichen Handeln in entscheidenden Punkten in Widerspruch zum Bekenntnis der evangelisch-lutherischen Kirche tritt und daran beharrlich festhält, und

---

234 Huber, Wolfgang, Lehrbeanstandung in der Kirche der Lehrfreiheit, in: Rau, Gerhard/Reuter, Hans-Richard/Schlaich, Klaus (Hg.), Das Recht der Kirche, Bd. III, Gütersloh 1994, 118–137, 121 f.123.

235 Nach Kirchengesetz über das Verfahren von Lehrbeanstandungen vom Januar 1983. Der Aufbau entspricht dem der Ordnung des Verfahrens bei der Beanstandung der Lehre ordinierter Diener am Wort (Lehrbeanstandungsordnung) der EKU vom Juni 1963; hier ist allerdings beim Feststellungsverfahren die Öffentlichkeit ausgeschlossen (§ 24).

wenn vorausgegangene seelsorgerliche Bemühungen nicht zu einer Behebung der Anstöße geführt haben.

Liegt dies vor, ist ein *Lehrgespräch* zu initiieren, das nichtöffentlich von drei Theologen, von denen einer akademischer Lehrer der Theologie ist, mit dem Beanstandeten geführt wird. Er kann eine Person seines Vertrauens zu dem Gespräch hinzuziehen. Ziel ist es, dass es zur Einsicht in die falsche Lehre kommt.

Falls dies nicht erreicht wird, wird das *Feststellungsverfahren* durch das Spruchkollegium eröffnet, dessen Zusammensetzung in § 7 wie folgt geregelt ist.[236]

(1) Das Spruchkollegium besteht aus:

a) einem Mitglied der Bischofskonferenz, das den Vorsitz führt, und einem Theologen im akademischen Lehramt,

b) fünf weiteren Mitgliedern, darunter zwei Theologen, die die Voraussetzungen für die Wahl eines geistlichen Mitgliedes in die Generalsynode erfüllen. Ein Mitglied nach Satz 1 Buchstabe b muß die Befähigung zum Richteramt haben.

(2) Die Mitglieder nach Absatz 1 Satz 1 Buchstabe a werden von der Bischofskonferenz, die Mitglieder nach Absatz 1 Satz 1 Buchstabe b von der Generalsynode gewählt. Die Wahlen erfolgen anläßlich der zweiten Tagung der jeweiligen Generalsynode.

In der Spruchkammer muss demnach ein Theologieprofessor mitwirken. Er wird durch die Bischofskonferenz gewählt. Dem entspricht, dass die Ordnung des Lehrverfahrens nicht auf die Hochschullehrer ausgedehnt worden ist. In den kirchlichen Ordnungen gelten die Theologischen Fakultäten als „membra ecclesiae". Sie nehmen also an der Lehrverantwortung teil und kommen – im Gegensatz zu ihren katholisch-

---

236 Dazu kommt, dass kein am Lehrgespräch Beteiligter Mitglied der Spruchkammer sein darf (§ 10,3).

theologischen Schwesterfakultäten – nicht als Objekte kirchlicher Lehrverantwortung in den Blick.

> Die Absicht, Vertreter der wissenschaftlichen Theologie an Lehrbeanstandungsverfahren zu beteiligen, genießt durchgängig den Vorrang vor der Absicht, sie solchen Verfahren zu unterwerfen. Kirchliche Maßnahmen gegenüber einer Lehrerin oder einem Lehrer der Theologie können sich im gegebenen Fall also ausschließlich auf ihre oder seine Rechte aus der Ordination sowie auf spezifisch kirchliche Mitwirkungsrechte, insbesondere die Mitwirkung an Prüfungen und in kirchlichen Gremien, beziehen. [...] Ein rechtlich geordnetes nachträgliches Beanstandungsverfahren gegenüber Hochschullehrerinnen und Hochschullehrern der evangelischen Theologie existiert nicht.[237]

Die sich daraus ergebenden möglichen Schwierigkeiten wurden vor kurzem anhand der Causa des – allerdings nichtordinierten – Göttinger Theologieprofessors für Neues Testament Gerd Lüdemann handgreiflich. Dieser hatte u. a. im Zuge einer radikalen Dekonstruktion der Jesus-Logien die Wahrheit der Auferstehung geleugnet. In Folge des Verlangens der evangelischen Kirchen der niedersächsischen Konföderation auf Entlassung und dann abgemildert Ausgliederung aus der Theologischen Fakultät kam es zu einem jahrelangen Rechtsstreit vor staatlichen Gerichten, der schließlich 2008 durch ein Urteil des Bundesverfassungsgerichts beendet wurde.[238] Die Universität hatte dem Kläger einen nichtkonfessionsgebundenen Lehrstuhl für „Geschichte und Literatur des frühen Christentums" (später: „Frühchristliche Studien") eingerichtet; seine Prüfungserlaubnis im Rahmen der (konfessionsge-

---

237 Huber, Wolfgang, Lehrbeanstandung in der Kirche der Lehrfreiheit, in: Rau, Gerhard/Reuter, Hans-Richard/Schlaich, Klaus (Hg.), Das Recht der Kirche, Bd. III, Gütersloh 1994, 118–137, 130.

238 Wichtige Passagen des Urteils sind dokumentiert in: ZevKR 54 (2009), 221–237.

bundenen) Pfarrer- und Religionslehrerausbildung war erlo-
schen. Dies wurde gerichtlich bestätigt. Interessant ist u. a.,
dass beim Beschluss des Bundesverfassungsgerichts das Votum der Theologischen Fakultät Göttingen eine nicht un-
maßgebliche Rolle spielte:[239]

> Für evangelische Fakultäten kommt hinzu, daß die Kirche es ihnen –
> anders als die katholische Kirche mit ihrem verbindlichen Lehramt –
> in erster Linie selbst überläßt, die Bekenntnisgemäßheit der Lehre zu
> wahren [...] Die Rechtfertigung dieses Vertrauen der Kirche ist für die
> Wissenschaftsfreiheit der theologischen Lehre und Forschung an
> evangelischen theologischen Fakultäten von grundlegender Bedeu-
> tung. Es gehört daher zum Grundrecht der theologischen Fakultäten
> aus Art. 5 Abs. 3 GG, die Bekenntnismäßigkeit der in ihrem Bereich
> vertretenen konfessionellen Lehre zu wahren.[240]

Ansonsten erstreckt sich ein Lehrverfahren aber nicht nur
auf ordinierte Pfarrer. Es können nach neueren Verfahrens-
ordnungen etwa auch Religionslehrer oder ehrenamtliche
Mitglieder der Kirchenleitung einem solchen Verfahren un-
terliegen.

Das weitere Prozedere des Lehrverfahrens ist erkennbar
von dem Bemühen geprägt, sich von einem Disziplinarverfahren abzusetzen:

> § 15
> (1) Die mündliche Verhandlung kann nur in Anwesenheit aller Mit-
> glieder des Spruchkollegiums und des Betroffenen stattfinden. Ist der
> Betroffene verhindert, wird ein neuer Verhandlungstermin anbe-
> raumt; nimmt der Betroffene ohne hinreichenden Grund an der Sit-
> zung nicht teil, so kann in seiner Abwesenheit verhandelt werden.
> Zur mündlichen Verhandlung wird die Kirchenleitung geladen; sie
> kann einen Vertreter entsenden.

---

239 Auch der Vorsitzende des Evangelisch-Theologischen Fakultätstages war
vom Gericht um eine gutachterliche Äußerung gebeten worden.
240 Aus der Urteilsbegründung, zitiert in: ZevKR 54 (2009), 222–237, 228 f.

(2) In der mündlichen Verhandlung sind die geltend gemachten Lehrbeanstandungen im Rahmen der gesamten Lehrdarbietung des Betroffenen und gegebenenfalls seines gottesdienstlichen Handelns einer umfassenden Würdigung zu unterziehen.

(3) Die Verhandlung ist öffentlich. Das Spruchkollegium kann auf Antrag des Betroffenen oder von sich aus die Öffentlichkeit einschränken oder ausschließen; bei Ausschluß der Öffentlichkeit kann die Anwesenheit einzelner Personen zugelassen werden. Die Entscheidung über Einschränkung oder Ausschluß der Öffentlichkeit ist zu begründen; sie ist unanfechtbar.

(4) Über die mündliche Verhandlung wird ein Wortprotokoll geführt.

§ 16

(1) Kommt das Spruchkollegium aufgrund der mündlichen Verhandlung zu der Feststellung, daß der Betroffene öffentlich durch Wort oder Schrift in der Darbietung der christlichen Lehre oder in seinem gottesdienstlichen Handeln in entscheidenden Punkten in Widerspruch zum Bekenntnis der evangelisch-lutherischen Kirche getreten ist und daß er beharrlich daran festhält, so stellt es dies in einem Spruch fest. Dieser Beschluß bedarf der Zustimmung von mindestens fünf Mitgliedern.

(2) Wird diese Mehrheit nicht erreicht, so stellt das Spruchkollegium das Verfahren durch Beschluß ein.

Der Beschluss zur Entlassung bedarf demnach mindestens einer 5/7-Mehrheit der Spruchkammer – eine hohe Hürde.

Ein Rückblick auf die Diskussionen und Auseinandersetzungen der vergangenen Jahrzehnte zeigt deutlich die Zeitbezogenheit von Lehrauseinandersetzungen. Teilweise trieben Irrtümer den Prozess der kirchlichen Lehrentwicklung voran. So konnte der Theologische Ausschuss der Arnoldshainer Konferenz 1985 zu dem erstaunlichen Votum kommen:

Die in Glaubensfragen Irrenden aus der Kirchengemeinschaft einfach auszuschließen, ist nicht nur deshalb falsch, weil Gott selbst noch Zeit zur Umkehr gibt, sondern auch, weil Lehre und Irrlehre sich manchmal zum Verwechseln ähnlich sind und neue theologische Erkenntnisse bzw. Fragestellungen oft in den Geruch von Häresie geraten. So mahnt das Gleichnis vom Unkraut unter dem Weizen (Mt. 13,25 ff.), das letzte Wort dem Herrn der Kirche nicht vor der Ernte vorwegnehmen zu wollen. Was heute noch wie Irrlehre aussieht, kann sich morgen als neue Wahrheitserkenntnis erweisen. So war etwa die „Gott-ist-tot"-Theologie ein wichtiger Schritt, die Botschaft des Karfreitags wieder neu zu sagen. Kirche bleibt die Gemeinschaft von Menschen, die unterwegs sind zur noch ausstehenden Wiederkunft ihres Herrn. Angesichts dieser Situation ist Geduld mit Andersdenkenden, Zweifelnden und Irrenden geboten: Das letzte Wort wird der Herr sprechen.[241]

Von daher erscheint die neue Terminologie „Lehrverfahren" besser geeignet zu sein als der frühere Begriff „Lehrzuchtverfahren". Endlich ist bemerkenswert: *Die Lehrordnungen der evangelischen Kirchen geben keine deutliche Antwort auf die Frage nach dem Maßstab, anhand dessen die Lehre beurteilt wird.* Weder gibt es eindeutig formulierte Dogmen noch besteht durch den Verweis auf Schrift und Bekenntnis eine völlige Maßstabslosigkeit. Vielmehr gilt es im Verfahren selbst den Maßstab zu konkretisieren: „In konkreter Auseinandersetzung mit einer dem Verfahren unterworfenen Lehre muß entfaltet werden, was als kirchliche Lehre gegenwärtig verantwortet werden kann." Und: „Es ist eine Lehre, die im Prozeß des Auslegens, Denkens und Handelns immer erst neu zustande gebracht werden muß."[242]

Demnach kann das Lehrverfahren als sachgemäßer Ausdruck der Besonderheit des Verständnisses von Lehre in einer

---

241 Zitiert bei Huber, Wolfgang, Lehrbeanstandung in der Kirche der Lehrfreiheit, in: Rau, Gerhard/Reuter, Hans-Richard/Schlaich, Klaus (Hg.), Das Recht der Kirche Bd. III, Gütersloh 1994, 118–137, 126.

242 Robbers, Gerhard, Lehrfreiheit und Lehrbeanstandung, in: Rau, Gerhard/Reuter, Hans-Richard/Schlaich, Klaus (Hg.), Das Recht der Kirche, Bd. III, Gütersloh 1994, 138–152, 148 (mit Bezug auf Huber) und 149.

Kirche gedeutet werden, die sich als Interpretationsgemeinschaft versteht. Der kommunikative – und nichthierarchische – Grundcharakter evangelischer Kirche(n) tritt in dem Fall ihrer höchsten Gefährdung zu Tage. Die Ordnungen für die Lehrverfahren stellen dazu einen äußeren Rahmen bereit. Die Kommunikation selbst erfolgt in aller Offenheit und im Vertrauen auf das Wirken des Heiligen Geists.

5. ZUSAMMENFASSUNG UND AUSBLICK

Das Gerichtswesen ist in den evangelischen Kirchen mittlerweile auf den verschiedenen Ebenen differenziert ausgebaut. Vor allem die Verwaltungsgerichtsbarkeit steht einer theologisch von den Reformatoren als falsch erkannten Hierarchisierung der Kirche entgegen. Inhaltlich verweist das Nebeneinander von Bindung an Schrift und Bekenntnis und richterlicher Unabhängigkeit auf die Grundspannung Evangelischen Kirchenrechts. Es hat unter den Bedingungen der jeweiligen Zeit die Förderung der Kommunikation des Evangeliums zu unterstützen. Der vom Wirken und Geschick Jesu ausgehende Impuls ist also stets aufs Neue mit den Anforderungen der Zeit und Situation zu vermitteln. Dabei kann es in Grenzbereichen selbst innerhalb der Rechtsanwendung zu dieser Kommunikation kommen.

Ein Musterbeispiel für die Zurückhaltung evangelischer Kirchen hinsichtlich des Glaubens Einzelner sind die seit 1910 vorgesehenen Lehrverfahren. Die Einsicht in die Freiheit des Glaubens führte zu deren Abtrennung von den Disziplinarverfahren. Durch die Abstufung von Lehrgespräch, Feststellungsverfahren und Urteil soll sowohl der theologischen Einsicht in die Verborgenheit der Kirche als auch der Not wendigkeit Rechnung getragen werden, in der sichtbaren Kirche verlässlich das Evangelium zu kommunizieren. Die äußerst seltene Durchführung solcher Verfahren in den letzten hundert Jahren zeigt, dass die Betonung des Im-Gespräch-Bleibens nicht nur Forderung, sondern praktisch wirksam ist und meist gelingt.

VII. Evangelisches Kirchenrecht – ein Ausblick

In den vorausgehenden Kapiteln stellte ich in sechs Durch-
gängen Evangelisches Kirchenrecht vor. Eingangs erfolgte eine
theologisch-kirchengeschichtliche Grundierung (→ Kap. I).
Der gegen das Kanonische Recht mit seinem ius divinum und
dem daraus abgeleiteten hierarchischen Aufbau gerichtete
reformatorische Grundimpuls gibt dem Evangelischen Kirchenrecht seine grundsätzliche Ausrichtung. Es geht bei ihm
um ein ius humanum – entsprechend unterliegt es der Veränderung und Kritik. Zugleich bezieht sich Evangelisches
Kirchenrecht aber auf die Kirche. Sie hat die Aufgabe, die
Kommunikation des Evangeliums zu fördern, also die Gegenwart auf das liebende und wirksame Handeln Gottes hin
durchsichtig zu machen. Erst seit dem Ende des 19. Jahrhunderts kommen die damit verbundenen konzeptionellen Aufgaben in den Blick. Sowohl die grundsätzliche Infragestellung von Evangelischem Kirchenrecht als auch dessen sog.
rechtstheologischen Bestimmungen (→ Kap. II) können nicht
befriedigen. Denn weder eine rein geistliche Konzipierung
von Kirche noch der Versuch, biblische Weisungen in rechtliche Bestimmungen zu transformieren, werden dem besonderen Charakter von Kirche und christlichem Glauben gerecht.

LITERATUR: Grethlein, Christian, Kirche – als praktisch-theologischer Begriff, in: PTh 101 (2012), 136–151; Hauschildt, Eberhard/Pohl-Patalong,
Uta, Kirche (Lehrbuch Praktische Theologie 4), Gütersloh 2013, 110–115;
Honecker, Martin, Evangelisches Kirchenrecht. Eine Einführung in die
theologischen Grundlagen (BenshH 109), Göttingen 2009, 286–297.

Bei beidem geht es um menschliche Kommunikationen, die sich auf Gottes Gegenwart und dessen Konsequenzen für die Menschen beziehen bzw. ausrichten. Das praktisch-theologische Konzept der Kommunikation des Evangeliums trägt dem dadurch Rechnung, dass „Kommunikation" die menschliche Konstitution von Recht erfassen hilft, „Evangelium" dagegen auf dessen inhaltliches Ziel hinweist, die Förderung der Beziehung von Menschen zu Gott.

Konkret bezieht sich Evangelisches Kirchenrecht vor allem auf drei Themenbereiche: die Organisation evangelischer Kirche, greifbar in Kirchenordnungen bzw. -verfassungen (→ Kap. III); das Leben in den Kirchengemeinden (und Kirchenkreisen), orientiert u. a. an der spezifischen Gattung der Lebensordnung bzw. „Leitlinien" (→ Kap. IV); das Dienst- und Arbeitsrecht für die in Kirche und Diakonie Beschäftigten, ausgeführt in den entsprechenden Gesetzen (→ Kap. V). Dazu besteht für die Entscheidungsfindung bei Streitfällen und Auseinandersetzungen ein differenziertes Gerichtswesen (→ Kap. VI).

Bei der Behandlung dieser Themen kamen jeweils Probleme in den Blick, die ich in einem ersten Schritt zusammenfassend skizziere. Für deren Bearbeitung ist es wichtig, sich die grundlegenden Herausforderungen für heutige evangelische Kirchen vor Augen zu führen. Dies soll anhand einer Fokussierung auf den kirchentheoretisch in jüngster Zeit profilierten Begriff der „Relevanz" erfolgen. Schließlich weise ich auf die daraus folgenden grundlegenden Konsequenzen für die weitere Entwicklung des Evangelischen Kirchenrechts hin.

1. PROBLEME IN DER GEGENWART

Ein Grundproblem gegenwärtigen Evangelischen Kirchenrechts hängt mit der allgemein zu beobachtenden Hoch-
schätzung der (organisierten) Kirche in dieser selbst zusammen. Emanuel Hirsch diagnostizierte eine solche Tendenz in
der Evangelischen Theologie bereits 1949:

> Der Geschichte der evangelischen Theologie und Kirche im 19. Jahr-
> hundert haftet die Eigentümlichkeit an, daß in einem Maße, welches
> keinem früheren Zeitalter, auch nicht dem der Reformation, bekannt
> ist, die Kirche selber, ihr Wesen, ihre Aufgabe, ihre Gestalt und Ord-
> nung, ihr Verhältnis zum Staat und zum allgemeinen Leben über-
> haupt, der Gegenstand, wo nicht gar Mittelpunkt theologischen und
> kirchlichen Urteilens und Handelns wird. Langsam läuft die Bewe-
> gung in dieser Richtung an, um sich dann mehr und mehr zu steigern
> und im 20. Jahrhundert vielfach zu der merkwürdigen Erscheinung
> einer Kirche zu führen, die dadurch Gott und Christus am besten zu
> dienen meint, daß sie von sich selber, ihrer Hoheit, ihrer Vollmacht
> lehrt und sich selber – in jedem Sinne des Worts – erbaut und Gott für
> sich selber dankt und preist.[243]

Inzwischen hat sich diese Tendenz verschärft. Das EKD-Re-
formpapier „Kirche der Freiheit" stellt in manchen Passagen
den bisherigen Höhepunkt dieser Entwicklung dar, z. B.:

> Die evangelische Kirche braucht zur Gestaltung des Weges in die
> Zukunft eine neue Bereitschaft, aus Freiheit Verbindlichkeiten wach-
> sen zu lassen. Solche Bindung aus Freiheit mündet in ein Ja zur Kirche
> als sichtbarer Gemeinschaft der Glaubenden. Dies wird konkret in der
> Bereitschaft, die evangelische Kirche auf ihrem Weg in die Zukunft zu
> unterstützen.[244]

---

243 Hirsch, Emanuel, Geschichte der neuern evangelischen Theologie, Bd. 5,
     Münster 1984 (Gütersloh 1963³), 145.
244 Kirche der Freiheit. Perspektiven für die evangelische Kirche im 21. Jahr-
     hundert. Ein Impulspapier des Rates der EKD, Hannover o. J. (2006), 13.

Die Freiheit des Glaubens und die Verbindlichkeit kirchlichen Engagements werden hier ebenso kurzgeschlossen, wie „Kirche" und „evangelische Kirche". Zentrale Unterscheidungen reformatorischer Theologie wie die zwischen sichtbarer und verborgener sowie universaler und partikularer Kirche werden übersprungen.[245] Vielleicht forciert der seit Jahrzehnten anhaltende Schrumpfungsprozess bei den Mitgliederzahlen diese Konzentration auf das „Eigene". Auch unterstützen säkulare Marketing-Empfehlungen zur sog. Profilschärfung solche Tendenzen. Eine Konsequenz davon ist die Ausblendung der ökumenischen Perspektive in dem genannten Impulspapier.[246] Evangelische Kirche genügt sich hier selber. Damit verfehlen die Autoren des Impulspapiers grundlegende reformatorische Einsichten.

Rechtlich kommt diese seit dem 19. Jahrhundert zu beobachtende problematische Entwicklung vor allem im *Kirchenmitgliedschaftsrecht* zum Ausdruck. Dessen binärer Code, der an die Stelle von christentumsgeschichtlich bewährten gestuften Formen der Mitgliedschaft getreten ist, verdankt sich staatskirchenrechtlichen Anforderungen. Der Einzug der Kirchensteuern durch den Staat erfordert ein schlüssiges, eindeutiges Kirchenmitgliedschaftsrecht. Doch verdunkelt dieses den für Jesu Wirken grundlegenden inklusiven Charakter der Kommunikation des Evangeliums durch die strikte Exklusion derer, die den Anforderungen des Mitgliedschaftsgesetzes nicht entsprechen. Problematisch wird dies – abgesehen von den pastoralen Schwierigkeiten (→ Kap. IV.2.) – be-

---

245 S. hierzu Honecker, Martin, Evangelisches Kirchenrecht. Eine Einführung in die theologischen Grundlagen (BenshH 109), Göttingen 2009, 56–69.

246 A. a. O., 294.

sonders im kirchlichen Arbeitsrecht, verborgen unter dem modern klingenden Begriff der „Loyalität". Der Zutritt zu einer kirchlichen Beschäftigung wird hier an bestimmte formale Eintrittsbedingungen geknüpft, was in der Praxis u. a. zu unfreiwilligen Taufen führt. Eine Alternative hierzu wäre das Vertrauen auf die Attraktivität der Kommunikation des Evangeliums in Kirche und Diakonie, das ein Hinzukommen bisher noch nicht davon (organisatorisch) erfasster Menschen begrüßen lässt. Warum kann die Aufnahme einer kirchlichen bzw. diakonischen Beschäftigung nicht als Eintritt in ein Katechumenat gewertet werden – verbunden mit entsprechendem Werben um Zustimmung zu dem Ziel, die Kommunikation des Evangeliums zu fördern? Selbstverständlich wäre dabei auf die Freiwilligkeit einer entsprechenden Glaubensentscheidung zu achten und einem Automatismus vom Katechumenat zur Taufe (bzw. Wiedereintritt) zu wehren. Auf jeden Fall ist die jetzt vielerorts praktizierte „Lösung", Ausnahmebereiche von der sonst geforderten Mitgliedschaft in der kirchlichen Arbeit zu beschreiben, die – wie gezeigt (→ Kap. V.4.) – sogar den Bereich der „Unterweisung" umfassen können, weder theologisch befriedigend noch zukunftsoffen. Die Zahl der Nichtkirchenmitglieder dürfte aller empirisch begründeter Voraussicht nach weiter ansteigen, was dieses Problem verschärft.

Ein weiteres Gravamen ist die gegenwärtige *Organisation evangelischer Kirchen* in Deutschland, und zwar in doppelter Hinsicht:

Zum einen verweist der nur in Deutschland und der Schweiz übliche Ausdruck „Landeskirchen" in frühere Zeiten, konkret das zweite Jahrzehnt des 19. Jahrhunderts.[247] Nicht

---

247 S. a. a. O., 51.

nur hinsichtlich der Verhandlungen mit dem Staat, etwa bei Lehrplänen für den schulischen Religionsunterricht, erweist sich die mittlerweile von der staatlichen Organisation entfernte kirchliche Gliederung als hinderlich. Selbst für Interessierte ist im Rechtswesen die Vielfalt von – im Einzelnen durchaus unterschiedlichen – Rechtssetzungen der einzelnen Landeskirchen nicht mehr überschaubar. Im vorliegenden Buch war es deshalb nur möglich, jeweils exemplarisch in bestimmte Problembereiche einzuführen, wobei unschwer Gegenbeispiele aus einzelnen Landeskirchen beizubringen wären. Seit einigen Jahren sind Vereinheitlichungen auf EKD-Ebene im Gange und zumindest in formaler Hinsicht zu begrüßen. Die Kirchen und ihre Strukturen werden dadurch durchsichtiger. Doch lösen sie nicht das grundlegende Organisationsproblem der evangelischen Kirchen. *Der Aufbau und die Struktur evangelischer Kirche(n) hat sich – pointiert formuliert – abgesehen von einigen Fusionsprozessen seit der zweiten Hälfte des 19. Jahrhunderts nicht grundsätzlich weiterentwickelt, die Gesellschaft und die Einstellung der Menschen zu Fragen der Daseins- und Wertorientierung aber schon* (→ Kap. VII.2.).

Zum anderen liegt seit der Ablösung der Kirchen vom Staat ein großes Gewicht auf den Synoden und Presbyterien. Im unierten und reformierten Typ ist dieses besonders ausgeprägt, aber auch in den lutherischen Landeskirchen kommt Kirchenvorständen und Synoden erhebliche Bedeutung zu. Damit nahmen die evangelischen Kirchen in modifizierter Form das im 19. Jahrhundert sich ausbreitende demokratisch-parlamentarische Prinzip auf. Allerdings ist mittlerweile die Wahlbeteiligung für die grundlegenden Gremien, die Presbyterien bzw. Kirchenvorstände so niedrig, dass von einer demokratischen Legitimierung nur in formaler Hin-

sicht gesprochen werden kann. Zudem zeigen die in → Kap. III
(3., 4., 5.) und → Kap. IV.2. genannten Aufgabenzuweisungen
an diese Gremien, dass hier ehrenamtliches Engagement potenziell überfordert wird. Hinter diesem Modell stehen die
Vorstellung von einer eigenständigen Bedeutung der Kirche
und damit von deren Aufwertung und Überhöhung. Christ-
sein verwirklicht sich demnach wesentlich im sog. Gemein-
deleben mit seinen diversen Angeboten. Diese Vorstellung
entstand – durch die sog. Gemeindeaufbau-Bewegung[248] – in
der zweiten Hälfte des 19. Jahrhunderts und verdankt sich der
damaligen Attraktivität der Sozialform Verein. Das Gemein-
dehaus ist der Bauwerk gewordene Ausdruck dieses Kirchenverständnisses, das sich einem Kontextualisierungsprozess
am Ende des 19. Jahrhunderts verdankt. Mittlerweile haben
sich Kontext sowie Sozial- und Kommunikationsformen erheblich gewandelt. Vieles, was in Kreisen und Gruppen der
Vereinskirche angesiedelt war, hat sich in neue Formen trans-
formiert, wobei die Mobilität und Medienentwicklung wichtige Impulse gaben. Kirche ist heute – wie z. B. anhand der
hohen Inanspruchnahme der Kasualien und ihnen verwand-
ter liturgischer Feiern zu sehen ist – eher ein *Assistenzsystem
für die Kommunikation des Evangeliums in den multiloka-
len Mehrgenerationenfamilien und anderen lebensweltlich
relevanten Sozialformationen* als eine eigenständige Sozialform.[249] Die Rechtsbestimmungen sind dagegen nach wie vor
an der parochial umgrenzten, vereinsförmig organisierten
Kirchengemeinde sowie der Landeskirche als der behörd-

---

248 S. hierzu Möller, Christian, Lehre vom Gemeindeaufbau, Bd. 1. Konzepte –
Programme – Wege, Göttingen 1987², 135–151.

249 Grethlein, Christian, Kirche – als praktisch-theologischer Begriff, in: PTh
101 (2012), 136–151.

lichen Verwaltungseinheit orientiert. Der etwa Luther noch
bewusste ekklesiale Charakter anderer Sozialformen wie des
„Hauses" bzw. der weiteren Familie ist nicht (hinreichend)
im Blick.[250]

Schließlich fällt auf, dass in kirchlichen Rechtstexten
nicht selten *Begriffe und Vorstellungen* Verwendung finden,
die einem früheren Kontext verhaftet sind. Sie verdunkeln die
heutigen Bedingungen der Kommunikation des Evangeliums und behindern so die notwendige rechtliche Orientierung. Das gilt z. B. für „Unterweisung". Dieser ein autoritäres
Gefälle implizierende Begriff erfasste zwar Lehrformen innerhalb der Strukturen obrigkeitlicher Sozialformationen, aber
nicht grundsätzlich ergebnisoffene Lehr- und Lernprozesse
in der heutigen pluralistischen Gesellschaft. Direkt theologische Probleme wirft die Rede vom Bekenntnis auf. Häufig
können nicht einmal mehr Pfarrer genaue Auskunft über die
Bekenntnisse „ihrer" Kirche – oder in bestimmten unierten
und reformierten Verhältnissen ihrer Kirchengemeinde – geben, geschweige denn deren nichttheologisch ausgebildeten
Gemeindeglieder (einschließlich Presbyter und Synodale).
Dabei geht es theologisch nicht um eine statische Festlegung
historischer Dokumente, sondern um den kommunikativen
Prozess des Bekennens. Hier können zentrale Texte aus der
Christentumsgeschichte eine Rolle spielen, indem deren Interpretation dieses Bekennen fördert. Sie haben dann aber
keinen rückwärtsgewandten, abgrenzenden Charakter, sondern fördern gegenwärtige und zukünftige Kommunikationen des Evangeliums.

---

250 S. zu den einschlägigen Stellen bei Luther Grethlein, Christian, Praktische
     Theologie, Berlin 2012, 340 f.

2. Relevanz als Zentralbegriff kirchlicher Arbeit

Eine zentrale Rolle spielen in den Landeskirchen die Konsistorien und die ihnen angeschlossenen Verwaltungsbehörden, die Landeskirchenämter. Teilweise gibt es auf der mittleren Ebene der Kirchenkreise bzw. Dekanate noch einmal ähnliche Verwaltungseinrichtungen. Historisch sind diese Behörden Nachfolger der einst landesherrlichen Kirchenbehörden. Sie verwalteten die pflichtmäßig der Konfession des Landesherren zugehörigen Untertanen. Die Basiseinheit dieser Struktur war das Pfarr-Amt, ihre kommunikative Form die Autorität von Obrigkeit. Es ist verräterisch, dass die Bezeichnungen gleich geblieben sind: Oberkonsistorialräte bzw. Ober(landes)kirchenräte stehen an der Spitze von Abteilungen der Landeskirchenämter und auch Pfarrämter (mit Siegel) sind bis heute selbstverständlich. Jan Hermelink diagnostiziert zu Recht das hinter dem „neuen" Pfarrdienstgesetz der EKD stehende Berufsbild als das des „kirchlichen Beamten".[251] Das entspricht der Kommunikationsform Autorität. Nur: *Die Kommunikationsform von Religion hat sich gewandelt. Nicht mehr Autorität, sondern Authentizität bestimmt sie heute.*[252] Beamte sind für verlässliche Durchsetzung von Feststehendem geeignet, nicht aber in besonderer Weise für authentische Kommunikation qualifiziert.

---

251 Hermelink, Jan, Das Pfarrdienstgesetz der EKD – in praktisch-theologischer Perspektive, in: ZevKR 57 (2012), 263–285, 282.

252 S. Nassehi, Armin, Religiöse Kommunikation. Religionssoziologische Konsequenzen einer qualitativen Untersuchung, in: Bertelsmann Stiftung (Hg.), Woran glaubt die Welt? Analysen und Kommentare zum Religionsmonitor 2008, 169–203.

Dazu tritt als weiterer Faktor die Transformation der Selbstverständlichkeit der Kirchenmitgliedschaft und der Bedeutung von Kirche für die Daseins- und Wertorientierung in deren Optionalität. Dementsprechend besteht die Herausforderung für Kirche heute nicht in der Korrektheit von Lehre, sondern in deren „Relevanz". Unter Bezug auf Analysen des Wissenssoziologen Alfred Schütz bestimmen die Praktischen Theologen Eberhard Hauschildt und Uta Pohl-Patalong diesen Begriff folgendermaßen:

> Relevant ist [...] das, was beim Individuum Aufmerksamkeit erhält (sei es aus eigenen Interessen, sei es als durch Umstände oder Gesellschaft sich aufdrängend), dabei interpretativ verarbeitet wird und ggf. sich einstellungs- bzw. handlungsverändernd auswirkt.[253]

So geht es in kommunikativen Zusammenhängen heute nicht zuerst um korrekt oder falsch – etwa im Sinn von schrift- und bekenntnisgemäß –, sondern darum, ob eine entsprechende Kommunikation bzw. das Angebot dazu überhaupt wahrgenommen wird. Zumindest sprachlich und formal ist es dem Evangelischen Kirchenrecht noch nicht gelungen, diese Herausforderung aufzunehmen – de facto ist sie wohl noch gar nicht im Blick. Dabei beziehen sich die traditionell in Anspruch genommenen Begriffe wie „Wort Gottes" oder „Bekenntnis" ursprünglich auf lebendige kommunikative Vorgänge. In der Bibel kann man am Beispiel Jesu studieren, in welch hohem Maß er auf die mit ihm kommunizierenden Mitmenschen einging. Kirchenhistorisch ist die Entstehung der meisten Bekenntnisse ein spannender Prozess, der in ganz konkreten Situationen wurzelt. Rechtlich drohen jedoch „Wort Gottes" und „Bekenntnis" zu begrifflich

---

253 Hauschildt, Eberhard/Pohl-Patalong, Uta, Kirche, Gütersloh 2013, 110.

eingefrorenen Stereotypen zu werden, deren sich wandelnder Kontext und die daraus sich ergebende Notwendigkeit zum Wandel in deren Bedeutung ausgeblendet bleibt.

Demgegenüber zeigen sich überall dort im Kirchenrecht, wo konkrete Praxis heutiger Menschen im Blick ist, Dynamisierungen. In den *Lebensordnungen bzw. „Leitlinien"* tritt dies am deutlichsten zu Tage. So kann man am genannten Beispiel der Fragen zu Ehe und Familie (→ Kap. IV.3.) studieren, wie die Formulierung von allgemeinen Kommunikationsregeln die materialen Bestimmungen von Verhalten ersetzt. An die Stelle bestimmter Regularien treten Hinweise auf Kennzeichen der Nächstenliebe wie „gegenseitige Achtung, Anerkennung, Annahme, Fürsorge, Rücksicht und Beistand".[254] Aus juristischer Perspektive kann vielleicht kritisch nach dem Rechtscharakter dieser Texte gefragt werden. Auf jeden Fall stellen sie Regeln für Kommunikation des Evangeliums bereit. Wo sie dagegen zu materialrechtlichen Regelungen vorstoßen, werden sie theologisch meist zweifelhaft und beenden Kommunikationen.

3. Konsequenzen für das Evangelische Kirchenrecht

Von daher ist noch einmal die alte Sohmsche Frage nach der Berechtigung eines Evangelischen Kirchenrechts aufzunehmen. Überzeugend wiesen die Kritiker des großen Rechtsgelehrten sein Verhaftet-Sein in einem bestimmten Staats- und

---

254 Leitlinien kirchlichen Lebens der Vereinigten Evangelisch-Lutherischen Kirche Deutschlands (VELKD). Handreichung für eine kirchliche Lebensordnung, Gütersloh 2003, 71.

Rechtsverständnis nach, das sein Konzept des Kirchenrechts problematisch macht. Doch muss beachtet werden, dass Sohm die landesherrlich regierten Kirchen vor sich hatte, die sich jedenfalls teilweise staatlicher Zwangsmittel bedienten. Sein spiritualisierendes Kirchenverständnis stand zumindest einer eindimensionalen Gleichsetzung von sichtbarer und unsichtbarer – vielleicht besser: verborgener – Kirche entgegen. Es lohnt sich unter heutigen Vorzeichen der These Sohms noch einmal nachzugehen. Jetzt nicht historisch begründet, sondern auf Grund der skizzierten wissenssoziologischen Einsichten kann gefragt werden: *Bietet die stark staatsanaloge Rechtsform heutiger evangelischer Landeskirchen den besten Rahmen, um die Kommunikation des Evangeliums zu fördern?*[255] In den Lebensordnungen bzw. „Leitlinien" begegnet mit dem methodischen Dreischritt – Wahrnehmung sowie biblische und theologische Orientierung und Regelungen – ein weiterführendes Modell. Denn es eröffnet einen Raum, um die Relevanzfrage und die Form der Authentizität als grundlegend für die Kommunikation des Evangeliums in der Gegenwart aufzunehmen. Die damit verbundene Aufgabe, Kommunikationsregeln zu entwickeln, liegt noch vor uns. Das Ziel ist eine Transformation des Kirchenrechts aus seiner bisherigen staatsanalogen Struktur in zivilgesellschaftlich plausible Regeln zur Förderung der Kommunikation des Evangeliums.

---

255 Die grundsätzlichen Alternativen der möglichen Rechtsgestalten für Kirche stellt zusammen: Schuppert, Gunnar Folke, Skala der Rechtsformen für Religion: vom privaten Zirkel zur Körperschaft des öffentlichen Rechts. Überlegungen zur angemessenen Organisationsform für Religionsgemeinschaften, in: Kippenberg, Hans/Schuppert, Gunnar Folke, Die verrechtlichte Religion. Der Öffentlichkeitsstatus von Religionsgemeinschaften, Tübingen 2005, 11–35.

Deren Anwendung würde nicht durch komplizierte kasuistische Bestimmungen – etwa Ausnahmen hinsichtlich der Kirchenmitgliedschaft bei kirchlichen Mitarbeitern und Mitarbeiterinnen –, sondern durch Orientierungen bestimmt, die zum gemeinsamen Nachdenken einladen. Soziologisch nähme dies die von vielen Menschen bereits vollzogene Transformation der Landeskirchen von staatsanalogen Institutionen zu zivilgesellschaftlichen Organisationen, theologisch das reformatorische Postulat des allgemeinen Priestertums der Getauften auf.

Personenregister

Dieses Register umfasst alle erwähnten Personen und Autoren außer Herausgeber, biblischen Personen und Autoren sowie dem Verfasser.

Albrecht, C. 129
Angelus de Clavasio 18

Barth, K. 47.52.57
Barth, T. 67 f.
Barthel, S. 148
Baumann, R. 198 f.
Becker, D. 158
Beintker, M. 113
Beutel, A. 197 f.
v. Bismarck, O. 5
Bloss, L. 13
Böckenförde, W. 22
Böntert, S. 16
Brecht, M. 17–19
Brosi, U. 12
Bubmann, P. 175
Bultmann, R. 70.200

Calvin, J. 30–32
v. Campenhausen, A. 39
Christoph, J. 13.20
Clemens VII. 23
Cohen, J. 168
Coors, M. 161

Dalferth, I. 59
Demetriades, D. 161

Dietrich, H.-E. 166
Dittmer, J. 100
Dombois, H. 38 f.
Dross, R. 182
Duns Scotus, J. 18

Eidt, E. 171 f.175
Emling, G. 47
Erastus, T. 32
Ernst v. Lüneburg 24

Franz I. 23
Franz v. Lüneburg 24
Friedrich Wilhelm III. 110
Friedrichs, L. 142 f.
Froeling, R. 171
Frost, H. 151.169 f.

Germann, M. 37
Georg v. Brandenburg 24
Gräb, W. 157
Grethlein, G. 7.75.180
Grundmann, S. 50.55

Haart, D. 161
Härle, W. 71
Hammann, K. 70
Handschuh, W. 195

Haspel, M.   176.178
Hauschildt, E.   209.218
Heckel, J.   37 f.47–52,
   53,55,62
Heckel, M.   33.47.67.79.
   87.88.93
Hermelink, J.   16.116.151.
   167.217
Hirsch, E.   211
Hollerbach, A.   52
Holze, E.   7
Honecker, M.   17.32–35.37.
   41 f.51.54.68.119.125 f.209.212 f.
Huber, W.   6.56.184.187.
   196 f.200 f.203.206
Hüffmeier, W.   111
Huizing, K.   31

Janowski, C.   71
Janz, O.   159
Jatho, C.   198
Johann Friedrich   24
Johann v. Sachsen   24
Johannes Paul II.   21
Jones, T.   117.184
Jürgens, C.   7

Karl d. Gr.   119
Karl V.   23
Kaufmann, T.   17
Klessmann, M.   6
Kock, M.   143
Knote, F.   198
Konrad, D.   37.45.47.55
Kraus, D.   64
Kuhlmann, S.   7
Kunz, R.   32
Landau, P.   35.39 f.

Lehnert, V.   158
Lindemann, A.   40
v. Loewenich, W.   18
Lüdemann, G.   203
Lüdicke, K.   6
Lührs, H.   180
Luther, M.   15.17–20.22.
   24.30.48.51.71 f.121.128.131.216

Magen, S.   122
Matthes, J.   175
Maurer, H.   151.156.189.
   190.191
Melanchthon, P.   24.156
Meyer-Blanck, M.   35
Möller, C.   215
Moxter, M.   37
Moynagh, M.   185
Muckel, S.   13
Munsonius, H.   122.176

Nassehi, A.   116.217
Nicolaisen, C.   45
Noller, A.   170.174
Nowak, K.   46
Nüssel, F.   73

Philipp v. Hessen   24
Pohl-Patalong, U.   119.209.218

Reininger, D.   171
Reuter, H.-R.   37.41.56–61.
   63.69
Robbers, G.   46.187.198.
   206
Rüdiger, C.   7

Sasse, H.   43

Schädel, A.   172
Schilberg, A.   98.101
Schilling, H.   19
Schlaich, K.   17.20.22 f.
   29.30.37
Schmidt, E.   168
Schneider, N.   158
Schüller, T.   6
Schütz, A.   218
Schulz, P.   199
Schuppert, G.   220
Selderhuis, H.   31
Sohm, R.   39–42.44.55.
   62.219.220
Steinmüller, W.   38
Strohm, C.   20

Thiele, C.   187.189 f.
Thomas v. Aquin   18
Traulsen, C.   12

Voß, J.   200

de Wall, H.   14.17.29.35.
   67.71.122.151–153.161.167 f.
Weber, O.   31
Wegner, G.   172
Weiß, A.   171
Wendebourg, D.   38
Wesel-Roth, R.   32
Winkler, E.   119
Winter, J.   43.110.187
Winterhoff. K.   75
Wolf, E.   38.52–55.62
Wolfgang v. Anhalt   24

Ziekow, A.   38
Zwingli, H.   30.32

Sachregister

Das Sachregister dient dazu, Zusammenhänge zu erschließen und vertiefte Darstellungen schnell zu finden. Deshalb ist es an Themen, nicht an Stichworten orientiert und strebt keine Vollständigkeit an.

Abendmahl	136–140
Arbeitsrecht	176–181
Arnoldshainer Konferenz	111.205
Aufklärung	35
Augsburger Religionsfriede	33
Barmer Theol. Erklärung	43–47.62.72.75.188
Beauftragung	157 f.
Beichtgeheimnis	160 f.
Bekenntnis	71.114.190 f.197.207.216.218
Bibel(hermeneutik)	55.63.69.71.77.114.128.149.190 f.207.218
Bischofsamt	24–28.82–84.91
Confessio Augustana	23–30.42.45.71.155 f.
Demokratie	69
Diakon	169–175
Diakonie	152
Dienstgemeinschaft	180
Dominus Iesus	22
Dritter Weg	179–181
Eherecht	15
EKD	98–107.153.176–182.188.211.214
Emergents	117
Evangelium	65.77
Evang. Kirchenrecht	11.13–15.34.38.44.54 f.59 f.64 f.209 f.

Frauenordination   70 f.
Freiheit (libertas)   29.58.207
Fresh Expressions   185

GeKe   113
Gerichte   193
Gottesdienst   58.148
Grundgesetz   12

Heidelberger Katechismus   72
Homosexualität   141–143.147.149.164 f.

Institutio Christ. Religionis 30 f.
Ius divinum   14.39.49 f.56 f.63.135.209

Kanonisches Recht   12.18.20–23.57
Kasualien   129.148
Katechumenat   213
Kirche(nverständnis)   21 f.30 f.39.58 f.211 f.215 f.
Kirchenbeamte   152
Kirchengemeinde   122–126
Kirchenkonferenz   103 f.
Kirchenmitgliedschaft   5.13.212 f.221
Kirchenordnung/-verfassung   38.42.67
Kirchenordnung Westfalen   75.77 f.120 f.123–125
Kirchenpräsident   98
Kirchenreform   5
Kirchensteuer   122.183
Kirchenverfassung Bayern   75–77,120 f.126
Kirchenverfassung reformiert 76–78
Kirchenzucht   31.125.128
Körperschaft öffentl. Rechts 122.152
Kommunikation   64.130.183 f.207.210.217 f.
Kulturkampf   41

Landesh. Kirchenregiment   34.42.220
Landeskirche Bayern   79–87
Landeskirche Westfalen   87–93.188

Landeskirche Württemberg   171–175.184
Landeskirchen lutherisch   71
Landeskirche(n) reformiert   72.93–98
Landeskirchen uniert   72 f.
Lebensordnung   126–130.219 f.
Lehrverfahren   195
Lehrverfahren VELKD   196–207
Leuenberger Konkordie   74
Lutherischer Weltbund   113

Menschenrechte   29.61

Nationalsozialismus   38.43.47.63.200

Ökumene   139
Ordination   155–160.192

Papstamt   19.22.198
Patenamt   133–135
Pfarrer   115 f.120 f.152
Pfarrdienstrecht   153–169.217
Potestas gladii   28
Präsesamt   87 f.90 f.
Preuß. Allg. Landrecht   35
Projektarbeit   175

Rat der EKD   104–106
Recht   39.40–42.45 f.53.55.62.64
Rechtstheologie   38.46
Reichstag in Worms   23
Reformation   32 f.
Reformierter Bund   112 f.
Relevanz   217–219
Richterl. Unabhängigkeit   190.207
Selbstbestimmungsrecht   12
Situation   128.220
Staatskirchenrecht   11.32.52
Staatskirchenvertrag   50

Synode   36,81 f.86.88–90.94–98.114

Taufe   123.131–136.192.195.221
Theologie   16.115.168.202–204
Trauung   140–148

UEK   110–112
Union   73 f.

VELKD   107–110.188
Verfassungsgericht EKD   193 f.
Verkündigung   70.182
Verwaltungsgericht   194 f.

Wartestand   166 f.
Weimarer Reichsverfassung   12.37

Zwei-Reiche-Lehre   48 f.51.62

Christian Grethlein
Taufpraxis in Geschichte, Gegenwart und Zukunft

204 Seiten | Paperback
15,5 x 23 cm
ISBN 978-3-374-03881-7
EUR 38,00 [D]

Taufpraxis vollzieht sich in Kontinuität und Wandel. Die diskurstheoretische Analyse ihrer Geschichte ergibt eine Spannung zwischen der Offenheit des Evangeliums und rechtlichen Exklusionen. Aus dem Ritus der Nachfolge Jesu wurde ein kirchlicher Rechtsakt.

Heute wandelt sich die teilweise erzwungene Selbstverständlichkeit der Taufe in eine freiwillige Option. Dies ist eine Chance für die Reform von Kirche. Ein komparativer Ausblick in die Ökumene führt zu neuen Perspektiven. Aktuelle Reformvorschläge gehen vom konkreten Taufvollzug aus. Er eröffnet mit seinen traditionellen Zeichen einen dynamischen Kommunikationsraum.

EVANGELISCHE VERLAGSANSTALT
Leipzig www.eva-leipzig.de

Tel +49 (0) 341/ 7 11 41 -16   vertrieb@eva-leipzig.de